신유물론

인터뷰와 지도제작

신유물론

인터뷰와 지도제작

New Materialism: Interviews & Cartographies

릭 돌피언·이리스 반 데어 튠 지음

박준영 옮김

교유서가

옮긴이 서문

이 책은 『*New Materialism: Interview & Cartographies*』의 완역이며, '신유물론'(New Materialism)이라는 제목으로 한국에서 발간되는 최초의 번역물이다. 돌이켜 보면, 들뢰즈, 데리다, 푸코 이후 수많은 문헌들이 출간된 것 같다. 그 많은 책들이 가리키는 철학의 출구 내지 해방구는 어디일까? 심지어 철학은 '비철학'으로 선언되기도 한다. 이것은 이상한 시대의 광증일까? 그렇다면 반가운 일이다. 왜냐하면 그 광증으로부터 새로운 결실이 맺어질 것이기 때문이다. 이는 뭉크(Edvard Munch)가 그의 작품 〈절규〉의 맨 아래에 써놓았다는 그 작은 글씨를 떠올리게 한다. "오로지 광인만이 그림을 그릴 수 있다". 철학적 사유도 아마 이런 분열증의 상태에서만 개념의 창조활동이 가능하지 않을까?

이 책에는 신유물론에 속한다고 여겨지는 네 명의 철학자들에 대한 인터뷰와 편저자인 릭 돌피언(Rick Dolphijn), 이리스 반 데어 튠(Iris van der Tuin)의 논문이 서문까지 합쳐 5편 실려 있다. 책의 저자들과 인터뷰에 응한 철학자들은 20세기 말과 21세기 철학의 첨단에 있는 인물들로 평가된다. 릭 돌피언은 위트레흐트대학(Utrecht University)의 과학철학, 문화–미디어 교수로서 주로 들뢰즈(Gilles Deleuze)와 세르(Michel

Serres)에 기반하여 포스트휴먼과 생태철학을 연구한다. 이 책에 인터뷰이로 등장하는 로지 브라이도티(Rosi Braidotti)와 더불어 『물질의 철학-어떤 성찰 The Philosophy of Matter: A Meditation』(Bloomsbury Academic, 2021)을 출간할 예정이다. 공저자인 반 데어 튠도 같은 위트레흐트대학 철학과 문화이론 교수이다. 그녀는 주로 신유물론에 기반하여 문화이론과 페미니즘을 전개한다. 최근작으로는 『세대 페미니즘-발생적 접근에 따른 신유물론 입문 Generational Feminism: New Materialist Introduction to a Generative Approach』(Lexington Books, 2016)이 있다. 여기서 반 데어 튠은 들뢰즈와 베르그송, 프랑스 페미니즘에 기반하여 세대간에 드러나는 가부장성과 남근로고스중심주의(phallologocentrism)를 분석한다. 이 철학자도 브라이도티와 함께 작업하는 것으로 보이는데, 두 사람은 에딘버러대학출판사에서 간행되고 있는 '신유물론 시리즈'의 최초 편집자이기도 하다. 이 책의 편저자의 공통된 관심사이자 동료가 들뢰즈와 (아마도 사제관계인) 브라이도티라는 것은 많은 시사점을 던져준다. 내가 '옮긴이 해설'에서 쓰고 있다시피 신유물론이 가지는 들뢰즈적 기초가 드러나기 때문이다. 브라이도티 또한 들뢰즈에 기반한 페미니즘-신유물론을 전개하는 철학자다.

그렇다 하더라도 이 두 사람이 만나는 철학자 네 명의 사상적 결은 다소 상이하다. 브라이도티는 들뢰즈의 '생성의 철학'을 페미니즘적으로 재전유하면서 생태-정치적이고, 윤리적인 방향으로 틀어놓고자 하는 것으로 보인다. 이와 달리 메이야수와 바라드, 데란다의 경우 존재론의 방향이 주관심사이다. 물론 바라드는 어떤 철학적 지향이 인식론이나 존재론이라는 분과적 잣대로 분할불가능하다면서, '존재-인식론'을 전

개하는데, 이는 바라드의 '간-행' 개념에서도 드러난다. 이 책의 편저자
는 바라드의 이 개념을 아마도 책의 기조로 삼은 듯하다(편저자 서문 첫
부분을 보라). 더 나아가 메이야수는 명시적으로 들뢰즈의 철학에 비판
적인 입장을 취한다. 들뢰즈의 철학은 그가 설정한 '상관주의'라는 비판
의 그물에 걸린다는 것이다. 그에 따르면 들뢰즈 철학은 '관계'를 실체
화한다. 이와 반대로 데란다에게 들뢰즈는 잠재성의 철학자로서 신유
물론의 진정한 구루(guru)이다. 그에 따르면 신유물론은 물질을 개체화
(individuation)의 관점에서 바라보아야 하며, 그것의 잠재적 역량을 충
분히 고려할 필요가 있다. 결론적으로 이 네 사람에게 '물질' 또는 '유
물론'이란 소박하고, 고대적인 판본으로서의 '질료'도 아니고, '원자'도
아니다. 그것은 때로는 생동하고, 때로는 힘의 흐름으로 우리 '곁'에 존
속하는 진정한 '객체'로서 인간의 인식과 지성의 지배력을 빠져 달아나
는 (인간을 포함한) 자연의 본체(noumena)다.

　이 네 사람과의 인터뷰와 더불어 편저자의 글들은 어떤 '입장'을 수
립하기 위한 분투를 완연하게 담고 있다. 이는 각 장의 제목에서 분명
히 드러난다. 먼저 필자들은 2부('지도제작')의 '서론: 사유의 새로운 전
통'에서 신유물론이 어째서 새로운 사유의 조건들을 창출하는지에 대
해 논한다. 이들은 신유물론을 통해 주로 반대자들이 헛되게 조작해
내는 조잡한 유물론적 견해를 밀쳐두고 새로운 유물론으로서의 '자연-
문화 존재론'을 옹호한다. 즉 인간중심주의에 침윤된 언어학주의와 더
불어 인간과 자연을 가르는 이분법을 넘어서고자 하는 것이다. 서론을
뒤이어 5장~8장은 이러한 기조에 입각하여 논의가 전개된다. 필자들
은 이 '서론'에서 이 논의 전개 양상을 훌륭하게 압축해내어 독자들에

게 건네준다. 독자들은 인터뷰들을 읽고 난 후, 필자들의 논의에 앞서 '서론'을 통해 책의 전체 구도를 개괄할 수 있을 것이다. 또한 독자들은 맨 마지막 '옮긴이 해설'을 통해 현대 신유물론의 전반적인 추세와 더불어 그것이 기반하고 있는 들뢰즈적인 존재론이 무엇인지 알게 될 것이다. 그리고 책 마지막에 있는 '부록: 용어해설'은 여러 '사전들'로부터 취해 번역하고 다듬은 것이다. 신유물론에 대한 사전지식이 없더라도 이 부록이 책을 이해하는 데 작은 도움이 될 것이라 믿는다.

이 책을 번역하면서 여러 사람의 도움을 받았다. 특히 〈수유너머 104〉 '신유물론 세미나팀'의 선생님들은 여러모로 내게 자극을 주었고, 같이 공부하면서 때때로 번잡한 교정작업을 해주시기도 했다. 이 자리를 빌려 감사드린다. 시간이 오래 걸리는 번역작업을 묵묵히 기다려준 교유서가 출판사의 신정민 대표에게도 감사드린다. 어떤 책이 나오든지 그 책에 들어간 공의 절반은 출판인의 것이다. 그가 역자를 알아보고, 책의 가치를 제대로 판단하고, 출간의 긴 과정을 지켜보며 인내하지 않았다면 이 책은 세상의 빛을 보지 못했을 것이다. 그리고 난삽한 번역의 교정작업을 맡아주신 분에게도 감사드린다. 또한 멀리서 또는 가까이서 부족한 사람에게 의지처가 되어주시는 두 분, 강영안 선생님과 이진경 선생님에게도 늘 감사하다는 말을 전하고 싶다. 마지막으로 이 책의 첫번째 독자이자, 충실한 평가자이기도 한 아내 '얀'과 아들 '율'에게 이 책을 바친다. 무엇보다 이 두 사랑스러운 이들에게 책을 바칠 수 있어 기쁘다.

2021년 3월 12일 새벽

옮긴이 박준영

"물질은 어떤 형상을 부여받을 수 있다.
그리고, 이 형상–질료 관계 내부에 개체발생이 놓여 있다."

_질베르 시몽동

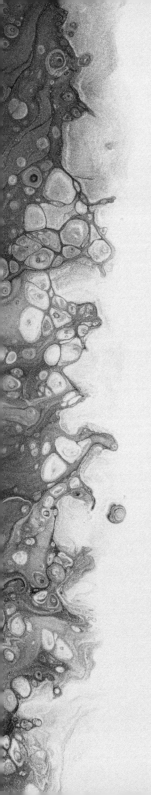

일러두기

1. 원문의 이탤릭체는 볼드체로 바꾸었다. 단 원문에서 영어가 아닌 다른 언어를 병기했을 경우, 볼드체로 바꾸지 않고, 괄호 안에 그 원어를 써놓았다.
2. 원문의 인용구들 중 단어나 짧은 구절은 작은따옴표로, 문장이나 긴 구절은 따옴표로 처리했다.
3. 역주에는 주석 앞에 '(역주)'라고 썼다.
4. 본문에서 역자가 보충한 내용은 '〔 〕' 안에 썼다.

나는 무엇을 희망하는가?

학계에서 혁명적이고 급진적인 생각들은 과거의 정전화된 학자들과 학문적 전통들과의 참여를 통해 현실화된다. 현세대는 오래된 텍스트들을 읽고 종종 재독해함으로써 이러한 텍스트들에 관한 지배적인 이해방식에 맞지 않는 '새로운' 독해들을 만들어낸다. 물론 학자들은 어떤 예기치 않은 과거의 학자들로부터 무언가를 끄집어내는 경향이 있는데, 이때 이들 과거의 학자들은 특이한 학문적 정전 출신이거나, 다소 잊힌 사람들이다. '새로운 형이상학'(new metaphysics)은 바로 이러한 오래된 그리고 새로운 독해와 재독해 사이의 공명에서 스스로를 드러낼 것이다. 새로운 형이상학은 지금 여기에만 국한되지 않으며, 단순히 우리에게 미래의 이미지를 투사하는 것도 아니다. 그것은 우리가 '새로운 전통'이라고 부를 법한 것을 알려주며, 동시에 우리에게 과거, 현재 그리고 미래를 제시할 것이다. 따라서 새로운 형이상학은 사유(다른 것들에 의해 배제되어 거기 없었던 일련의 생각들)에 어떤 것을 부가하는 것이 아니다. 오히려 그것은 횡단해나가며, 이에 따라 **전체**적으로 사유를 재기술하며, 취급되지 않은 것을 하나도 남기지 않으면서, 그것의 새로운 지향점에 따라 모든 가능한 이념을 재정비하는 것이다.

'새로운 유물론'(New materialism) 또는 '신-유물론'(neo-materialism)은 이와 같이 하나의 새로운 형이상학이다. 이질적인 배경을 가진 현대의 무수한 학자들은 1990년대 이래 [유물론의] (재)독해를 실현해내기 위해 공동작업을 해왔다. 이 책은 신유물론에 **대한** 글쓰기이면서, 동시에 신유물론자들의 [철학적] 야심**으로부터** 구체성을 끌어내는 작업이기도 하다. 새로운 전통과 연관된 대화들은 이 책의 1부에서 이루어진다. 여기에는 오늘날 가장 두각을 나타내는 신유물론자들과의 인터뷰 네 꼭지가 실려 있다. 로지 브라이도티(Rosi Braidotti), 마누엘 데란다(Manuel DeLanda), 카렌 바라드(Karen Barad) 그리고 퀑탱 메이야수(Quentin Meillassoux)가 그들이다. 네 개의 장으로 구성되는 2부에서는 현대의 학문적 사유에 이 새로운 전통을 놓고 고민하는 작업을 한다. 인터뷰를 진행한 학자들이 공유하는 문제들은 2부의 장들에서 주요 주제로 다루어지지만, 이때 그것은 [이들에게서뿐만 아니라] 모든 곳에서 언제나 전반적으로 실제적인 신유물론으로 드러난다. 신유물론은 책 전반에 걸쳐, 장들 모두에 스며 있고, 모든 진술과 논증들에 살아 숨 쉬고 있는 형이상학이다. 따라서 신유물론은 이 책에서 '축조'(built up)되지 않는다. 즉 각 장은 논점을 이해하기 위해 서로 다른 장에 의존하지 않는다. 비록 많은 다른 횡단적 관계가 장들 사이에 존재할지라도, 각 장은 독립적으로 읽힐 수 있다.

1부의 인터뷰들은 **상호**작용(interaction)이라기보다 **간-행**(intra-action)[1]이다. 간-행이라는 용어는 바라드에 의해 도입된 이후 그녀의 신유물론에서 중심이 되었다. 간-행이란 원자론적 형이상학을 질적으로 전환하며 중요한 점은 물질들 **사이**(between)의 (**내부-사이**in-between

는 아닌) 작용이다. 다시 말해 그것은 인터뷰어나 인터뷰이 또는 심지어 우리가 특별히 관심을 기울일 가치가 충분한 인터뷰 당사자의 작품도 아니라, 그 인터뷰가 우리를 고무시킴에 마땅한 어떤 것(행위 그 자체)을 야기했다는 지향적 의미이다. 신유물론은 그러한 행위들 안에서 스스로를 표명하기 때문이다. 우리는 1부에서 드러난 개개의 질문들과 대답들 그리고 2부의 각각의 장들 사이에 강한 연결지점들을 만들어 이것을 강조했다. 이런 방식은 독자가 신유물론 전통을 보다 깊이 이해하려면, 1부와 2부 사이를 앞뒤로 오가도록 한다.

로지 브라이도티와의 인터뷰는 우선 신유물론의 계보학이라는 주제 주위를 돌고, 또한 계보학적인 것으로서의 신유물론 주위도 선회한다. 후자는 리오타르(Jean-François Lyotard)의 '다시쓰기'(rewriting)나 들뢰즈의 '개념 창조'의 예 중 하나로 읽힐 수 있다. 브라이도티의 경우 계보학적 요소는 신(페미니즘적) 유물론을 취하는바, 브라이도티 자신은 조르주 캉길렘, 미셸 푸코 그리고 들뢰즈와 같은 대륙 유물론자들의 어떤 (불)충직한((un)dutiful) 딸로서, 가장 확실하게 이 책의 구석구석에 스며 있다(van der Tuin, 2009). 브라이도티는 (신)유물론의 상황적(situated) 지도제작법을 이끌어내는 것이 얼마나 중요한지, 또한 통찰력 있는 대안들, 즉 비판에 대한 창조적 대안들을 생산하기 위해 이 지도들을 횡단하는 것이 얼마나 중요한지 명확히 한다. 유물론의 문제에 있어서 브라이도티의 정확한 견해를 접하면서, 우리는 들뢰즈적 '일의성'(univocity) 또는 '단일 물질'(single matter)과 대면한다. 동시에 우리는 브라이도티가 차이를 한편으로는 성적 차이화(sexual differing)의 힘으로 간주하고 있다는 것을 발견하며, 다른 한편으로 그것을 어떤 성차(sexual dif-ference), 즉 포스트-휴먼, 포스트-인간중심주의 그리고 지속가능성과 (세대 간에 전해지는) 정의에 관한 포스트-세속주의 전망을 찾아내기 위해 횡단될 필요가 있는 성차로 본다는 것을 알게 된다.

마누엘 데란다와의 다음 인터뷰는 신유물론이 실제로 어떻게 전망적(visionary) 힘으로 채워지며, 물질세계에 대한 주의깊은 연구가 우리로 하여금 물질세계가 그로부터 **비**의존적인 정신이나 주체성과 같은 개념들을 어떻게 다시 살피도록 요구하는지를 증명한다. 브라이도티의 계보학은 신유물론에 관한 데란다의 공식 안으로 되돌아오지만 그 계보학은 처음부터 이 **물질세계**를 구성하는 하나의 역사적 과정으로서 동력학적 형태발생론이라는 형식 안에 있었다. 예컨대 데란다가 포스트모더니즘이나 언어학적 관념론이 물질적 과정들로써 그리고 그것들 자체의 역학적, 형태발생적 능력들을 가지는 것으로써 학문적 과정의 이론화로부터 우리를 멀리 떼어놓았던 방식들에 흥미를 가지는 것은 단지 부차적인 것이다. 데란다의 일원론적 방법론은 처음부터 작동중이고, 그래서 '새로운' 주체성이나 정신은 의미화하는 것이 아니다. 대신에 그것은 의미를 함축하는 것이며 차이의 힘으로서, 언제나 기존의 아 프리오리한 것을 대체한다.

이어지는 카렌 바라드와의 인터뷰에서, 인식론과 존재론을 가로지르는 논의가 계속된다. 그녀가 '행위 실재론'(agential realism)이라고 부르는 신유물론의 획기적 측면을 따라, 바라드는 '회절적'(diffractive) 방법론을 도입하는데, 이는 우리가 브라이도티의 계보학적 측면과 데란다의 일의성을 그것들의 (상호작용이 아니라) 얽힘(entanglement) 안에서 수립할 수 있도록 해준다. 이 얽힘은 우선적인 고려사항이 되는데, 바라드는 이를 페미니즘 이론과 보어(Bohr)의 양자물리학을 통해 설명해나간다. 그녀는 소위 주체, 도구, 연구 대상이 언제나 이미 뒤얽혀 있으며, 측정이 어떻게 물질과 의미의 얽힘이 되는지 설명한다. 바라드는 또한 그녀가 '존재-인식론'(onto-epistemology)이라고 부르는 것이 늘 이미 윤리적이라는 점을, 즉 브라이도티가 (성적) 차이화(differing)라고 부를 법한 것 그리고 데란다가 형태발생(morphogenesis)이라고 부르는 것의 일부가 포스트-휴먼 행위주체에 있어서 어떻게 가능한지 도출해낸다. 이 모든 것은 바라드가 인터뷰에서 말하는 것과 같이 물질 개념을 위한 길을 터놓는다. 여기서 물질은 "느끼고, 대화하고, 겪고, 욕망하며, 갈망하고 기억한다." 느끼기, 욕망하기 그리고 경험하기는 단일한 특성들 또는 능력만이 아니기 때문이다.

마지막으로 퀑탱 메이야수와의 인터뷰는 데란다에 의해 제안된 신유물론으로 되돌아가는 것처럼 보인다. 바라드와 브라이도티가 곧장 존재론적, 인식론적 그리고 윤리적인 신유물론으로 진입하는 데 반해, 데란다와 메이야수는 존재론에 보다 큰 관심을 가지는 것 같다. 데란다에게 존재론은 인식론과 윤리학에 대한 즉각적이거나 동시적인 관심의 확장이고, 메이야수에게 그것은 일종의 분류적 측면에서 인식론적 질문들로 이끌려간다. 하지만 이러한 독해는 그 자체로 분류적이고, 차이를 과장하면서 유사성을 간과하여 그 영역을 나누게 된다. 메이야수는 어떤 새로운 유물론('사변적 유물론speculative materialism')을 내놓는데, 그것은 인식론과 존재론의 관계를 급진화하고, 이에 따라 그 본질로 육박해 들어갈 수 있는 신유물론을 만든다. 다른 세 인터뷰 당사자들과 마찬가지로, 메이야수에게도 반-인간중심주의 안에서 사회구성주의, 언어적 관념론, 혹은 정체성 정치학으로 알려진 주체론이 일신된다. 이 때 '실재론'(realism)이 사유의 무제한성을 강조하면서 물질과 자연의 우발성을 가장 급진적으로 공평하게 다루려는 시도로 전면에 나서는 것이다.

학문적 고려사항이라는 측면에서, 신유물론은 여러 방식으로 최고조에 도달하고 있다. 특히 문화론과 페미니스트 이론에서 이 주제에 관한 출판물이 증가하고 있다(예컨대 'Alaimo and Hekman eds. 2008; Coole and Frost eds. 2010; 출간 예정인 *Bolt and Barrett eds*'). 우리는 이 책의 저자들로서 신유물론의 구성과 적용에 적극적으로 합류해왔다(Dolphijn, 2004; van der Tuin, 2008; Dolphijn, 2011; van der Tuin, 2011 참조). 이 책은 여러 해 동안의 진지한 협력의 결과물이다. 우리는 이 책을 통해 신유물론의 개방적인 지도제작을 목표로 했으며, 이로써 사유의 이 새로운 전통을 근본적으로 탐구하고, 잠재적으로 실행될 수 있는 모든 것을 포함하는 데 주안을 두었다.

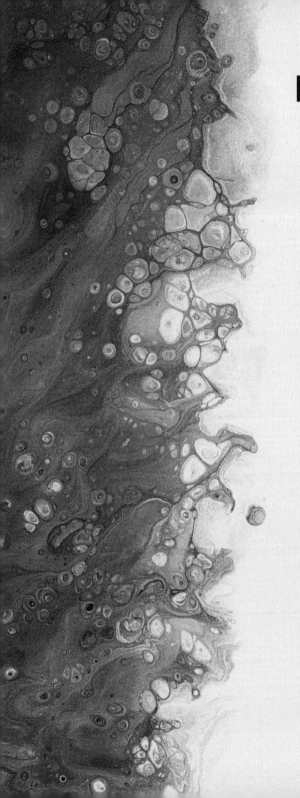

I. 인터뷰들

1장_ 로지 브라이도티와의 인터뷰

"존재의 일의성 개념 또는 단일 물질 개념은 차이를 어떤 동사로 또는 물질의 핵심에서의 생성(되기)과정으로 정립한다."

Q1_ 당신은 이안 뷰케넌과 클레어 콜브룩의 『들뢰즈와 페미니즘 이론*Deleuze and Feminist Theory*』에 낸 기고문에서 '신유물론'(neo-materialism)이라는 용어를 만들고 그 계보를 규정한 바 있습니다. 주체론으로 수렴되는 일종의 붉은 실과 같은 것이 당신의 연구를 관통하는 것으로 보입니다. 예컨대 당신의 계보학은 "데카르트의 악몽, 스피노자의 희망, 니체의 불만, 프로이트의 강박, 라캉의 즐거운 환상"(Braidotti, 2000, 159)인데, 이는 주체의 정의, 어떤 이념으로의 신체 "나는 생각한다"로 이어집니다. 우리는 거기에서 신유물론의 상징을 봅니다.

욕망의 전자파에 의해 활성화된 고기 한 점, 유전자 코딩을 펼쳐 쓴 텍스트 한 편, 이 둘은 모두 어떤 신성시하는 내면적 성소(sanctum)도 아니고, 순수하게 사회적으로 갖추어진 실체도 아니다. 그보다 그것은 몸을 입은 (enfleshed) 들뢰즈적 주체로서 '사이에 있음'(in-between)을 말한다. 이것은 외적 영향력들의 접혀 있음(folding-in)이며 동시에 바깥으로 펼쳐지는 감응들(affects)이다. 동적 실체(mobile entity), 즉 어떤 몸을 입은(en-fleshed) 기억의 종류인 이것은 그 자신에 대해 신뢰할 만한 것으로 남아, 반복하며, 한 무리의 불연속적인 변형들을 가로질러 지속될 수 있다. 들뢰즈적인 신체는 궁극적으로 하나의 구체화된 기억이다(ibid.).

이 텍스트에서 당신은 신유물론을 발전시키면서, 질 들뢰즈의 철학에 가까이 머물고 있습니다. 그러나 그 용어는 『불일치의 패턴*Patterns of Dissonance*』에서, 당신이 다음과 같이 말할 때 이미 발견됩니다. "사유의 일반적 방향은 페미니스트 이론 안에서 드러나는데, 이는 주체의 체현된 본성을 정립하며, 결국 물질의 한가운데에서 대안적으로 성차나 젠더의 문제를 정립한다. (…) 이것은 유물론의 급진적인 재독해로 이끌며, 완고한 마르크스적 정의로부터 멀어진다. (…) 푸코의 신유물론 즉, 들뢰즈에 의해 제안된 새로운 물질성은 (…) 페미니즘 이론을 위한 결정적 논점을 구성한다"(Braidotti, 1991, 263-6). 그리고 『유목적 주체*Nomadic Subjects*』에서 당신은 다음과 같이 말합니다. "차이에 관한 포스트구조주의 페미니즘의 재확인에서 등장하는 것은 (…) 텍스트와 텍스트적 실천에 있어서의 신유물론적 이론이다"(Braidotti, 1994, 154). [그렇다면] '계보학'은 당신에게 어떤 식으로 중요하며, 들뢰즈 철학에 집중하는 텍스트 안에서 신유물론의 제대로 된 개념화가 이루어진다면 어떤 방식으로인지요?

로지 브라이도티: '신유물론'이라는 용어가 나의 '유목적 사유'라는

신체 안에서 전진적으로 전개되고 규정된다는 당신의 지적은 올바릅니다. 『불일치의 패턴』은 이론적인 개념에 있어서 내 일반적 기획의 개요이지요. 그것은 예전 박사논문을 책으로 만든 것으로 전형적인 주류 학계의 언어들로 표현되어 있습니다. 그리고 이어서 삼부작 '유목적 주체', '변신'(Metamorphoses) 그리고 '전위'(transposition)가 나옵니다. 이 책은 마침 첫 출판 17년 후에 완전 개정판이 컬럼비아대학교출판부에 의해 재출간되었지요(Braidotti, 2011b). 그런데 초판도 이미 좀더 논쟁적인 메시지와 좀더 낙관적인 스타일을 가지고 있었습니다. '변신'과 '전위'는, 독자들과의 연결을 잃지 않으면서, 좀더 복잡하고 리좀(rhizome)적으로 성장하는 어떤 개념적 구조 안에 있는 실험과 이러한 복잡성을 공정하게 대하는 스타일을 추구합니다.

좀더 이론적으로 나는 1980년대를 지나오면서, 알튀세르의 「우발성의 유물론을 위하여Pour un matérialisme aléatoire」[2]와 같은 글이 그의 학생들 예컨대, 푸코, 들뢰즈, 발리바르에게 전반적인 일치를 수립한다고 논증하려고 했습니다. 최근의 유물론이 현대 과학, 특히 정신분석적 통찰력에 비추어서뿐 아니라, 발전된 자본주의의 변이에 대한 비판적 탐구와 연관되어야 했다는 것은 명백합니다. 포스트 68의 사상가들이 일제히 마르크스주의의 유산에 충실해야 했지만, 그에 더해 그들의 역사적 조건의 빠른 변화에 그것을 적용시킬 때 비판적이고 창조적이어야 했다는 것도 이해될 수 있습니다. 그런 이론적-정치적 협약은 '유물론'이라는 말을 몇몇 포스트구조주의자들에게 필수적이면서도 따분한 것으로 만들었지요. 언어학적 전회[3]에 있어서 지도적 인물들, 예컨대 바르트와 라캉은 '기호의 물질성'에 대해 널리 반복해서 썼습니다. 그렇기 때문에 그 당시엔 새로운 유물론적 협약에 대해 '신-'(neo-)이라는 접두사를 붙일 실제 필요성이 없었습니다. 하지만 상황이 변하고 있었지요.

1990년대 중반까지 후기구조주의의 여러 흐름들과 갈래들 사이에 상이한 지점들이 보다 분명해지고 있었다는 건 확실합니다. 언어 분야가 가졌던 헤게모니적 입장은 정신분석과 기호학을 경유하여 어떤 성숙된 해체적 기획으로 발전했습니다. 이는 미국에서 그야말로 지성적으로 성취되었는데, 이에 대한 이론적 정의와 경계구분에 관한 보다 명확한 용어의 필요성을 강화했지요. 따라서 '신유물론'은 하나의 방법, 개념적 틀, 정치적 입장으로서 출현한 겁니다. 그래서 신유물론은 언어학적 패러다임을 거부하고, 대신에 권력의 사회적 관계 안에 담긴 신체들의 구체적이지만 복잡한 물질성에 방점을 둡니다.

그 지점에서 캉길렘(Canguilhem), 푸코 그리고 들뢰즈에서 나로 연결되는 계보학적 선은 정치적 주체와 전형의 문제에 있어서 상이한 사유의 전통을 드러낸다는 것이 분명해졌지요. 이러한 갈래와 해체적인 갈래 사이에 존재하는 어휘론적 차이도, 정치적인 우선권이 그랬던 것처럼, 또한 보다 날카로워졌습니다. 따라서 '유목적 주체'는 재현에 관한 것도, 인지에 관한 것도 아니며, 실천적 대안들의 표현과 현실화에 대한 것이지요. 질 들뢰즈는 (담배 연기 자욱한) 뱅센의 세미나실에서 신유물론을 구성하는 '물질'이 정확히 무엇인지 재정의하기 위한 기획에 참가한 사람들에게 명쾌하고 확실한 지침을 제공했습니다. 상황은 그때 이후로 계속 개념적으로 엄격해졌습니다.

물론 페미니즘은 맡은 것보다 더 많은 것을 해냈지요. 페미니스트 철학은 시몬 드 보부아르(Simone de Beauvoir)에 의해 지난 세기에 개척된 유물론에 관해 구체적이면서도 밀접하게 연관된 분야를 건설하였지요. 페미니즘은 복잡하고도 획기적인 방식으로 구체적인 것들에 대한 현상학 이론과 마르크스주의자, 그리고 후에는 후기구조주의자들의 이론을 결합하고, 신체와 권력 간의 복잡한 상호격차성에 관해 연구를 재개하였습니다. 이러한 풍부한 이론적 유산은 두 가지 오래 지속되는 이론적 결과들을 가집니다. 첫째로 페미니즘 철학은 문화와 자연, 또는 신체와 정신을 구분하는 이원론을 거부하면서 주류 대륙 철학의 경향보다 더 멀리 나아갑니다. 반면 구조주의의 이항 대립이 가진 심연은 사회적 구성주의(Buttler and Scott eds. 1992)의 역동적 체계를 통해 앵글로-아메리칸 젠더 이론가들에 의해 연결되며, 대륙의 페미니스트 관점은 성/젠더 구분을 쓸모없는 것으로 만드는 어떤 일원론적 정치적 존재론이나 성차 이론을 향해 움직인 것이지요.

이러한 유물론의 특수한 갈래의 두번째 결과는 어떤 '이중화된 관점'(Kelly, 1979) 안에서 대립되는 의식이 비판과 창조성을 결합한다는 것입니다. 이것은 비판적인 해체에서 멈추지 않으면서 능동적 대안을 향해 나아갑니다. 따라서 페미니즘 철학자들은 체현되고(embodied) 착근된(embedded) 유물론이라는 새로운 유형을 도입했습니다. 이 이론적 혁신의 주춧돌은 상황적 인식론(situated epistemology)[4]의 특별한 유형이고(Haraway, 1988), '장소의 정치학'이라는 실천에서 진화해 나왔지요(Rich, 1985). 또한 이것은 1990년대를 관통하면서 페미니즘 입장론(standpoint feminist theory)[5]의 관점을 융합하고 포스트모던 페미니즘과 논쟁합니다(Harding, 1991).

메타방법론의 혁신으로서, 주체에 관한 구체화되고 착근된 페미니즘 유물론 철학의 분야는 보편주의와 이원론 둘 모두와 단절합니다. 전자의 경우, 보편주의자는 어떤 주체의 위치를 주장하게 되는데, 이는 공간-시간적이며 지리-정치적 특수성을 이른바 초월하는 것으로서, 비-체현적(dis-embodied)이며 비-착근적인(dis-embedded) 것, 특히 추상적인 것이기 때문에 비판을 받습니다. 보편주의의 가장 좋은 예는 '추상적 남성성'(abstract masculinity, Hartsock, 1987)과 '승리한 백색성'(triumphant whiteness, Ware 1992)인데, 이것은 윤리적 근거에서뿐 아니라 인식론적 근거에서도 반박가능한 것입니다. 상황적 관점은 누군가가 분석하고 정치적으로 반대하는 바로 그 구조에 그 자신이 연루되어 있기 때문에 윤리적인 이해가능성을 위한 사전조건들을 놓는 것입니다. 페미니스트 유물론에서 핵심 개념은 성화된(sexualized) 본성과 권력관계의 근원적인 내재성이며, 세계에 대한 그것들의 효과이지요. 이러한 푸코적인 관점에서, 권력은 부정적이면서도 제한하는 권력(potestas)일 뿐 아니라 긍정적 역능(potentia)이거나 대안적 주체의 위치와 사회적 관계들의 생산이기도 합니다.

또한 포스트모던 페미니즘으로 알려진 페미니스트 반인간주의는 기회균등 정책들의 획일적인 적용에 함축된 위험을 지적하면서, 일방적인 보편주의에 대한 기초적인 비판으로 확장되었습니다. '입장론'(Harding, 1986)과는 반대로 포스트휴먼 페미니즘 철학자들은 사회 변화의 변증법적 동력기계로서의 '차이'라는 개념에 무비판적으로 의존하지 않아요. 그보다 이들은 불균등한 권력관계들 안에서 '타자성'(otherness)과 '동일성'(sameness)이 상호작용하는 방식들을 분석함으로써 이러한 논쟁에 보다 복잡한 것을 부가하는 것이지요. 이것은 들뢰즈의 타자성 이론들과 비슷합니다. 과정에 대한 그의 강조, 역동적 상호작용과 유동하는 경계들은 유물론적이며, 생기론의 하이테크 버전이라고 할 수 있습니다. 이것은 우리가 거주하고 있는 후기 산업화 시대의 가부장적 문화에 관한 분석과 들뢰즈의 사유를 밀접하게 연관시키는 것이지요. 게다가 들뢰즈의 연구작업은 페미니즘과 아주 깊이 연관되어 있습니다. 그가 차이와 섹슈얼리티[6] 그리고 변형이라는 주제에 관해 탁월한 공감을 드러낼 뿐 아니라, 여성의 입장에 긍정적 역량을 부여하는 점에서 그렇습니다. '비非오이디푸스적 앨리스'와 같은 형상화 작업을 통해 전달하려는 바가 그것이지요. 여기서 어린 소녀는 오이디푸스 법칙에 의해 그녀의 몸을 탈취당하게 되거나, 아니면 철학자의 약혼녀 아리아드네라는 좀더 긍정적인 인물에 의해 철학의 여성적 얼굴은 부정성에서 긍정성으로 가치의 변형이 이루어지는 원천 중 하나가 되는 것이지요. 이러한 변신(metamorphosis)은 들뢰즈로 하여금 능동적인 역량화로부터 단순한 비판을 분리하는 경계들을 넘어서도록 만듭니다. 마지막으로 들뢰즈에게 있는 철학의 '여성-되기'에 대한 강조는 철학의 어떤 새로운 종류의 남성적 스타일의 흔적을 드러낸다는 점입니다. 이것은 팔루스 중심주의의 구속복을 벗어던지고 다소간 위험을 감수하는 법을 배운 철학적 감수성이기도 합니다. 들뢰즈의 사유에서 '타자'는 고전 철학에서 그런 것처럼 타자성(alterity)의 상징적이고 변하지 않는 뱀파이어 자국이 아닙니다. 또한 그것은 해체론에서처럼 물신화되고 필연적으로 타자화된 '타자'도 아니지요. 그것은 교환과 생성의 움직이는 지평이고, 탈근대적인의 비통합적 주체들이 지향하여 움직이며, 이에 따라 응당 촉발되어 움직여지기도 하는 것입니다.

이 이중적인 계보학은 내가 평생에 걸쳐 복잡성과 내적 모순들을 끌어안으며 유물론과 이룬 관계입니다.

Q2_『들뢰즈와 페미니즘 이론』의 동일한 장에서 신유물론은 또한 '반유물론'이라고 불립니다(Braidotti 2000, 172). 모성 페미니즘(marternal feminism)은 확실히 페미니즘 입장론과 더불어 하나의 페미니즘 유물론이긴 합니다. 그래서 그 목록에서 우리는 다음과 같은 것들을 발견합니다. '자연주의 패러다임' 그리고 그 '결정적 손실'(ibid., 158), 페미니즘 유물론들, '사회적 구성주의'(ibid.), 그리고 마지막으로, '유물론의 더욱 급진적 의미'(ibid., 161), 다시 말해 '반본질주의'(ibid., 158), 일종의 '신유물론과 기술 시대에 주파수를 맞추는 생기론 같은 것'(ibid., 160). 『변신_Metamorphoses』에서 당신은 현대의 철학적 대화를 위해 지도제작법을 제안합니다. 거기서 당신은 "이에 따라 우리는 권력관계를 가장 '외재적'이고, 집합적, 사회적인 현상이자 동시에 가장 사적이거나 '내면적' 관계로 생각한다"(Braidotti, 2002a, 6)라고 하지요. 『들뢰즈와 페미니즘 이론』에서 당신이 쓴 글을 돌아볼 때, 당신은 이 방법을 새로운 페미니스트 유물론자들의 대화에 관한 현대적 지도를 그리기 위해 어떻게 도입할 것인가요? 또는 약간 다른 각도에서 보자면, 『불일치의 패턴』에서 성차의 급진적 철학에 대한 당신의 장('프랑스 페미니즘'이라는 트레이드마크와 필연적으로 포개지지는 않은, 그리고 상당히 유물론적인 페미니즘 이론의 한 갈래)은 다음과 같은 도발적인 질문으로 끝납니다. "그들 목소리를 제대로 들었는가?"(Braidotti, 1991, 273) 당신은 자신의 1991년 질문에 오늘날 새로운 페미니즘 유물론의 이론화 안에서 어떻게 답할 것인가요?

RB_ 물질적인 것과 모성적인 것 간의 관계에 관한 쟁점은 내 세대에서 중대했습니다. 그 일부는 상황맥락적이지요. 다시 말해 우리는 사실상 강력한 페미니스트 선생들과 지도자들을 우리의 아카데믹한 작업 안에서 만나는 특권을 향유한 첫번째 사람들이라는 겁니다. 내 경우에 일단 주요 인물들만을 말한다면 주느비에브 로이드(Genevieve Lloyd) 그리고 뤼스 이리가라이(Luce Irigaray), 미셸 페로(Michelle Perrot)와 조안 스콧(Joan Wallach Scott)과 같은 우수한 롤모델 선생들을 만났습니다. 그 영향의 파급력이란 정말 대단하지요! 이런 계보는 교육적 관계에서의 오이디푸스화라는 주제를 어떤 중차대하고 복잡한 문제로 만들었습니다. 또다른 이유는 물론 이론적입니다. 만약 당신이 1980년대의 학계를 되돌아본다면, 거기서 당신은 교육학과 엄마-딸 관계에 관한 텍스트와 논문의 범람을 발견할 것입니다. 정신분석 혼자서 이 주제를 부풀려놓았지요. 그리고 뒤늦은 깨달음으로, 아마 당신은 포스트 68세대 전체가 그들의 부모와 커다란 부정적인 관계를 가지고 있다고 말할 것입니다. 나는 혁명적 세대의 모든 구성원들이 아마도 어떤 단절의 폭력, 즉 이전 세대로부터의 불가피한 결렬이라는 표식을 가진다고 추측합니다.

개인적으로, 나는 오이디푸스 주제 전체에 대해 거부반응을 단기간에 키웠습니다. 왜냐하면 당연히 나는 그 주제가 페미니스트 공동체 안에 일으킨 많은 폭력적이며 날카로운 갈등들을 목격했기 때문입니다. 식수(Cixous)와 보부아르 간의 충돌은 하나의 전설적인 예입니다. 어떤 면에서 나는 '모성적인 것'이 어떤 고도로 정치화된 맥락에서 동원하는 부정적인 정념을 두려워했습니다. 결과적으로 난 '안티오이디푸스라는 딱맞는 명칭으로 불리는 들뢰즈의 『자본주의와 정신분열』 1권에서 안식처를 취했던 것이고, 그것을 페미니스트 철학의 발전에 있어서 어떻게 하면 독립적이면서도 충실한 사유 체계를 발전시킬까 하는 방법적 질문에 적용해야 한다고 확신했습니다. 이 선택은 페미니즘을 제도권 안으로 들이고자 한 내 결정과 일치합니다. 나는 그것을 민주적 의무의 수행과정이라고 여겼습니다. 그 중심에는 물론 세대 상호 간의 공정성(justice)에 관한 과제가 있지요.

나의 모든 지도제작은 내가 할 수 있는 한에서 포괄적이며, 어떤 완고한 이론적 정치적 입장을 취하면서도 파벌주의를 신중하게 피해왔지요(Braidotti, 2010). 이러한 입장은 우리가 1990년대에 걸쳐 수많은 '이론전쟁'과 '문화전쟁'을 목격하면서 내가 온전히 내 견해를 견지할 수 있는 방법이었습니다. 이 당시에는 우익이 미국의 아젠다를 지배했고, 포스트 1989 세계화 협약(global consensus)은 내가 내 연구의 기초로 생각하던 사유의 핵심적인 전통인 마르크스주의와 유물론적 포스트구조주의의 사유를 기각하는 경향으로 흘렀지요.

현재는 페미니즘 이론의 학제 간 방법에 체계적 메타-담론적 접근법이 요구됩니다. 이것이 여성학, 젠더 그리고 페미니즘 연구 같은 기존의 학제를 비롯해서(Wiegman, 2002) 오늘날 철학을 위한 최우선 과제 중 하나이지요(Alcoff, 2000). 한때 전복적인 것이 현재의 주류라는 것이 사실이라면, 오늘날 페미니스트 철학자들에게 주어지는 도전은 더 많은 개념적인 창조를 성취하기 위해 투쟁하는 동안 어떻게 그들의 입장을 유지할 것인가라는 것입니다(Deleuze and Guattari [1991] 1994).

급박한 변화, 구조적 불평등, 점증하는 군사화로 특징지어지는바, 전

세계적으로 연결되고 과학기술로 조정되는 세계 안에서 페미니스트 학자는, 세계화에 관한 너무나 많은 당대의 사회이론(Fukuyama, 2002, Habermas, 2003)이 드러내는 도덕적이고 인지적인 공황에 저항하면서 현재의 복잡성을 붙잡기 위해 이론적, 방법론적 분투를 강화했습니다. 포스트모더니즘이 저물어갈 때 페미니스트 철학자들은 급진적인 회의주의와 도덕적, 인지적 상대주의의 한 형식으로 역사에서 해체이론의 언어적 매개 패러다임을 넘어서, 강력한 대안들의 생산을 향해 작업해 나아가려 합니다. 체현(embodiment)과 사유가능성(accountability), 입장성(positionality)과 위치와 관련된 쟁점은 보다 적절하고 다양해졌습니다. 나의 주된 논증은 페미니즘 철학이 지금 한편에는 포스트-휴머니즘(post-humanism) 그리고 다른 한편에는 포스트-인간중심주의(post-anthropocentric) 이론 사이에서 새로운 길을 발견하고 있다는 것이지요. 이러한 두 가지 접근들 간의 수렴은 페미니스트 이론을 구조화하는 많은 학제 간 선들을 가로질러 다양화되는데, 이는 결국 페미니즘 철학 자체의 전제를 급진화하게 됩니다. 특히 이것은 섹슈얼리티의 우선성과 성/젠더 구별의 타당성에 대한 재고를 불러일으킵니다.

성차에 관한 급진적 철학들이, 익히 들어왔던 대로 프랑스 페미니즘(이것은 많은 측면에서 부적절한 이름입니다)과 필수적으로 겹쳐지지 않는 신유물론의 어떤 형태로 받아들여졌는가 하는 질문은 보다 난해해요. 미국 페미니즘 이론에서 성/젠더 구분의 패러다임적 위상과 이 패러다임의 세계적 범위, 예컨대 1989년 이후 과거 동유럽 전역에서 특정 유럽 관점이란 전진하기는커녕 생존하기도 어렵게 됩니다.

가장 주목할 만하게, 이 성/젠더 구분이 소위 '대서양횡단적 단-

절'(Trans-Atlantic dis-connection)의 핵심이 되었습니다. 이 말을 페미니즘 이론의 언어로 번역해보자면, 나는 미국 페미니즘에서 '신체'가 비판적 또는 공적 담론 안에서 섹슈얼리티와 긍정적으로 연합될 수 없다는 의미라고 말할 것입니다. 섹슈얼리티는 정신분석과 후기구조주의의 비판적 담론에서 기초 패러다임이라고 할 수 있는데 이는 미국의 정치 담론에서 단적으로 말해 설 자리가 없어요. 목이 졸려 죽어버린 거지요. 그러면 과연 '프랑스 페미니즘'은 어떤 기회를 가졌을까요? 성/젠더 이분법은 진보 개인주의적 '권리'와 사회구성주의적 '변화'라는 연합된 위장 아래 젠더를 육체에서 떼어내면서, 젠더라는 극단을 향해 맹렬하게 방향을 바꿨지요. 이 경향을 되돌리려는 시도는 게이, 레즈비언, 퀴어 운동가들의 과제로 남았습니다. 그들은 섹슈얼리티를 페미니즘 아젠다 안으로 재기입하는 중입니다. 예컨대 테레사 드 로레티스(Teresa de Lauretis, 1994)는 레즈비언 정체성의 기본 이론을 내놓기 위해 정신분석적 욕망이라는 주제로 되돌아가지요. 주디스 버틀러(Judith Butler)는 성/젠더 이분법의 우선순위를 성에 기대어 역전시키고 푸코와 위티그(Wittig)를 결합시켜냅니다. 이제 관찰자들은 미국 후기구조주의자들을 자체의 특이성과 개념적 목표를 가진 그 자체의 운동으로 논하기 시작했습니다. 대부분의 주요한 프랑스 후기구조주의자들이 미국에서 정규 교육직을 차지했다는 사실은 후기구조주의의 제2의 생명을 가능하게 만들었어요. 그러는 동안 그들은 유럽에선, 특히 프랑스 지성계로부터 죽어 사라진 겁니다. 세번째 밀레니엄이 시작할 때쯤 '프랑스' 이론은 하나의 보편 양식이 아닌 채 세계 여기저기 흩어져 속해 있게 됩니다. 후기구조주의의 프랑스적 성격은, 대서양 건너로 이주 중에 어떤 개넘적 변형을 거치는 것처럼 번역하는 중 사실상 상실됩니다.

더 많은 유럽적 접근법들이 받아들여진 다른 면을 확인하기 위해 내가 취하는 하나의 실질적인 행동은 여성의 젠더와 페미니즘 연구에 관해 EU 전반의 네트워크를 구축하는 것입니다. '아테나'(ATHENA, the Advanced Thematic Network of Women's Study in Europe)가 가장 좋은 예가 될 겁니다. 이론적으로, 아테나의 설립 이사로서 나의 역할은 미국 페미니즘 이론에서 친숙하지만 엄격한 미국 헤게모니에 대한 비판과 역사적이면서 일정한 위치를 가지고 있는 유럽적 전통들에서 나온 다른 관점들을 발전시키는 시도들을 야기했지요. 나는 우리가 반-기억들 그리고 대안적 계보들이 받아들여질 수 있는 한에서 할일을 했다고 생각해요. 이것이 비판적 사상가의 젊은 세대인 당신과 진행하는 이런 인터뷰의 순수한 어조와 틀이 내게 큰 기쁨과 일신된 희망을 가져다주는 큰 이유입니다.

Q3_ 당신의 철학은 언제나 '차이'의 철학이었습니다. 『유목적 주체』(1994)의 한 장인 '노마드적 정치 기획으로서의 성차'에서 당신은 그 이유를 설명하고 뤼스 이리가라이가 하는 방식을 따릅니다. 첫째로 당신은 '변증법-으로서의-차이', 즉 서구적이고 유럽중심적인 사유를 지지하는 방식을 전환하자고 주장하지요. 당신이 주장하는 '이 역사 안의 차이'는 지배와 배제 관계에 따라 단정되어 왔으며, '~와 다름'이 '~보다 덜함', 가치에 있어서 '~보다 못함'이라는 의미가 되어버렸다고 주장하지요(Braidotti, 1994, 147). 둘째로, 당신은 서구 페미니즘의 정론(canon)을 철저하게 부수려고 합니다. 그것은 '반본질주의'라는 논쟁적인 형식

또는 '젠더를 넘어'라는 입장을 향한 유토피아적 열망이라는 미명 아래 성차를 해체해왔다는 것이지요(ibid., 149). 이런 당신의 입장을 발전시켜 가면서, 당신은 '하나의 기획으로서의 성차', 즉 '유목적 정치 기획'으로서의 성차에 끊임없이 집중해왔지요(Ibid.). 그렇게 함으로써, 당신은 소위 '프랑스 페미니즘'과 '프랑스 이론'에 의지했습니다.

두번째 질문에서 당대의 아카데미 안에서 '프랑스 페미니즘'과 그것의 자리에 대해 논의했습니다만, 당대 아카데미 안의 전반적인 프랑스 이론에 대한 당신의 의견은 무엇입니까? '프랑스 페미니즘'과 같은 영미적인 맥락에서 창조되는 권위적인 버전들과 다르게, 당신은 아카데미 안에 마찬가지로 '프랑스적인' 소수 전통을 아는지요? 그리고 만약 그렇다면 그러한 비주류 전통들은 신유물론을 어떻게 바라보며, 어떤 방식으로 신유물론과 연관되는 것인지요?

RB_ 현재로서는 북미에서 프랑스 이론이 겪고 있는 파국으로부터 그것을 구출하기 위해 탈영토화할 필요가 있다는 것은 분명합니다. 지난 10년간 어떻게 우파 유럽 지성의 맥락들이 성장했는지 감안해보면 이것은 이중의 도전입니다. 특정화된 유럽적 관점들의 발전을 지체시키는 추가 요인은 프랑스와 독일 철학적 전통 간의 지속적인 적대감입니다. 하지만 여기에는 강조할 만한 세 가지 요점이 있습니다. 첫째, 철학의 분석계와 대륙계를 넘어서려는 경향입니다. 이것은 존 뮬라키(John Mullarkey, 2006)가 그의 저작에서 '후기-대륙' 철학이라고 지칭했던 것이기도 하지요. 독일 철학자인 디터 토뫼(Dieter Thomä)도 내가 편집했던 『대륙철학사』(Braidotti ed. 2010) 1권에서 유사한 주장을 합니다. 이는 우리가 새로운 이론적, 방법론적 원천을 이전에는 적대적이었던 전통 내부에서 작동시키게 하는 고무적인 발전이지요.

두번째로, 프랑스 철학의 수용에 있어서 급진적인 인식론들의 생산적 기여가 또한 강조될 필요가 있어요. 최근에는 해러웨이(Donna Haraway)의 저작을 고려하지 않고는 캉길렘의 독해가 있을 수 없고, 버틀러나 스피박 없이 데리다를 이해하는 것도 불가능합니다. 또한 푸코는 스튜어트 홀(Stuart Hall), 들뢰즈는 유물론적 페미니스트들 없이 읽힐 수 없지요. 이것은 돌이킬 수 없는 지점입니다.

세번째로, 당신의 질문에 더 직접 답하자면, 나는 프랑스 철학은 소수 전통들에서 의미심장하다고 생각합니다. 그 점은 내가 당연히 다시 논의해야 하겠지요. 세계적으로 덜 인정되었지만 그럼에도 철학, 과학, 인식론의 철저한 프랑스적 전통부터 자유주의 전통의 성생활 강조까지 그 범위는 넓습니다. 내가 개인적으로 좋아하는 건 디드로의 마술적 유물론이에요. 그리고 이성주의를 직접 상상력에 연결시키는 기존의 전통도 있지요. 이들은 주류 유물론에서 모여 만나는 여러 계곡물이에요.

Q4_ 당신은 차이가 신유물론의 정수라는 것에 동의하시나요? 만약 그렇다면 당신은 신유물론적 차이에 관해 어떻게 정의할 것인가요?

RB_ 정말 그렇습니다. 특히 만약 우리가 이 점에서 들뢰즈를 따르고 기초존재론으로서 일원론을 받아들인다면 말이지요. 단일한 물질이나 존재의 일의성 개념은 물질의 중심에 어울리는 과정 또는 동사로서 차이를 설정하지요. 어떤 공통의 구획 안에는 시공간의 변형과 변조(mod-ulation)만이 있으며, 따라서 차이와 반복의 패턴들이 전부이지요. 그러한 사유의 체계 안에서, 더욱더 성차가 결정적인 역할을 하는 겁니다.

성차는 특히 궁극적 현존으로서 스스로를 재현하는 자기-조직화의 체계로 사유가능성의 조건에 관한 질문을 제기하지요. 따라서 성차는 일반적으로 주체성을 야기합니다. 이리가라이가 이미 이 특유한 논리를 보여줄 때 사용한 개념적 도구는 '감각적 초월'(the sensible transcen-dental)이라는 관념이지요. 초월적 주체의 설립과정에서 삭제되는 것이 모성의 기원적 근거라는 것을 보여줌으로써, 이리가라이는 수직적인 초월적 주체성을 분명히 설명하는 동시에 대안적 형이상학을 요구합니다. 이리가라이의 초월성은 지각할 수 있는 것이며, 모든 인간의 삶이, 지금으로선, 여전히 '여성에 속한 탄생'이라는 바로 그 특별한 사실에 입각한다는 것입니다(Rich, 1976). 그래서 초기 이리가라이와 들뢰즈의 작업 간의 공명이 있습니다.

내가 자주 논증하는 것처럼, 차이의 생산적, 긍정적 역능에 대한 들뢰즈의 강조는 성차의 기본 가치에 도전하는 한 페미니스트 이론에게는 문젯거리입니다. 반면, 이리가라이에게 성차에 관한 형이상학적 질문은 페미니즘 이론의 지평이에요. 그로스(Elizabeth Grosz, [1993] 1994)에 따르면 그것은 심지어 전제조건입니다. 버틀러(1993)에 따르면 차이는 극복 할 문제인데, 그것이 신체화 담론에 어떤 제한을 두기 때문이지요. 하지만 내게 성차란 우리가 출발하도록 놓여진 육체적 장소입니다. 그것은 어떤 통행이 가능하고, 횡단적이며, 정서적인 공간이지요. 이리가라이뿐 아니라 들뢰즈적인 접근법의 이점은 강조점이 형이상학으로부터 성차의 윤리학으로 옮겨간다는 것입니다. 철학적 실용주의에 대한 들뢰즈의 규정은 성차가 형이상학을 조금이라도 필요로 하는지 의문을 제기합니다. 유목적 성차 이론의 특유한 특징은 차이가 해결돼야 할 문제 또는 극복해야 할 장애물이 아니라 오히려 하나의 사실, 우리의 조건화된 육체적 장소의 요인으로 받아들여진다는 것입니다. 그리고 이것은 인간만의 특권도 아닙니다. 이것은 중요한 방법론적 결과를 가집니다.

들뢰즈의 경험주의를 따라, 이를테면 콜브룩(Colebrook)은 논쟁의 기반을 형이상학적 근거로부터 새로운 개념들의 창조 필요성을 강조하는 내재성의 철학으로 이동시키기를 원합니다. 이러한 창조적 제스처는 주어진 것 즉 경험적인 것에 대한 어떤 응답의 방식이고, 따라서 사건 개념과 연결됩니다. 개념의 창조란 그 자체로 경험 혹은 실험이지요. 여기엔 이중의 함축이 있어요. 첫째로 철학이 주인 담론(master discourse)이나 불가피한 사유지평으로 간주되어서는 안 된다는 것입니다. 즉 예술적이고 과학적인 실천이 마찬가지로 제 역할을 가진다는 것이지요. 두 번째로 윤리적 문제가 형이상학을 요청하지 않는다는 것을 고려하면, 개념들에 대한 페미니스트들의 개입이 비판적일 필요가 없어진 대신 독창적이고 창의적이 될 수 있다는 것입니다. 다른 말로 하자면, 사유에 대해 실험하기야말로 우리 모두가 배울 필요가 있는 것이지요. 이는 우리가 출발했던 바로 그 성차의 탈-영토화를 함축합니다.

Q5_ 최근 작업에서 당신은 '포스트-휴머니즘'과 '후기-세속주의'(post-secularism)에 집중하고 있습니다. 〈이론, 문화 그리고 사회Theory, Culture and Society)의 두 논문에서 당신은 두 용어를 설명합니다. 사실상 포스트휴먼으로 탈인간중심주의(post-anthropocentrism)를 직조해 내면서 포스트휴먼을 바로 복잡하게 만들었지요. 이것은 페미니즘 이론에서 기인하는 바라고 하겠습니다. "페미니즘적 탈인간중심주의의 접근방식은 (…) 마찬가지로 후기구조주의 신체적(corporeal) 유물론의 남성중심주의에 대한 도전이다"(Braidotti, 2006, 198). 게다가, 당신은 도나 해러웨이의 탈인간중심적 포스트휴머니즘이 반토대주의가 아니라 대신 '과정 존재론'(process ontology)이라고 주장합니다(ibid., 199). 여기서 당신이 해러웨이의 화이트헤드적인 중요성("존재는 관계 이전에 실재하지 않는다", (Haraway, 2003, 6))을 이용한다는 사실과는 별개로, 당신은 또한 시간에 관한 어떤 특수한 이론을 페미니즘적 포스트휴머니즘에 귀속시킵니다. 그 이론은 다소 베르그송적인 것으로 보이더군요.

> 과정 또는 이행중에 존재하는 것은 역사나 시간 바깥에서 사유하는 주체를 수립하지 않는다 (…). 장소(location)는 각인되고 체현된 기억이다. 이것은 일종의 대항-기억(counter-memories)이며, 한줌의 지배적인 주체 표상들에 반해 저항하는 사유자에 의해 작동된다. 하나의 장소란 주체의 공동생산(co-production)에 관한 유물론적 시공간의 현장이다. 따라서 그것은 결코 상대주의의 사례가 아니다(Braidotti, 2006, 199).

신생기론(neo-vitalism)과 더불어 과정 존재론도 또한 당신의 후기-세속성(post-secular)에 관한 개념화에 열쇠를 제공하지요. 이 개념은 비록 정신분석적 틀을 고수하지만 당신에게 중요하게 남았습니다

(Braidotti, 2008, 12-13). 당신의 작업에서 후기-세속주의는 아래와 같이 개념화됩니다.

대립적인 의식의 단정적 힘에 대한 후기 세속주의적 입장은 필연적으로 가능한 미래에서 믿음의 문제를 제기한다. 이것은 (…) 잔여적 영성(spirituality)의 (…) 여러 측면 중 하나이다. 현재 진행중인 믿음은 그 자체가 미래에 대한 신임 투표다. 궁극적으로 그것은 여/남성(Wo/Man)의 완전성에 대한 믿음이다. 비록 해러웨이가 지적한 것처럼 그것이 부분적 관점을 특권화하는 더 현실기반적이고, 책임 있는 양식 안에 있다 해도 말이다. 세계시민주의, 연대 그리고 지역과 세대를 넘나드는 공동체의 관대한 유대를 상정하는, 내재적이며 선험적이지 않은 이론이 바로 후기 세속주의의 직위이다. 그것은 또한 사회적 정의와 지속가능성에 대한 열망 속에서 상당한 양의 잔여적 영성을 표현한다(ibid., 18).

그러므로 당신의 관점에서, 후기-세속성은 당대 차이의 페미니스트 이론들에 속합니다. 그것은 변증법적이거나 부정적이라기보다 긍정의 정치학에 의해 구조화된 것으로 파악되는군요(ibid., 13). 그리고 다시 한번, 이론의 비선형적 시간성인데요, 그것은 베르그송주의는 물론 화이트헤드적 성격도 띠는데, 이것이 핵심으로 보입니다.

그러나 당신의 후기-세속성에 관한 이론화에서 페미니즘 이론의 강한 반-인간중심주의적 접근법은 다소 사라지는 것으로 보입니다. 비록 그러한 과정 존재론과 신생기론이 명백하다 할지라도 말입니다. 어떻게 후기-세속적 페미니즘이 반-인간중심주의일 수 있는지요? 이를테면 어떻게 우리는 '여/남성의 완전성'이라는 믿음을 개념화해야 하는지요?

RB_ 나의 최초의 가정은 후기-세속성으로의 전회가 일반적 유럽 정치 이론, 특히 페미니즘에 대한 도전이라는 것입니다. 왜냐하면 그것은 행위주체 또는 정치적 주체성이 실재적으로 종교적인 독실함에 기반해서 그리고 그것을 통해서 수행될 수 있고 상당한 영성을 수반하기까지 하기 때문입니다. 이러한 진술은 중요한 필연적 결론을 가집니다. 이른바, 정치적 행위주체는 적대적이라는 부정적 의미로 비판적일 필요는 없어요. 따라서 반-주체성들의 생산에서 주된 목표로 겨냥하지 않아도 될 겁니다. 그보다 주체성은 자기-제작(auto-poiesis)이나 자기-스타일링(self-styling)에 관한 과정 존재론이지요. 그것은 지배적인 규범들과 가치들로 이루어진 복잡하고 지속적인 협상을 포함하며, 따라서 다양한 책무의 형식들입니다. 이런 입장은 페미니즘 안에서 여러 다양한 사상가들에 의해 변호되고 있지요. 이들은 하딩(Harding)과 나라얀(Narayan, 2000)에서 마흐무드(Mahmood, 2005)에 이르는 사람들을 포함합니다.

이러한 공리의 자명한 결론은 여성해방이 직접적으로, 개인의 권리와 사적자치에 관한 유럽 자유주의 전통과 조화를 보이는 성적 자유의 목록에 올라 있다는 믿음입니다. 조안 스콧(2007)이 최근 논증한 바에 따르면, 이런 역사적으로 구체적인 모델은 보편화될 수 없습니다. 현대 유럽 정치인들이 이 모델을 강요하고 이 모델의 우연성과 그에 따른 부분적 적용가능성의 늘어가는 증거에도 불구하고 그 균일성을 주장하는 것은 잘못된 것입니다. 이것이 결정적인 지점인데요, 유럽 문화에서 그리고 그 주체성의 철학에서 주체-구성의 주요 축으로서의 섹슈얼리티의 중요성을 다시 강조하는 겁니다. 성차가 정체성과 사회적 관계의 형성에 매우 중요한 중심축인 것은 바로 섹슈얼리티의 역사적 중요성 때문입니다.

후기-세속주의적 상황은 완전한 수정이 아니면 적어도 성적 자유와 해방을 동등하게 만드는 유럽의 지배적 패러다임의 상대화를 강요하고 있습니다. 게다가 대립적 의식의 긍정적 힘에 관한 후기-세속주의 입장은 가능한 미래에 대한 믿음과 욕망의 문제를 필연적으로 제기합니다. 그것은 내가 위에서 언급한 잔여적 영성의 여러 측면들 중 하나예요. 페미니즘의 시민적 가치 체계는 대안적 사회 지평 즉 새로운 규범과 가치들의 구축을 바라는 믿음에 관한 사회구성주의의 개념에 기반합니다. 진행 중인 믿음이란 그 자체로 미래에 대한 신임투표지요. 궁극적으로 그것은 여/남성의 완전성에 대한 믿음입니다. 비록 그것이 해러웨이(1988)가 지적한 것처럼, 부분적 관점을 특권화하는 더 현실기반적이고 책임 있는 양식 안에 있다 하더라도 말입니다.

욕망은 절대로 소여(given)가 아닙니다. 오히려 그것은 과거로부터 투사된 긴 그림자처럼 우리가 향하는 전방에 있는 지평을 향해 전진하는 움직임입니다. '이미 아님'(no longer)과 '아직 아님'(not yet) 사이에서 욕망은 생성의 가능한 패턴들을 따라갑니다. 이런 패턴들은 서로 교차하면서 섹슈얼리티를 작동시키는데, 오늘날 더욱더 사람들을 구원하는 해방적 관대함과 서구 신제국주의 기획에 폭력적인 군사적 강요를 결합하는 젠더 체계의 한계를 탈영토화할 뿐입니다. 과시적 소비로서의 성에 관한 진부한 이야기들과 비서구인들의 강요된 해방이라는 국책

사업의 자만에 대항하여 비판적 사상가들은 오늘날 젠더를 넘어 순수 생성에 대한 존재론적 충동으로서 섹슈얼리티를 재사유하길 바랍니다. 욕망은 '이미 아님'과 '아직 아님' 사이의 상호주체적 만남을 위한 조건들의 윤곽을 그립니다. 이것은 어떤 통찰(insight)의 불가피한 우발성 즉 비-회귀(non-return) 지점을 표시하는 갑작스러운 가속의 쇄도를 통해 이루어지는 것이지요. 탈영토화된 유목적 섹슈얼리티의 도전을 수용하는 것은 한편으로 상업화된 진부함들의 역설적 혼합물과 대항-정체성에 대한 지속적인 주장으로부터, 다른 한편으로 신식민주의적 문명화론의 공격적이고 인종주의적인 형식으로부터 당대의 성정치학을 구출할 겁니다.

Q6_ 일종의 마지막 실험으로, 당신이 노마드 개념으로 연구하는 그 방식을 논의해보도록 하지요. 그렇게 함으로써 체현된 여성성의 사회·문화적인 착근성에 대한 이념들 너머로 페미니즘을 이동시키도록 합시다. 『차이와 반복』([1968] 1994, 36)에서 들뢰즈는 이미 '노마드'(nomad)와 노모스(nomos)를 대립시킵니다. 그리고 당신은 이러한 특유한 대립을 점점 더 깊이 파고드는 작업들을 하는 것 같습니다. 달리 말하자면, 여성과 남성 간의 관계나 여성과 세계의 관계에 관해 재사유하는 페미니즘에는 점점 그닥 관심을 두지 않는 것으로 보이는 것이지요. 당신의 페미니즘에서 현재 중요한 것은 그 모든 형태발생적이고 위상적인 본질 안에서 '여성'을 생각하는 것이지요. 1991년에 당신의 첫번째 책(『불일치의 패턴』)의 마지막 장에서 이미 제안한 '타자 유물론'(other materialism)에서부터 '언어는 바이러스다'와 같은 주장을 하는 『유목적 주체』에 이

르기까지 당신은 이미 페미니즘적인 방식을 여성이란 '타자'로 사유되어야 한다는 생각 너머로, 심지어 들뢰즈와 과타리의 '여성-되기' 그 이상으로 밀어붙였지요. 이것은 어떤 면에서는 유목론에 근접하는 것이지만, 여전히 유목이 필요로 하지 않는 사회·문화적인 관계성을 함축하는 것입니다. (아놀드 토인비를 따라) 우리는 유목이 "움직이지 않는", 하지만 모든 물질적 자각 안에서 여성성을 실험하고 경험하는 데에만 관심을 가진다고 결론 내릴 수 있을까요? 달리 말해보자면, 유목이란 개념은 당신이 급진적인 스피노자주의로 회귀하도록 만드는지요? 스피노자주의는 페미니즘의 사회·문화적 측면을 많이 연구하지 않고, 단지 '여성'이 무엇을 할 수 있는가라는 질문을 하고 있습니다.

RB_ 정말 좋은 질문입니다! 나는 이에 대해서 6주간의 세미나를 하고 싶을 정도군요! 주체성에 관한 대부분의 페미니즘적 재정의들이 시작하는 지점은 말하는 주체(speaking subject)의 체현된, 즉 성적으로 차별화된 구조를 전개하는 유물론의 새로운 형식입니다. 결과적으로 주체성의 신체적 뿌리를 재사유하는 것이 유목주의의 인식론적 과제를 위한 출발점입니다. 신체 또는 주체의 체현은 생물학적이거나 사회적인 범주 어느 것도 아니라고 이해되어야 합니다. 그보다 그것은 물리적인 것, 상징적인 것 그리고 사회학적인 것이 중첩된 지점으로 이해되어야 하지요. 나는 신체에 대한 사유라는 상이한 방식들을 요구하기 위해 체현이라는 주제를 강조합니다. 신체란 유물론적인 것에 적용되기도 하지만 마찬가지로 인간 주체성의 생기론적 기초에 관련되기도 합니다. 구체적으로 말하면 자리를 고정하고 있거나 흘러 이동하는 인간의 능력에 대한 것이기도 하고, 그래서 우리를 구조화하는 변수들, 이를테면 계급, 인종, 성, 젠더, 연령, 장애 등을 초월하는 것이지요. 이는 주체 구성에 관한 포스트-정체성적 관점(post-identitarian view)에 근거하는 것입니다.

유목적 전망은 신체를 흐름과 에너지, 감응, 욕망 그리고 상상하기의 변압기만큼이나 다기능적이고 복잡한 것으로 정의합니다. 정신분석으로부터 나는 주체의 비-통일적 구조의 장점과 주체의 무의식적 기초의 홍겨운 함축을 제대로 인식하게 되었습니다. 복잡성은 다양한 감응적 층위들, 복잡한 시간 변수들 그리고 내적으로 모순된 시간선과 기억선 등을 이해하기 위한 핵심 개념이지요. 이때 시간과 기억은 우리의 체현된 실존을 규정하고 있습니다. 사회구성주의의 이원론적 양식에 의해 창조된 대립항들과 반대로, 유목적 신체는 어떤 변형의 문턱입니다. 그것은 고도로 구성화된 사회적, 상징적 힘들의 복잡한 상호작용이지요. 신체는 타자와 접촉하는 감응적 장이며 힘의 표면입니다. 다른 말로 하자면 체현에 대한 페미니즘적 강조는 본질주의에 대한 근본적인 거부와 밀접히 연관되어 있지요. 페미니즘 이론에서 우리는 여성'으로서 말' 하지요. 비록 주체인 '여성'이 최종적으로 정의된 단일한 본질이 아니라, 다양(multiple), 복잡성 그리고 경험들의 잠재적 모순된 집합들로서 여러 가지 것들, 이를테면 계급, 인종, 나이, 생활 방식, 성적 지향 등으로 중층화된 것이라 해도 그렇습니다. 우리는 여성들에게 힘을 주기 위해 여성으로서 말하고, 여자들이 처한 환경에서 사회-상징적 변화를 일으키기 위해 말합니다. 따라서 이것은 급진적으로 반본질주의적 입장이지요.

유목이란 일반적으로 주체에 대한, 특히 페미니스트 주체의 상황적, 포스트모던적, 문화적으로 차별화된 이해에 관한 나 자신의 상(figuration)을 표현합니다. 이 주체는 또한 각자의 위치에 따라 포스트모던적/포스트산업적/포스트식민주의적이라고 기술될 수 있습니다. 계급, 인종, 민족, 젠더, 연령 등과 같은 차별화의 중심축들이 주체의 구성에 있어서 서로 상호교차하고 상호작용하는 한, 유목 개념은 이러한 동시다발적 생성을 한꺼번에 지칭합니다. 페미니스트의 입장에서 말할 때는 수반되는 것이 있습니다. 즉 우선성은 여성들 사이의 차이들에 관한 인식과 연결되는 젠더(또는 보다 낫게는 성차)의 주제들에 부여되지요. 그러므로 이러한 상은 나의 욕망을, 정치적 행위주체를 탐사하고 합법화하도록 변형합니다. 반면 역사적 증거는 형이상학적으로 고정된 쇠퇴, 완고한 정체성들로 취해집니다. 여기서 관건인 주제 중 하나는 편파성과 불연속성을 상호-관계성과 집단 정치 과제의 새로운 형식 건설과 어떻게 조화시키느냐는 것이지요.

정치적 전략은 두 겹의 방법론이 됩니다. 그리고 변화의 과제는 인식하는 주체의 측면에서 어떤 급진적인 재정립을 포함하지요. 그것은 자명하지도 않고 고통으로부터 자유로운 것도 아니에요. 의식성의 출현 과정인 것도 아닙니다. 후기구조주의 페미니즘에서 '대안 과학의 기획'(Harding, 1986)은 또한 익숙한 것들, 따라서 위로가 되는 가치와 정체성으로부터 반-동일성(dis-identification)을 실행하는 방법론으로 수행되었습니다(De Lauretis, 1986, Braidotti, 1994).

반-동일성은 사유와 재현의 소중한 습관의 상실을 포함하지요. 이런 변화는 또한 공포와 불안, 노스텔지어에 관한 느낌도 만들어냅니다. 변화는 분명 고통스러운 과정이에요. 하지만 이것은 고통스러운 경험과는 다르지요. 또한 모든 변화를 위험한 것으로 비난하는 정치적으로 보수적인 관점을 정당화하는 것도 아닙니다. 변형과정을 위한 도전에서 어려움과 고통을 강조하는 쟁점은 다가오는 역설과 연루된 복잡성에 대한 인식을 야기하고 유목적 '연민의 윤리'를 발전시키지요(Connolly, 1999).

정체성에 영향을 미치는 변화는 특히나 미묘합니다. 동일성이 누군가의 정체성을 지지하는 어떤 내면적 발판을 구성한다는 것을 고려한다면 우리의 상상적 동일성을 바꾸는 것이 입던 옷을 던져 버리는 것처럼 간단하진 않아요. 정신분석은 우리에게 상상적 재-배치(imaginary re-locations)가 복잡하다고, 오래된 피부가 떨어져나가는 것만큼 시간이 소요된다고 가르쳤습니다. 게다가 이러한 질적인 변화는 분자 수준 또는 주관적 수준에서 더 쉽게 일어나지요. 그리고 그러한 변화들을 공적 담론과 공유된 사회적 경험으로 번역하는 것은 복잡하고 위험 부담이 큰 행위이기도 합니다. 좀더 긍정적으로 보자면, 모이라 가텐스(Moira Gatens)와 주느비에브 로이드와 같은 스피노자주의 페미니스트 정치사상가들은 사회적으로 각인되고 역사적으로 뒷받침된 변화들이 '집단 상상력'의 결과임을 논증합니다. 즉 이 상상력은 어떤 변형이 집단적 노력으로 실현되기를 바라는 공유된 욕망이라는 것이지요. 이 변화들은 긍정적인 정치적 윤리적 관계의 생산을 목표로 하는 횡적 집합체입니다.

낯설게하기(De-familiarization)란 앎의 주체가 자신이 익숙해 있던 자기성(the self)에 관한 규범적 관점으로부터 진화해나오는, 정신이 각성하는 과정이지요. 준거틀은 다중적 타자들과 상호작용함으로써 열린 결말, 상호관계성, 다중-성화(multi-sexed), 그리고 생성의 종간적(trans-spiecies) 흐름이 됩니다. 그렇게 구축된 주체는 휴머니즘의 경계들을 표피층에서 폭발시킵니다.

하지만 이리가라이가 가르친 대로, 여성이 할 수 있는 일의 경계를 바꾸는 것은 근본적인 한계점의 이동을 초래합니다. 존재론적으로 그것은 생성의 시공간적 프레임과 관련되며, 상징적으로 현실화의 전례들(liturgies)과 적합한 표현 양식들의 형식화를 통해 이루어집니다. 그리고 사회적으로는 공공 도덕의 실제적 형식들과 민주주의를 보다 급진적 형태로 이끄는 과도기적 정치 안에서 이루어지지요. 내가 앞서 논증했던 것처럼 일신된 정치적, 윤리적 행위주체의 조건은 당면한 사정이나 국지적 현황에서 도출되지 않습니다. 그것들은 가능한 미래를 창조하는 것에 맞추려는 노력으로, 그리고 아직 손대지 않고 남겨졌던 자원들과 통찰력을 작동시켜 타자들과 상호접촉하는 일상적 관습에서 실행함으로써 긍정적으로 그리고 창조적으로 발생되어야 합니다.

이러한 기획은 좀더 선지적인 능력 또는 예견적 에너지를 요구하지요. 이것은 학계에서 특히 유행하는 것도 아니고 최근의 상업적인 세계화 시대에 과학적으로 높이 평가받는 자질도 아닙니다. 하지만 예지력에 대한 더 많은 요구가 비판이론의 많은 분야로부터 나오는 중이지요. 페미니스트들은 늘어난 선견적 통찰력에 대한 요구에 관하여 지속적이고 풍부한 계보학을 가집니다. 아주 오래전부터 조안 켈리(Joan Kelly, 1979)는 페미니즘 이론을 매우 비판적이면서도 매우 창조적인 기능이라는 양면을 가진 예견력으로 상정했습니다. 상상력의 창조적 능력에 대한 믿음은 생생하게 체현된 경험과 주체성의 신체적 뿌리에 관한 페미니즘적 옹호에선 필요불가결한 부분이지요. 그 믿음은 페미니즘적 여성이 이룩한 복잡한 특이성들을 표현할 것입니다. 도나 해러웨이의 작업(1997, 2003)은 예지적 동력이 없이는 창조성이 상상불가능한 차원에서 이런 면의 가장 좋은 예시를 제공합니다.

예지적 또는 예견적 정신은 미래에 속하는 사유요소들입니다. 욕망의 현행적 대상으로서 미래는 저항을 필요로 하는 지속적인 현재와 관련하여, 우리를 앞으로 밀고 자극하여 지금 여기에서 행동하게 만듭니다. 지속가능한 미래에 대한 열망이 살 만한 가치가 있는 현재를 건설할 수 있지요. 이것은 믿음의 비약이 아니라 적극적인 이행 즉 심층적 수준에서의 변형입니다(Braidotti, 2006). 예지적 또는 예견적 차원은 지속가능한 생성이나 질적 변형을 위한 도약대로서 현재의 긍정적 지속을 보장하기 위해 필수적이에요. 이러한 미래는 사실상 현재의 긍정적 측면을 펼쳐놓는 셈입니다. 이것은 다가올 세대를 위한 우리의 영광스러운 의무입니다.

희망의 실천을 추구하는 것은 우리의 매일매일의 평범한 미시적 실천에 뿌리를 두고 있습니다. 그것은 지속가능한 변형을 계획하고 그것을 계속하며 유지하는 간단한 전략이지요. 희망의 사회적 구성을 위한 동기부여는 책임과 의무라는 근본적인 의식 위에 기반합니다. 본질적으로 호의적이며 심오한 희망의 의미는 그 한 부분이지요. 희망은 가능한 미래를 꿈꾸는 방식이고, 우리의 삶에 스며들어 활동적으로 만드는 예견적 미덕이지요. 이것은 사회적 상상력을 복원하기 위한 기획들에서뿐 아니라, 욕망, 감응과 창의성의 정치 경제에도 근거를 둔 동기를 부여하는 강력한 힘입니다. 교육과 여타 사유의 영역 둘 모두에서 오늘날 주체성의 유목적 실천은 비판이론에 대한 보다 긍정적인 접근법을 지향하고 있습니다.

2장_ 마누엘 데란다와의 인터뷰

"모든 유물론 철학은 그 출발점으로 우리의 정신으로부터 독립적인 물질적 세계의 실존을 취해야 한다."

Q1_ 1996년의 짧은 텍스트 「도덕의 지질학, 신유물론적 해석」에서 당신은 들뢰즈와 과타리가 『천의 고원』([1980] 1987)에서 형식, 내용, 실체 그리고 표현에 대한 예름슬레우의 언어학 모델(들뢰즈와 과타리에 따르면, 이 모델은 언어의 범위를 초월한다)이 지질학적 운동을 개념화하기 위해 사용한 방식을 재기술하면서 '신유물론'(neo-materialism)이라는 말을 소개하지요. 들뢰즈의 예름슬레우에 관한 독해에서, 당신은 예름슬레우의 용어를 활용하기보다, 실재의 형태발생적 변화를 설명하기 위해 지층, 탈영토화 그리고 재영토화와 같은 다른 개념들을 선호하는 것으로 보입니다. 그런데 그러한 독해에는 신유물론이 어째서 언급된 것들 같은 특정한 개념을 사용해야 하는지, 또는 심지어 예름슬레우 같은 특정한 저자를 언급해야하는지 이유가 나와 있지 않습니다. 하지만 물질화의 과정 중 역학관계에 관한 긍정적 독해에 관심을 다시 불러일으킨 점은 중요해 보입니다. 왜냐하면 그러한 관심은 스피노자가 설명했

던 것처럼([1677] 2001, E2P49 Schol.) '오직 신체적인 움직임들'로 시작하는 어떤 사유를 우리에게 제공하기 때문입니다. 그리고 이것은 우리가 매우 상이한 학문적 분야들, 예컨대 지질학, 수학, 문화이론, (신고전주의) 경제학 그리고 사회학 등을 재사유하도록 하기 때문이지요.

『강도적 과학과 잠재성의 철학』(2002)에서 당신은 '역사'(a history)가 무엇인가에 대한 아름다운 정의를 제시하지요. 여기서 우리는 신유물론이 학문적 사유 안에 자리잡을 수 있는 방식을 재사유하게 됩니다. 당신은 다음과 같이 썼지요.

> 가능한 역사들에 관한 잘 정의된 본성은 단지 미분방정식으로 표현되는 법칙의 단순한 언급에 의해서가 아니라, 그와 같은 방정식이 실제로 궤적을 개별화하는 방식을 이해함으로써 접근되어야 한다.(DeLanda, 2002, 36)

우리는 당신이 쓴 책들과 당신의 신유물론적인 논증이 학계의 상이한 분야들을 재기술하는 방식이 둘 다 모두 신유물론을 '발명'하는 그와 같은 '개별화된 궤적들'의 창조에 관한 것이라고 결론 내릴 수 있을까요? 다른 말로, 당신의 신유물론이 비록 들뢰즈와 브로델(Braudel)의 영향을 받았다 할지라도, 이 저자들이 그 출발점으로 간주될 수는 없다고 할 수 있을까요?

마누엘 데란다: 모든 유물론 철학은 분명 정신과 독립적인 물질세계의 실존을 그 출발점으로 하지요. 하지만 그때 그러한 견해는 그 세계에 속한 거주자들의 지속되는 정체성의 기원이라는 문제에 맞닥뜨리게

됩니다. 만약 정신이 산과 강과 식물과 동물에 정체성을 부여하는 것이 아니라면, 무엇이 한단 말입니까? 아리스토텔레스에 따른 오래된 대답은 바로 '본질'이지요. 하지만 본질주의를 거부하게 되면, 우리는 다음과 같이 대답하는 것 외에 선택지가 없게 되지요. 즉 모든 객관적 실체들은 역사적 과정의 생산물들이라는 것, 즉 그것들의 정체성은 우주적, 지질학적, 생물학적 또는 사회역사적인 것의 부분으로 생산되거나 종합됩니다. 이렇게 '종합'이나 '생산'과 같은 개념들의 필요성은 마르크스를 헤겔적 변증법으로 이끌어가는 것이기도 합니다. 왜냐하면 이 변증법은 마르크스에게 종합의 모델을 제공하기 때문입니다. 이때 종합이란 대립자들의 갈등 또는 부정의 부정입니다. 반면 들뢰즈와 과타리는 종합의 모델을 소위 '이중분절'(double articulation, 이중절합)이라는 개념으로 대체합니다. 첫째로 새로운 실체를 구성하는 원재료들은 선택되고 사전 처리 되어야 합니다. 두번째로 그것들은 그 자신의 특성들로 하나의 완전체로 통합되어야 하지요. 예를 들어 석회암이나 사암과 같은 바위는 처음에 퇴적과정을 통해 절합됩니다(바위의 구성요소들인 작은 조각돌들의 점진적인 취합과 선별). 그다음에 교결(cementation) 과정에 의해 쌓인 침전물이 서로 합쳐질 때 두번째 절합이 이루어집니다. 이러한 두 절합들을 사람들은 예름슬레우의 용어인 '내용'과 '표현'으로 부르지요. 하지만 이것은 절합들이 원초적으로 언어적이라는 것을 의미하는 것은 아닙니다. 오히려 반대입니다. 음성, 단어 그리고 언어의 문법적 패턴은 역사적으로 축적되거나 퇴적되는 물질입니다. 그리고 그것들은 왕립학계(Royal Academy[주류 학계])와 그 공식적인 사전, 문법 그리고 발음 규칙에 따른 한 지역 방언의 표준화와 같이 또다른 과정에 의해 통합됩니다.

'궤적들의 개체화'(individuation of trajectories)에 관한 질문은 수학적 모델(나에게 이것은 과학의 성공 비밀로 여겨집니다)입니다. 하지만 그것이 그 모델을 넘어선다는 당신의 말은 옳아요. 역사적으로 종합된 모든 실체들(entities)은 개체적 실체들이지요. 개체적 동식물들, 개체적 종들과 개체적 생태계들, 개체적인 산들, 식물들, 태양계 위성들 등등 말입니다. 여기서 '개체적'이라는 의미는 간단히 '특유한 또는 특별한'이라는 것입니다. 다시 말해 일반 범주의 특정한 구성원이 아닙니다. 하지만 특유한 개체는 보다 큰 개체적 실체들을 부분 대 전체의 관계로 구성합니다. 마치 거대한 개체적 바위를 구성하는 조약돌들처럼 말이지요. 개체적 실체들에 관한 유물론적 존재론은 들뢰즈와 과타리, 그리고 브로델(Braudel)의 사상에 함축되어 있으며, 그래서 우리는 그 공을 인정하며, 더 나아가 나머지를 만들어내야 하지요.

Q2_ 신유물론은 어떤 면에서는 학술분야(academia) 전체를 재기술하는데, 그러한 재기술에는 오늘날 학술분야를 조직하고 있는 학제 간 경계들을 포함합니다. 당신의 작업에서도, 예컨대 당신은 사회학 안에서 지질학을 읽어냄으로써 이러한 작업을 분명히 실천하지요. 그런데 이러한 작업을 보다 명백하게 만든다면 더 흥미로울 것입니다. 따라서 신유물론은 어떤 방식으로 이러한 학제 간 경계들에 관한 재사유를 제안할 것인가요? 이러한 재사유 방식은 상호 학제성이라든지, 포스트학제성, 횡단 학제성과 같이 결국 새로운 학제들을 지칭하는 이름표들을 사용하지는 않는 것인가요?

MD_ 학문 분야도 역시 불확실한 경계를 가진 역사적 개체들이지요. 그것들 중 많은 부분은 영역다툼으로 결정되었습니다. 어째서 사람들은 그러한 경계들을 존중할 필요를 느끼는 것일까요? 우리는 유물론을 풍부하게 하고 아프리오리하게 되는 것을 막기 위해, 모든 학문적 장들에서 발전된 개념적이고 경험적인 자원들에 의존할 필요가 있습니다. 우리가 이러한 전략을 나타내기 위해 사용하는 이름표들은 전부 무의미한 것이지요.

Q3_ 개체화된 궤적들에 대한 당신의 강조에도 불구하고, 당신은 신유물론에 대한 우리의 인터뷰 요청에 매우 긍정적으로 대답했습니다. 당신은 유물론적 전망들에 대한 관심을 새롭게 할 시간이 정말로 도래했다고 말했지요. 게다가 그것의 잠재적인 교육 효과에 더해서 유럽의 사유에서 우리 모두가 알고 있듯이 유물론은 강력한 마르크스주의 역사를 가집니다. (신유물론이 이론적이지만 반방법론적인 학파가 되고 있긴 하지만 말입니다.) 그러나 당신은 여러 저술과 인터뷰에서 마르크스 사상의 이런저런 문제점들에 대해 언급했습니다. 당신은 스스로를 좌파로 간주하지만 많은 도그마들, 즉 마르크스주의에 전제되는 제도적 경향과 좌파에 의해 제공되는 경제적 해법들을 공유하지는 않더군요. 경제학에 관해서는 당신의 관심은 제도경제학 또는 진화경제학으로 더 많이 기운 것으로 보입니다. 도날드(Donald), 개명 후 이제는 맥클로스키(Deirdre McCloskey) 그리고 미로프스키(Phil Mirowski)의 저술을 생각해보십시오. 또한 사람들은 이제 아담 스미스, 특히 1759년 저술인 『도덕감정론』을 다시 읽고자 하지요. 그럼에도 불구하고 당신이 마르크스로부터

취하는 바는 피억압자에 대한 관심, 다시 말해 그의 반아리스토텔레스주의입니다. 마르크스의 관점은 우리가 과하게 성전화하는 '의미' 없이도 '물질'의 자기-조직화하는 힘을 개념화할 수 있게 합니다.

당신의 마르크스에 대한 거부와 유물론에 대한 옹호를 결합하면, 당신의 신유물론적 사유를 반인간주의적이자 비인간중심적 유물론이라고 이름 붙일 수 있을까요?

MD_ 마르크스의 정치경제학은 완전히 선험적인 것입니다. 비록 그가 역사적 데이터에 대해 진지하게 관심을 가졌고, 따라서 어떤 후험적인 이론을 창조하는 데에도 관심을 기울였다 하더라도, 그가 이용할 수 있는 실제적인 정보들은 극히 제한적이었지요. 오늘날 우리는 페르낭 브로델과 그의 학파 덕분에 반대 상황에 있습니다. 게다가 신 제도학파는 물론이고 오래된 제도경제학파(아마도 존 케네스 갈브레이스John Kenneth Galbraith의 연구가 대표적일 텐데)조차 고전경제학을 넘어서는 새로운 모델들을 제공하지요. (당신이 말한 두 명의 저자는 그럼에도 별로 쓸모가 없어요. 그들은 메타경제학자고 비유물론자들이기 때문이지요.) 좌파로서 우리의 임무는 마르크스에 우리를 얽어매는 탯줄을 끊어내고 정치경제학을 재발명하는 것입니다. 들뢰즈와 과타리는 애석하게도 이 점에서 실패했지요.

마르크스의 가치이론은 사실상 인간중심주의적입니다. 그에게는 오직 인간의 노동만이 가치의 원천이지요. 증기기관, 연료, 산업 조직 등등은 그렇지 않아요. 이런 의미에서 당신의 질문에 대한 대답은 예스입니다. 우리는 그것을 넘어서서 산업적 생산을 재개념화할 필요가 있지요. 게다가 마르크스는 무역이나 신용을 부의 원천으로 보지 않았지요. 하지만 브로델은 그것에 대한 논쟁의 여지가 없는 역사적 증거들을 제시합니다.

Q4_ 마르크스주의에 대한 답변에서 어떤 정치적 프로그램으로 표현되는 이러한 입장을 보는 것은 매우 흥미롭습니다. 무엇보다 최근의 생태적 드라마는 신유물론적 정치 프로그램을 위한 좋은 출발점이 될 것 같습니다. 하지만 거기에 어떤 보이지 않는 손이 작동할 수 있을까요?

MD_ 생태주의자들(활동가들뿐 아니라 과학자들까지)은 이런 점에서 도움을 줄 수 있는 위치에 있지요. 왜냐하면 그들이 먹이사슬을 연구하면서 '가치'의 모든 원천들을 고려해야 하기 때문입니다. 여기에는 태양과 그 태양에너지가 화학에너지로 변형되는 광합성 과정, 죽은 신체를 해체하고 토지에 영양분을 더하는 미생물 등이 속합니다. 생태학과 경제학의 결합은 훌륭한 아이디어이지요. 한 배럴의 기름은 시장가격의 측면에서만 가치 있는 것이 아니라 그것이 담고 있는 에너지에 기인하는 어떤 재생불가능한 원천으로 가치 있는 것입니다. 우리는 '보이지 않는 손'이라는 아이디어를 유지할 겁니다(즉, 수요 공급 간 역학의 부분으로 가격이 자기-조직화합니다). 하지만 그것은 시장 장악력이 없는 다수의 작은 회사들을 다룰 때에만 그렇습니다. 독과점을 다룰 때에는 대항과 정교한 기획 외엔 어떠한 익명의 경쟁도 존재하지 않습니다. 갈브레이스가 오래전에 논했던 것처럼 대규모 기업들은 '계획체계'인데 이것은 아주 가시적인 손에 의해 작동하지요. 브로델은 이 지점을 강조하면서 독과점을 '반시장'(anti-market)으로 지칭했지요.

Q5_ 당신의 '배치론'에 대한 저작(『새로운 사회철학*A New Philosophy of Society*』(2006))에서 당신은 다시 한번 우리에게 다음과 같은 것을 보여줍니다. 즉 "이러한 모든 새로운 완전체들을 실제로 생성시키는 운동"이야말로 우리가 "현대 세계를 특징짓는 환원불가능한 사회적 복잡성을 파악하기"를 원할 때 관심을 집중해야 하는 것이라고 말입니다(DeLanda, 2006, 6). 당신은 철학사에서 우리에게 전승된 이원론(물질 대 의미, 미시 대 거시, 비유기체 대 유기체 대 사회적인 것들, 사실주의 대 사회구성주의 등등)에 대해 강력한 반대 논증을 펼칩니다. 그리고 "구조들(mechanisms)은 광범위하게 인과적이지만 필연적으로 선형적 인과성을 포함하지는 않는다"라는 새로운 존재론에 기반한 논증을 펼치지요(Ibid., 19). 2007년에 나온 흥미로운 책인 『동물들의 건축술*Built by Animals*』에서 마이크 한셀(Mike Hansell)은 우리에게 아래와 같은 건축물을 묘사해줍니다.

그것은 수백 개의 돌들이 들러붙어 구성된 구(球)이다. 그 공간의 바닥에는 커다란 둥근 구멍이 있으며, 그 돔의 꼭대기는 일곱 또는 여덟 개의 못들, 각각은 표석들(cairn of stones)을 품고 있는데, 큰 것들은 아래쪽에, 가장 작은 것들은 첨단을 만들며 그 끄트머리에 있다. 가장 유별난 건축적 세부구조는, 그것을 건축하는 종에게 이름을 부여하는데, 둥근 구멍의 테두리이다. 그것은 너무나 작아서 연결시키는 접합체와 구별불가능한 입자들로 구축된 주름잡힌 화관(coronet)이다. 이 서식지 전체의 지름은, 이것이 본질적인데, 약 1밀리미터의 15만분의 1정도이다(마이크로메터μm). 그것은 이 문장 끝에 있는 마침표보다 작으며, 원생동물류로 아메바의 한 종류인 '가시다리큰벼입벌레'의 이동식 집이다.

'원생류 가시다리큰벼입벌레'는 동물이 아니지요. 그것은 섭취와 재생산을 하는 단세포 생물이지만, 신경계는 없어요(그래서 뇌도 없습니다.). 주류 학술계는 동물 건축술에 흥미를 가지지요. 인용한 한셀처럼, 학자들은 그처럼 단순한 생명체가 그토록 복잡한 형태를 창조할 수 있는지 설명하는 데 애를 먹지요. 그들의 가장 큰 문제는 '원생류 가시다리큰벼입벌레'가 뇌가 없다는 점입니다. 그들이 실패하는 몇몇 이유는 그들의 질문이 이미 어떤 대답도 불가능하게 만드는 여러 가정들을 내포하고 있기 때문이지요. 그들은 정신과 신체 사이의 데카르트적 구분을 수용합니다. 그들은 또한 동물(주체)과 그것의 집(대상) 간의 차이도 받아들입니다.

신유물론은 내적으로나 외적으로나 이러한 근대적 대립들과 절연하기에, 어째서 이러한 단순한 생명체가 그토록 복잡한 형태를 만들어낼 수 있었는지 설명하는 데 매우 적격이라고 여겨질 수 있습니다. 당신은 유기적 세계에 관한 지리적 역사에서뿐 아니라 배치론에서도 어떻게 해서 유기물질과 비유기물질이 그들의 얽힘 속에서 새로운 것들을 창조해내는지 우리에게 보여주지요. 당신은 원생류 가시다리큰벼입벌레가 집을 만들어내는 것이 인간이 도시뿐 아니라 사회집단을 창조하는 방식과 유사하다고 생각하시나요? 당신은 『비선형 천년사*A Thousand Years of Nonlinear History*』(2006, 26-7)에서 또한 그러한 도시와 사회조직은 "구속으로부터 자유롭게 되고 그야말로 스스로를 움직여서 공기와 물과 땅에서 가능한 모든 보금자리를 정복한다"라고 말했습니다.

MD_ 복잡한 자기조직화의 구조가 그것들을 발생시키는 어떤 '뇌'를 필요로 한다는 것은 말도 안 됩니다. 대기권과 수권(hydrosphere)의 결합 시스템이 끊임없이 구조들(폭풍우, 허리케인, 일관된 바람의 흐름)을 생성시키고 있습니다. 그러한 시스템들은 두뇌가 없을 뿐만 아니라 어떠한 기관 같은 것들도 전혀 없지요. 원시수프(prebiotic soup)라는 먼 옛날의 화학작용도 그와 같은 일관된 구조들(자기촉진 순환계)을 만들어냈습니다. 그것이 없었다면 유전코드도 출현할 수 없었지요. 그리고 생명권의 역사가 시작되고 20억 년 동안 박테리아는 최초로 에너지원으로 이용할 모든 주요한 수단들(발효, 광합성, 호흡)을 발견했습니다. 하나의 '뇌'가 필요하다는 생각은 데카르트적 이원론 너머로 가서, 창조론의 내부로 사라지지요. 이러한 논의에서 물질은 그저 형상 즉, 외부의 심리적 행위주체에 의해 바깥으로부터 부과되는 형상들을 위한 내부의 수용기가 됩니다. "빛이 있으라!"[7]

그래서 질문에 대한 대답은 예스입니다. 신유물론은 물질이 스스로 변형생성하는 능력을 가지며 어떤 모습을 부여하는 명령을 따를 필요가 없다는 것입니다. 그러나 우리는 '이원론을 거부'하거나 다른 메타이론(meta-recipe)을 따르는 식의 철학을 설립하려 시도해서는 안됩니다. 모든 과거의 논의가 생겨났던 방식을 우리가 알고 있고, 우리가 모든 과거의 개념적 체계들의 비밀을 간직하고 있으며, 또한 그러므로 우리는 그 지식에 기반한 메타-이론화 과정에 개입할 수 있다는 생각은 심각한 오류입니다. 그리고 이러한 오류는 포스트모더니즘에 의해 발생했던 모든 관념론의 근원에 존재합니다.

Q6_ '이원론을 거부'하지 않는 생각에 대해 좀더 자세하게 설명해 주실 수 있나요? 이 생각이 신유물론에 대한 우리의 독해의 중요한 논증에 매우 근접하기 때문입니다. 신유물론이란 암시적으로 그리고 외재적으로 근대적 대립들과 단절하고 따라서 정신과 신체, 주체와 대상 등의 사이에 있는 데카르트적 차이에 관한 허용을 질적으로 전환하는 것이라고 말할 때, 우리는 다음과 같이 논증하는 베르그송([1869] 2004, 297)을 참조하고 있는 셈입니다. "일반적인 이원론의 난점들은 두 개념들의 구분이 아니라 한 개념이 다른 하나에 어떻게 접목되는지 이해하기가 불가능하기에 발생한다." 따라서 우리는 베르그송이 분석하는 식의 통상적인 이원론과 예컨대 리오타르와 들뢰즈가 제안한 대로의 근대적 이원론에 관한 급진적인 재기술 사이에 하나의 형식적인 차이를 형성할 때가 왔다고 주장합니다. 후자의 경우 들뢰즈가 "차이는 극한까지 밀어붙여진다"로 재기술했는데, 이에 따라 '이원론을 극단으로 밀어붙이기'라는 베르그송의 개념화를 실행하는 사유의 운동을 포함하는 재기술에 열중합니다. 당신은 이것이 실제로 신유물론의 긍정적 위상의 중차대한 요소라고 보는 우리의 의견에 동의하시는지요?

MD_ 나는 이원론을 회피하는 것이 새로운 사유방식에 있어서 핵심이라는 점을 납득할 수 없어요. 특히 단순히 새로운 어떤 것을 덧붙이는 방식, 즉 모더니즘-포스트모더니즘, 리좀-나무, 권력-저항과 같이 말입니다. 문제는 어떤 범주가 이원론적으로 사용되느냐는 것에요. 이를테면 나의 책,『새로운 사회철학: 집단 이론과 사회적 복잡성』(DeLanda, 2006)에서 나는 '시장'과 '국가'라는 개념의 사용을 비판했지요. 그것은 그러한 개념들이 이원성을 띠기 때문이 아니라, 둘 다 실재하지 않는 일반성들로 구상화되기 때문입니다. 세번째 개념을 덧붙이자면, '민중'과 같은 것이 있습니다. 이 역시 별로 도움이 되지 않습니다. 우리가 필요로 하는 것은 구상화된 일반성들을 구체적인 집단으로 대체하는 것입니다. 다시 말해 각각이 출생일과 (잠재적으로) 사망일을 지닌, 많은 시장들, 많은 지역 상권들, 많은 국내 시장들 등등 말입니다. 이 문제를 다루는 최선의 방법은 항상 통계적으로(statistically) 생각하는 것이에요. 즉 항상 인구집단을 감안하고, 집단 안에서 어떻게 변수가 분포되는지를 다루어야 합니다. 따라서 '남성-여성' 이원성은, 만약 우리가 어떤 큰 규모의 인구집단을 다루고 어떻게 부수적인 성적 특성들이 분포하는지를 확인한다면, 쉽게 제거될 수 있습니다. 아이를 낳는 능력을 제외하고 이들은 모두 중복되는 통계적 분포를 형성합니다. 이원성은 우리가 이러한 중복지대를 무시하고 평균을 생각할 때 출현합니다.

Q7_ 이러한 입장이『강도의 과학과 잠재성의 철학』에서 설명된 대로 '위상기하학'에 대한 당신의 존재론적 주장을 전형적으로 보여준다고 말할 수 있나요? 이 저작은 유클리드기하학의 질적 전환을 수반합니다. 이러한 전환은 그 기원을 추상적인 수학적 과정이 아니라 어떤 구체적인 물리학적 과정으로 여기는 관점을 통해서 이루어지지요. 이 물리학적 과정 중 분화되지 않은 '강도적 공간'(지속적인 강도적 성질로 정의

되는 공간)은 전진적으로 분화되고 결국엔 '외연적 구조', 즉 규정적인 계량적 속성을 가진 불연속 구조들로 생겨납니다(ibid., 25).

MD_ 위상학은 아리스토텔레스에 대한 거부의 일환으로 신유물론에 포함되지요. 우리는 그의 '속'과 '종' 둘 다를 대체할 필요가 있습니다. 후자의 개념은 종별화 과정(재생적 고립)으로 생겨나 멸종으로 사라질 수 있는 우발적인 역사적 개체로서의 종개념으로 대체됩니다. 전자는 '위상학적 동물', 즉 전체 '문'(척추동물과 같은)에 공통된 체제로 대체되는 바, 이는 가능한 신체 설계의 구조화된 공간입니다. 그런 공간은 계량화될 수 없어요. 왜냐하면 각각의 척추동물 종은 길이, 면적, 부피 등등에 있어서 다양하고, 따라서 연결성과 같은 위상학적 특성들만이 그것을 명시하는 데 사용될 수 있기 때문입니다.

Q8_ 『유한성 이후』에서 퀑탱 메이야수는 관념론자들과 그가 '상관주의자'라고 부르는 이들을, 재현주의(어떤 면에서 당신도 반박하는)를 공유한다는 이유로, 그리고 또한 서구 사유의 역사에 스며든 인간중심주의를 지속시킨다는 이유로 비판하지요. 하지만 비록 인간정신이 더이상 철학의 출발점이 아니라 하더라도 상관주의는 세계의 실존을 위해 여전히 인간정신을 필요로 합니다. 메이야수([2006] 2008, 37)는 칸트주의가 "라이프니츠의 노마드, 셸링의 자연 또는 객관적인 주-객관계, 헤겔의 정신, 쇼펜하우어의 의지, 니체에서 힘에의 의지, 베르그송에 있어서 기억을 수반하는 지각, 들뢰즈의 생명 개념 등등"에 녹아 있다고 봅니다.

우리가 당신의 저술을 읽은 바에 따르면 당신은 실재하는 것들의 형태발생적 변화들에 관한 비인간중심주의적 개요를 제안하고자 하는 것으로 보입니다. 당신의 기획 요지에 따르면 이것은 당신이 메이야수에 동의한다는 것이라고 볼 수 있나요?

MD_ 솔직히 말해 나는 메이야수를 읽어본 적이 없어요. 하지만 난 확실히 형태발생론이 작동하기 위해서 어떤 '정신'을 필요로 한다는 생각을 거부합니다. 또한 나는 경험의 언어적 성격에 관한 신칸트적 주제도 거부합니다. 인간 경험이 개념적으로 구조화되어 있다는 가정은 인간종을 탈역사화하는 것이지요. 우리는 수십만 년을 사회적 종으로, 노동의 분화(사냥꾼, 채집자), 정교한 석기 기술을 갖고 지내왔습니다. 언어는 상대적으로 최근에 습득했지요. 과연 그러한 고대의 사냥-채집자가 무정형의 세계에서 언어가 그 세계에 형식을 부여하기를 기다리며 살았다고 가정할 수 있을까요? 당신도 알다시피 그것은 다시 창조론이에요. "그리하여 말씀은 육신이 되었노라."

그래서 메이야수가 관념론의 모든 형태를 거부하는 한에서 내가 그에 동의한다는 것은 맞는 말입니다. 실제적인 동의의 수준을 가늠하려면 나는 그가 비판을 넘어 제안하는 것을 살펴볼 필요가 있겠지요. 비판만으로는 절대 충분치 않아요. 마르크시즘은 단순히 비판을 한다고 사라지지 않습니다. 우리는 실행가능한 대안을 내놓아야 합니다.

Q9_ 만약 그렇다면, 당신의 연구와 알랭 바디우의 저작 간에 연합이 체결될 수 있을까요? 바디우는 메이야수의 스승이면서 또한 새로운 유물론을 제창한 사람이기도 하지요. 우리가 당신이 바디우와 공유하는

여러 관심사들, 즉 수학과 보다 상세하게는 위상학, 다이어그램이나 표본과 같은 것을 고려할 때, 그러한 생각이 떠오르게 됩니다. 새로운 유물론은 학문적으로도 그렇지만, 페미니즘과 포스트식민주의의 활동 기획에 있어서도 중요시됩니다. 하지만 주체론도 필수적인 것 같아요. 이를테면 새로운 페미니즘 유물론에서는 비인간중심주의이지만 비토대주의적이지는 않은 입장을 갖는 과정 존재론과 연합을 꾀하는 것으로 보이기 때문입니다(로지 브라이도티의 저작들을 참고할 수 있겠지요). 그래서 질문은 새로운 주체론을 당신은 필수적이라고 여기는지, 그리고 메이야수와 바디우의 저작과의 이러한 (비)연결을 어떻게 이해하는지입니다.

MD_ 들뢰즈에 관한 바디우의 책을 읽은 후 나는 나쁜 느낌을 받게 되었어요. 그 책은 놀라울 정도로 부족한 책이었지요. 그는 들뢰즈가 결코 사용하지 않았던 '일자'(the One)라는 개념을 매 페이지마다 써놨지요. 들뢰즈는 '존재의 일의성'이라는 학문적 개념을 강조할 때 외에는 그 말을 사용하지 않지요. 그는 또한 집합론에도 열광하고 있지만, 나는 나의 수학적 기초로 미분학을 선호합니다. 후자의 수학이 전자로 환원된다는 생각은 19세기부터 내려온 오류입니다.

나는 주체론이 절대적으로 필요하지만, 그것은 칸트가 아니라 반드시 흄에 기반해야 된다고 봅니다. 주체적 경험은 범주에 따라 개념적으로 조직되는 것이 아니라, 말 그대로 강도(색깔, 소리, 향기, 맛, 감촉)로 구성되어야 하지요. 그것은 습관적인 행위의 특정한 구조입니다. 최근의 인공지능의 발전은 이에 대해 도움을 줄 겁니다. 오래된 기호론 학파는 뼛속까지 칸트적이지만, 새로운 연결주의 학파는 출구를 가리킵니다.

이 연결주의 학파는 프로그램된 것이 아니라 훈련된 신경망에 기반하고 있습니다. 최신의 신경망 설계는 곤충 지능의 수준입니다만, 그것들은 이미 어떻게 곤충의 원주체성(protosubjectivity)이 감지된 강도에 따른 역학으로부터 출현할 수 있는지 말해주고 있지요. 우리는 이 설명방식을 포유류와 새의 주체성으로 확장할 필요가 있으며, 인간 주체성으로 끌어올릴 필요도 있습니다.

이 연구의 정치적 함축은 다음과 같이 표현될 수 있습니다. 모든 문화가 그 자신의 세계 안에 있음을 근거로 경험의 언어적 성격을 거부하는 것은 공유된 인간 경험이라는 개념으로 가닿습니다. 그리고 여기서 변화란 언어학적 개념으로서의 의미작용(signification)에서의 차이가 아니라 화용론적 개념으로서의 함축성(significance)으로부터 나오는 것입니다. 상이한 문화들은 여러 가지 것들에 여러 가지 다른 중요성, 타당성 또는 함축성을 부여하지요. 왜냐하면 그것들의 (정신이 아니라) 실천이 서로 다르기 때문입니다. 젠더에 관해서라면 다음과 같은 역설이 생깁니다. 관념론은 학술적 환경 안에 있던 남성들에 의해 창조된 것이고, 거기서 그들의 물질적인(일상적인) 실천들은 최소한으로 줄어들며, 그 아내들이 모든 물질적인 작업을 했다는 것이지요. 그러나 페미니즘이 학문적인 것이 되는 순간 그것은 아주 심각한 관념론이 됩니다. 따라서 나는 페미니스트들이, 완전히 상이한 신념에 기반을 두었더라도 유물론으로 귀환하는 것을 환영합니다.

3장_ 카렌 바라드와의 인터뷰

"물질은 느끼고, 대화를 나누며, 고통을 겪고, 욕망하며, 갈망하고, 기억한다."

Q1_ '신유물론'이라는 용어는 마누엘 데란다와 로지 브라이도티에 의해 1990년대 후반기에 만들어졌습니다.[8] 신유물론은 어째서 정신이 언제나 이미 물질인가를(정신은 신체의 관념이다) 보여주며, 어떻게 해서 질료가 필연적으로 정신에 속한 것인지(정신은 대상으로 신체를 가진다), 그리고 어째서 자연과 문화가 언제나 이미 '자연문화'(naturecultures, 도나 해러웨이의 용어)인지를 보여줍니다. 신유물론은 문화론을 따라다니는 초월론적이고 인간주의적(이원론) 전통에 반대하지요. 이 두 가지는 근대성과 후기근대성 시대 모두에 기반을 두면서 문화이론에 붙어 있습니다. 초월론적이고 인간주의적인 전통들은 여전히 지속적으로 이원론적 구조에 입각하여 다양하게 기술되며, 신유물론자들에 의해 제기된 논쟁들을 계속 일으키고 다닙니다. 예컨대 주디스 버틀러의 연구에서 실패의 유물론(failed materialism)과 관련된 페미니즘의 격렬한 논쟁지점을 생각해보면 됩니다. 그리고 미디어와 문화연구들에 전승되어온 소쉬

르/라캉식의 언어학적 유산도 있습니다. '신유물론'이라고 이름 붙여질 수 있는 것은 자연과 문화, 물질과 정신의 흐름들의 경로를 개념화한다는 것을 감안하면서 적극적인 이론 구성을 개시함으로써 이러한 이원론적 구조들을 치워버립니다.

당신은 양자역학을 강조하면서, 이와 아주 유사한 경로를 제안하는 것으로 보입니다. '행위 실재론'(agential realism)에 관한 생각은 대략 1980년대 중반 이후 당신이 출판했던 인식론에 대한 보어(Bohr)적 접근을 따라 1996년까지 출간되고 있지요. 이는 인문학과 과학 양자를 괴롭히던 이원론과 단절하는 것으로 보입니다. 특히 측정의 문제와 관련해서, 이 행위 실재론은 당신이 양자역학에 관한 보어의 철학을 재독해하도록 이끌었습니다. 또한 당신은 수많은 이론가들이 상호행위들(inter-actions)의 물질-담론적이고 수행적인 본성에 대해 의견일치를 거부한다는 사실에 대해 비판했습니다.

당신이 '행위 실재론'이라고 지칭하고 우리가 '신유물론'이라고 이름 붙인 물질과 의미의 이러한 내재적 포함 관계가 당신의 과학과 인문학 양자의 비판에서 핵심적인지요?

카렌 바라드: 내가 답해야 하는 당신 질문의 핵심은 분명하지만, 내가 비판과 관련해서 수행하는 바에 대해 당신이 언급했기 때문에, 나는 비판에 관해 말하면서 시작하고 싶군요. 사실 난 비판에 그다지 관심이 없어요. 내 생각에 비판은 과대평가되고, 과도하게 강조되며, 남용되고 있습니다. 그래서 페미니즘을 오히려 손상시키고 있지요. 브루노 라투르(Bruno Latour)는 어떤 논문의 제목에서 다음과 같이 암시했지

요. 「왜 비판은 소진되어버린 것일까? 사실의 문제에서 관심의 문제로」(2004). 이에 따르면 비판은 아마도 습관에 따라 계속 사용되어온 어떤 도구지만, 우리가 지금 직면한 종류의 상황에서는 더이상 필요가 없어졌지요. 비판은 워낙 오랫동안 선택의 도구였고, 우리 학생들은 스스로를 비판에 잘 훈련된 사람으로 여겨서 버튼을 누르면 비판이 툭 튀어나올 수 있을 정도가 된 겁니다. 비판은 너무 쉬워요. 특히 신중하게 독해하는 것이 더이상 비판의 기초요소가 아닌 것으로 보일 때 그러합니다. 그래서 나는 제 학생들에게 설명할 때 읽기와 쓰기는 윤리적인 실천이며, 비판은 과녁을 벗어나는 것이라고 얘기합니다. 그래서 나는 유럽에서 비판의 의미는 미국에서와는 상이한 원자가(價)가 있다고 봅니다. 그럼에도 불구하고 나는 이 지점이 중요하다고 생각해요. 비판은 늘 그렇지만 해체적인 실천 즉, 우리에게 필수불가결한 아이디어들을 구성적으로 배제하기 위한 독해의 실행이지요. 해체적 실행은 그 아이디어들을 기각하고, 밀어놓으며, 다른 학자, 페미니스트, 학문 분야 등을 가치절하하는 것입니다. 따라서 이것은 부정성의 실천 즉 내 생각에, 이것은 빼기, 거리두기, 타자화하기이지요. 라투르는 비판보다는 튜링의 비판적인 것(the critical, 임계치)이라는 개념으로 전환해야 한다고 제안합니다(Turing, 1950). 여기서 비판적으로 된다/위태롭게 된다는 것은 임계질량(critical mass) 개념에 적용됩니다. 즉 이것은 어떤 단일 중성자가 핵물질의 임계 표본(critical sample)으로 진입하는 때이지요. 그리고 그 핵물질은 관념들이 폭발하여 뻗어나가는 연쇄반응을 만듭니다. 물리학자로서 나는 이러한 은유가 으스스하고 불길하다고 생각합니다. 대신 도나 해러웨이의 제안에 기반해서 내가 제안하는 바는 회절(diffraction)의 실행입니다. 차이를 만드는 차이들의 패턴을 위한 회절적인 독해의 실행 말입니다. 그것은 빼기에 반대되는 더하기 개념이 아닌데 그것에 대해 조금 설명할까 합니다. 오히려 그것으로 난 암시적이고 창조적이며 예견적인 존재라는 의미를 생각하고 있습니다.

『우주의 중간에서 만나기-양자물리학 그리고 물질과 의미의 얽힘』(Barad, 2007)의 2장에서 나는 회절적 방법론이라고 지칭한 것, 즉 상호 간 관통하는 통찰들을 회절적으로 읽어내는 방법을 상세하게 논했습니다. 이 방법은 새로운 통찰을 만들고 아주 세부적으로 중요한 차이들을 조심스럽고 신중하게 읽어내면서 행해지지요. 이와 더불어 이러한 분석에 내재한 윤리가 외재성이 아니라 뒤엉킨 상태에 입각한다는 것을 인정합니다. 회절적 독해는 생각해볼 만한 좋은 창의적인 자극을 불러옵니다. 그러한 독해는 상대를 존중하는 것이고, 섬세하며, 윤리적인 참여를 의미합니다. 나는 이제 비판에 관해 말했으니, 당신의 질문에서 가장 중요한 부분으로 돌아가지요. 그것을 비난하는 것이 아니라 비판의 개념에 대해서 말하고 우리가 실천할 이런 종류의 자극, 그리고 다른 종류의 참여에 대해 고려하는 것으로 진행하는 것이 중요하다고 생각합니다.

그 질문의 쟁점으로 돌아오자면, 물질과 의미의 얽힘이 한편에는 자연을, 다른 편에는 문화를 위치시키는 이원론에 이의를 제기하게 되는 것이지요. 관심의 문제(라투르)와 돌봄의 문제(벨라카사Maria Puig de la Bel-lacasa)로부터 사실의 문제를 분리하는 것, 그리고 그것들을 여기 미국에서는 적절하게 '학제 간 분할'이라고 부르는 것에 따라 취급하기 위해 떨어트려놓지요. 이에 따르면 자연과학은 사실의 문제로, 인문학은 관심의 문제로 노동분할이 됩니다. 분리된 영역에 대한 관심의 차단이 얽힌 것을 가시적으로 만드는 회절의 패턴들을 구성하는 공명과 불협화음들을 생략할 때 회절 패턴, 즉 차이를 만드는 차이의 패턴들을 보는 것은 어렵습니다.

당신의 질문에 응답하면서 두 가지 예를 제공하고 싶군요. 최근 나는 뉴저지에 있는 '스티븐스 기술연구소'[9]에서 가진 컨퍼런스에서 기조연설을 했습니다. 그 연구소는 자신들의 인문학 프로그램을 매우 혁신적으로 개조하기 시작하는 중이지요. 그들은 과학 연구로부터 통찰을 가져와 인문학으로 되돌리는 연구에 관심을 갖고 있지요. 이게 그들이 말하는 식입니다. 그들이 제안하는 것은 과학 연구의 잠재적 영향력에 대해 몇몇 사람들이 생각하는 방식과 정반대였습니다. 과학을 사유하기 위해 인문학을 이용하는 것이 아니라, 인문학을 재사유하기 위해 과학을 이용하는 것입니다. 이것이 그들의 기획이고 그것은 매우 흥미로운 컨퍼런스였습니다. 하지만 그 컨퍼런스가 전체 틀을 잡는 방법에 뭔가가 있었어요. 만약 내가 그들과 대화를 나눌 수 있다면 그것에 대해 알아보고 싶었습니다. 우선 종합이 필요하다는 개념이 있었지요. 다시말해 과학과 인문학이 마치 언제나 이미 서로 뒤얽혀 있기보다 분리되어 있다는 듯이, 그것들의 결합이나 종합을 생각합니다. 따라서 거기에는 한편에는 사실의 문제, 자연 등을 가진 과학이, 다른 한편에는 인문학, 즉 의미와 가치, 문화가 있습니다. 그리고 다른 편엔, 어떻게든 그 둘의 결합이 있는 겁니다. 따라서 우리는 인문학과 과학 사이에 이미 존재하는 얽힘의 방식에 대해 이야기했지요. 이 둘은 서로 분리되어 성장하지 않았습니다. 나는 단지 과학과 인문학 사이에 거울 이미지를 찾는 것과 같은 유추적 사고의 몇몇 한계를 지적했습니다. 그리고 나는 샤론 트라윅(Sharon Traweek)이 해준 놀라운 이야기에 대해 말하기 시작했습니다. 그녀가 스탠포드 선형가속기 센터(SLAC)에 있는 고에너지 연구 단체에서 현장 연구를 할 때 일이었지요. 그녀는 SLAC의 홀에 서 있었는데, 어떤 물리학자가 벽에 있는 프랙탈(차원분열도형) 이미지 그림들을 주시하는 것을 보게 됩니다. 그녀는 그 이미지들에 시선을 던지며 그에게 물었습니다. "이 이미지들에서 무엇이 대단히 아름다운지 이야기해 줄 수 있나요?" 그 물리학자는 그녀를 돌아보며 혼란스러운 표정으로 다음과 같이 말합니다. "당신이 왜 그런 질문을 하는지 정말 모르겠군요. 이건 자명하다고요! 당신이 바라보는 모든 곳에서 이것은 동일하잖아요." 물론 페미니스트들은 모든 동일한 것을 보고 기쁨을 얻도록 훈련되지는 않았지만 차이들에 대해서는 그러합니다.

물론 그것의 거울에 비친 이미지(mirror image)는 과학 쪽에서 문화를 비추는 것입니다. 그래서 우리는 일종의 과학적 사실주의 대 사회적 구성주의라는 대상을 가지게 되지요. 물론 둘 모두는 서로를 비춥니다. 그러나 내가 제안하는 것은 회절(diffraction)이라는 개념이에요. 그것은 나의 동료이자 친구인 도나 해러웨이의 작업에서 끌어왔습니다. 도나는 다음과 같이 말합니다. "회절의 패턴은 상호작용, 상호간섭, 강화, 차이의 역사를 기록한다. 회절은 이질적인 역사이지 기원에 대한 것이 아니다. 반영들과 달리, 회절들은 어디에서도 동일성을 대체하지 않으며, 약간 일그러진 형상으로 [기원과 진리에 관한 이야기-만들기라는] 산업들을 야기한다. 나아가 회절은 다른 종류의 비판적 의식에 대한 은유라고 할 수 있다." 내가 주목하는 바는 기하광학으로부터, 즉 거울상 그리고 동일성, 재귀성에 관한 질문들로부터 변화되어나온 차이입니다. 거울 안의 당신의 이미지를 볼 때에는 필연적으로 거울과 당신 사이의 거리가 있습니다. 그래서 주체와 객체의 분리가 존재하는 것이고, 이때 객관성이란 세계의 거울 이미지에 대한 것입니다. 이와 달리 회절을 향해, 중요한 차이를 향해 실제로 이동시키는 것은 물리학자들이 기하광학과 대비하여 물리광학이라고 부르는 것의 문제입니다. 기하광학은 빛의 본성에는 아무런 관심을 기울이지 않지요. 실제로 그것은 여러 상이한 렌즈들이나 거울들을 연구하는 것에 익숙해지는 것과 유사합니다. 빛을 광선(추상적 개념)인 양 취급하게 되지요. 다른 말로 빛이 입자, 파동 또는 다른 무엇인지에 대해 완전히 불가지론적인 입장을 가지는 것입니다. 그것은 다만 여러 장치들을 연구하기 위한 근사적 도식일 뿐이지요. 반대로 회절은 당신이 장치의 본성과 마찬가지로 대상의 본성 둘 모두를 연구할 수 있게 합니다. 즉 빛의 본성과 장치 자체의 본성 말이지요. 나는 이에 대해 『우주의 중간에서 만나기』 2장에서 길게 논했지요. 하지만 내가 강조하고자 하는 것은 우리가 양자물리학을 사용하면 회절에 대해 더 많은 것을 배울 수 있다는 사실이에요.

회절을 고전물리학의 현상으로 이해하는 것과 양자역학적으로 이해하는 것에는 차이가 있습니다. 나는 도나 해러웨이가 우리에게 가져다준 이 놀라운 은유를 취하고, 양자물리학으로부터 중요한 비고전적 통찰을 여기에 부가하여 활용합니다. 회절은 양자물리학에서 사용하는 식으로 이해하면 단순히 간섭의 문제가 아니라 얽힘의 문제, 윤리-존재-인식론적 문제입니다. 이 차이는 매우 중요해요. 이것은 지식이란 직접적인 물질적 참여라는 것을 강조하지요. 즉 함께 있는 것을 잘라내는 것, 강제로 분리하지만 행위주체의 가능조건을 개방하고 재활성화하는 것입니다. 이러한 지식은 멀리 존재하진 않아요. 주체와 객체의 분리 대신에 '현상'이라고 불리는 주체와 객체의 얽힘이 있습니다. 객관성이란 세계의 왜곡되지 않은 거울 이미지를 제공하는 것 대신 신체에 있는 표식들의 해명(accountability[사유가능성])에 관한 것이며, 우리가 속한 얽힘에 대한 응답(responsibility[책임])이지요. 만약 우리가 회절을 양자물리학의 영역으로 가져간다면, 그것이 우리가 얻은 전환(shift)입니다. 이 모든 것은 우리가 과학, 인문학, 예술, 사회과학, 그리고 대학 외부에서 비롯된 통찰이 이루는 것에 대해서 다른 사유 방법을 찾아냈다고 말하지요. 통찰들은 다양한 얽힘에 대해 회절적으로 읽어내고 무엇이 배제되고 무엇이 중시되는지 관심을 기울임으로써 수행됩니다. 따라서 우리는 과학과 인문학 사이의 관계성을 수립하는 매우 다른 방법을 도입하면서 마무리 짓는 셈이지요. 이 방법이 내 생각에 당신이 한 원래의 질문으로 보입니다.

그리고 두번째 예를 정말 간단히 얘기할게요. 모든 질문에 이렇게 길게 말하진 않겠다고 약속할게요. 하지만 시작할 때 잘 정리해놔야 해서…… 이번 학기에 난 '과학에서의 페미니즘'이라는 강의를 했어요. 강의에는 과학을 배우는 학생들뿐 아니라 예술, 사회과학, 인문학을 배우는 학생들도 있었습니다. 거기서 우리는 과학문해(scientific literacy)의 개념에 대해 이야기하고, 어떻게 과학문해가 과학에 관한 유일한 응답이 될 만큼 성장했는지 논했지요. 하지만 과학문해란 무엇일까요? 우리는 미국에서 이 분야에 수백만 달러를 쓰지요. 그런데 사실상 정말 그것이 무엇을 의미하는지 전혀 확실치 않아요. 그리고 과학문해를 위해 이런저런 것을 가늠하고 측정하느라 수백만 달러를 쓰고 난 뒤에도, 우리는 이전과 같은 과학문해 백분율을 갖고 있어요. 이 측정에 따르면, 과학문해력을 가진 사람들은 대개 3에서 6퍼센트 정도입니다. 그리고 이것은 실제 우리가 보유하고 있는 과학자와 기술자들의 수와 동일하지요. 이것은 과학문해가 이해되고 측정되며 사고되는 방식에 대해 당신에게 무언가를 말해줍니다. 또한 그것을 위해 누가 응답할 필요가 있는지 등도 말해주지요. 그래서 우리는 과학을 하는 데에는 어떤 다른 종류의 문해력이 실제로 요구된다는 사실에 대해 이야기했습니다. 이 사실에 따르면 여러 새로운 과학과 기술에 관한 윤리적, 사회적, 법적 함축성을 고려하는 것은 아직 충분하지 않습니다. 예를 들면 우리는 생명윤리학이라는 새로운 영역을 고려했지요. 이 분야에서 윤리학은 이미 주어진 과학적 기획들의 상상가능한 결과들을 고려하는 문제로만 유일하게 쓰입니다. 하지만 결과라는 생각은 잘못된 시간성에 기반하고 있습니다. 잠재적인 결과들에 관해 질문하는 것은 거의 없고, 그래서 [거기 응답하는 것이] 너무 늦어지고 맙니다. 왜냐하면 사람들에게 윤리학이란 마땅히 연구실 실험대 바로 그 자리에서 이루어지는 것으로 여겨지기 때문입니다. 따라서 과학적으로 문해활동을 하는 데 필요한 것에 대해 말하자면, 질문은 여기서 화두인 신체적 생산의 여러 기제들을 식별하기 위해 무엇이 필요한가입니다. 그러므로 그것들을 식별하기 위해 우리가 문해활동의 의미를 더 넓게 할 필요가 있으며, 연구실 실험대 주위로 모든 종류의 사람들을 모을 필요가 있는 것이지요. 그래서 과학문해는 더이상 과학에 관해 유일하게 책임을 지지 않아도 되는 것으로 보입니다. 나는 그것이 우리가 교육과 관련해서 많은 곤란을 겪는 방식 중 하나라고 생각해요.

Q2_ 행위 실재론에서 '존재하는' 그 행위주체(agent)가 무엇인지, 혹은 누가 어떤 식으로 행위주체가 되는지 우리에게 조금 더 설명해주실 수 있습니까?

KB_ 첫째로 나는 '행위주체' 또는 '행위자'(actant)라는 용어를 좀 멀리하고 싶군요. 왜냐하면 그 용어들은 내가 제안하는 관계적 존재론에 반하는 작용을 하거든요. 또한 비인간에 행위소(agency)를 가지거나 인정하는 (행위소의 인정은 역설 아닌가요?) 행위주체들이 존재한다는 개념은 늘 똑같은 인간주의의 궤도로 계속해서 우리를 끌어당기지요. 인간주의의 중력에 저항하기란 쉽지 않습니다. 특히 '행위소'에 대해서라면 더 그러하지요. 하지만 나에게 행위소는 누가 혹은 무엇이 다양하게 '가지는' 어떤 것이 아니에요. 나는 독립적으로 실존하는 개별체들이라는 바로 그 개념을 대체하고자 합니다. 그러나 이것은 그 중요성에서 행위소를 부정하는 것은 아닙니다. 반대로 관계적 존재론에 적합한 방식으로 그 개념을 개정하자는 것이지요. 행위소는 유지되는 것이 아니에요. 즉 어떤 사람이나 사물의 소유가 아니라는 것이지요. 오히려 행위소란 일종의 행위의 수립(enactment), 얽힘들을 재배치하기 위한 가능성의 문제입니다. 따라서 행위소는 자유주의 인간론적 의미에서 선택에 대한 것이 아니지요. 그것은 가능성들과 해명에 관한 것이며, 이로 인해 신체적인 생산의 물질-담론적 장치들이 재배치되는 것입니다. 여기에는 그러한 행위들에 의해 드러난 경계들 간의 절합과 배제도 포함됩니다. 당신의 질문 중 하나는 행위소의 **방법**(*how*)이고, 어떤 의미로 그 **방법**은 정확히 개별 실천의 특수성이지요. 그래서 나는 그것에 대해 일반적인 답변을 할 수 없지만, 아마도 행위소를 위한 가능성들의 공간에 대해 도움되는 무언가를 말할 수 있을 것 같습니다.

행위 실재론자가 고려하는 행위소란 여성성의 모순적 명칭과 같이 장치들 간의 충돌(버틀러가 한때 제안했듯이)을 필요로 하지는 않습니다. 그래서 우리는 완전하게 체현된 여성성이란 결코 성공할 수 없다고 봅니다. 왜냐하면 그것은 모순적인 요구이기 때문입니다. 행위 실재론은 그러한 종류의 장치들의 충돌을 요구하지 않아요. 왜냐하면 처음부터 간-행은 결코 [그것을] 결정하지 않기 때문이지요. 심지어 조직들이 강화될 때에도 그러합니다. 간-행은 배제를 야기하고 배제는 결정론을 차단합니다. 하지만 일단 결정론이 차단된다고 해도, 이것이 우리를 자유의지의 선택권에 맡겨놓지는 않지요. 나는 우리가 한편으로는 결정론에서 또는 다른 한편에서는 자유의지와 관련해서 인과성과 행위소에 관한 질문에 대해 생각하는 경향이 있다고 생각해요. 원인과 결과는 마치 당구공들처럼 하나가 다른 하나를 뒤따르는 법이라, 그래서 우리는 이것을 실제 인과적 의미로 받아들이지는 않는다고 말하는 습관을 가지게 되었지요. 그리고 나는 실재론이 그러했던 것과 같이 어느 정도는 인과성이라는 단어가 다소 오염되었다고 봅니다. 그러므로 나는 사람들이 다시 한번 인과성에 대해 이야기하도록 애를 쓰지요. 왜냐하면 내 생각에 그것은 매우, 매우 중요하기 때문입니다. 만약 암이 많이 퍼져 있다고 알려진 집단의 사람들을 만난다면, 나는 그 집단의 본성에 대하여, 그리고 그 인과관계에 대해 알기를 원할 겁니다. 왜냐하면 내가 만일 미국의 러브 카날(Love Canal) 지역, 그러니까 독성물질이 대량으로 버려진 인구 밀집 지역에 있고, 사람들이 암에 걸리기 시작했다면, 나는 사람들을 떠나게 만들기를 원할 테니까요. 반면, 만약 내가 메이요 병원(Mayo Clinic)에 있고, 그곳에서 암 환자들을 치료하고, 암에 걸린 많은 사람들이 있다면, 그렇게 할 필요는 없겠지요. 나는 실제로 우리가 좀더 신중하게 이런저런 상이한 종류의 인과성들과 그 재고 방법을 명시하기를 원합니다. 그리고 그것이 내가 인과성에 대한 새로운 사유방식을 제안하며 '간-행'(intra-action)이라는 개념으로 나타내고자 하는 바이지요. 이것은 우리를 상호작용(interaction)으로부터 이동시키는 어떤 신논리주의 같은 것이 아닙니다. 이 상호작용에서는 분리된 실체들로부터 시작해서 그 실체들의 상호작용이 간-행으로 이동하는데, 여기서는 주체와 대상이 출현하는 상호작용이 있지만, 실제로 그것은 인과성 자체에 대한 새로운 이해로서 등장하게 됩니다.

우선, 행위소는 반응-능력, 상호 반응에 대한 가능성에 대한 것입니다. 이것은 힘의 불균형을 부정하는 것이 아니라 거기에 주의를 기울입니다. 행위소는 현세의 재-배치(re-configurings)의 가능성에 대한 것이지요. 그래서 그 점에서 행위소는 인간이나 비인간에 의해 지배되는 것이 아닙니다. 재배치란 어떤 법칙입니다. 그리고 만일 당신이 원한다면, 거기에는 '인간'뿐 아니라 '비인간'도 포함됩니다. 동시에 나는 여기서 인간과 비인간의 집합체를 가로질러 민주적으로 분배하는 행위에 대해서는 말하고 있지 않다는 점을 분명히 하고자 합니다. 심지어 어떤 행위주체 자체가 없다 해도, 내가 제안하는 행위소 개념은 힘의 불균형의 임계지점에 역행하지 않습니다. 오히려 그 반대지요. 간-행의 특유성은 어떤 힘의 장에서 복잡한 힘의 불균형이 가진 독특함에 대해 말합니다. 나는 몇몇 사람들이 인간적 주체에 국한된 행위소를 가지지 않는 것에 매우 민감하게 반응한다는 것을 알고 있지만, 그것이 첫발을 디디는 것입니다. 다시 말해 이러한 종류의 국지화나 인간 주체의 특별한 성격규정이란 힘의 불균형을 무효화하는 것이 아니라 그에 대해 고려하는 첫걸음이라는 것이지요.

하나의 단순한 예를 들어보지요. 내가 인터넷을 훑어보는 중에 어떤 논문을 발견했는데, 그것은 크리스 윌버트(Chris Wilbert)가 쓴 「이윤, 전염병, 가금류: 고병원성 조류독감의 간-행적 세계」(2006)였어요. 이 논문은 세계적 유행 독감의 잠재성에 관한 생물지리정치학이었지요. 조류독감(H5N1)을 어떤 자연문화적 현상으로 바라보는 크리스의 분석은 인간과 비인간 실재의 간-행적인 행위자적 얽힘을 고려하는 것의 중요성을 강조합니다. 크리스는 세계적 보건 단체들과 정부들이 철새들과 소규모 양계농장주들을 감시하지만, 경험적인 자료는 이러한 인과적 연관성을 지지하지 않는다고 지적합니다. 그보다 질병은 대규모의 공장식 가금류 생산의 지리적인 회절 패턴을 따르지요. 후자의 경우는 미증유의 조류 밀집도를 만들고, 왕성한 돌연변이 인수공통병원체를 위한 일급 서식처를 제공하게 되지요. 기업화되어 생산되는 고기, 국제적인 수의학 관행, 차단방역 실행, 국제무역협약들, 운송네트워크는 인구 밀집도를 증가시키고, 여러 가지 행위적 장치들 사이에 더 많은 것들을 작동시킵니다. 인과성은 상호작용적이지 않으며, 간-행적이지요. 정책 입안은 다양한 원인들에 대한 부가적인 처리 방법들에 기반하고 있는데, 전염병을 피하는 핵심적인 요인들, 예컨대 인구 극빈층을 위한 안전한 음식을 저렴한 형태로 공급한다든지, 동물 대량 학살의 산업적 형태들을 제거한다든지 등을 놓치고 있습니다. 그래서 행위자의 '인간적'이고 '비인간적'인 형식들에 주의를 기울이는 것의 중요성을 멋지게 보여줄 뿐 아니라, 그 자체로 행위소가 인간적, 비인간적 실체에 연결되고 말 때, 어떤 고려사항이 제외된다는 것을 크리스가 인정하는 어떤 방식이 있지요. 당신도 알다시피 소외되는 것은 어떤 종류의 전염병에 기여하는 아주 복잡한 물질적 실행들의 배열 전체입니다. 이것은 생물체 전체에 또는 사람들이 하는 어떤 행위들에 기인하는 그런 전염병이 아니지요. 나는 크리스를 알지 못합니다. 하지만 난 당신이 여기 주목했으면 하는 바람입니다. 왜냐하면 내 생각에 그가 우리에게 어떤 흥미로운 생각거리를 주기 때문입니다.

여기서 도움이 될 만한 다른 예는 해러웨이(2008)가 든 예입니다. 그것은 바르바라 스무츠(Barbara Smuts)에 의해 제기된 예이지요. 그녀는 미국 생명인류학자로서 박사 학위 연구를 위해 야생의 개코원숭이를 탐구하러 탄자니아에 갔습니다. 그녀는 비인간 영장류를 탐구하는 과학 연구자로서 일정한 거리를 두라고 들었습니다. 연구 대상의 행동에 영향을 주지 않기 위해서지요. 거리는 객관성의 조건입니다. 스무츠는 이러한 조언이 그녀의 탐구에 완벽한 재앙을 초래했다고 말했습니다. 그녀는 어떤 관찰도 할 수 없는 상황에 놓이게 됐지요. 왜냐하면 개코원숭이가 끊임없이 그녀가 하는 행동에 신경을 쓰더라는 겁니다. 그녀가 깨달은 바는 이것이 원숭이들에게 너무나 낯선 그녀의 행동으로부터 비롯되었다는 것이었지요. 원숭이들은 끝내 그녀를 무시하지 못한 겁니다. 그녀는 원숭이들의 집단 내에서는 나쁜 사회적 주체가 되어간 것이지요. 객관적으로 연구를 계속할 수 있는 유일한 방법은 그 원숭이들에게 응답하는 것이었지요. 다시 말해 그런 객관성은 페미니즘 과학이 늘 강조해왔던 주제인데, 응답의 문제이지 결코 거리의 문제가 아니라는 것입니다. 결국 그녀는 비인간 영장류에게 응답하는 법을 완벽하게 배웠습니다. 그리고 그런 방식으로 그녀는 개코원숭이 집단의 좋은 일원이 되었지요. 개코원숭이들은 그녀를 이해했고, 즉 비인간 영장류에게 그녀가 적어도 이해될 수 있었고, 결과적으로 그들은 그녀를 놔두고 자기들 일을 하기 시작했으며, 그녀는 연구를 수행할 수 있었습니다.

Q3_『우주의 중간에서 만나기』와 여러 학술지 논문에서 당신은 해러웨이를 따라 '회절'이란 개념을 제안했지요. 이 개념은 차이의 관계적 본성을 의미하며, 미리 존재하는 실체들로서가 아니라 간-행으로서, 다른 텍스트들이 생겨나는 힘으로서의 이론들과 텍스트들을 다루기 위한 방법론이지요. 다른 한편으로 당신은 전체 저작들을 통틀어 닐스 보어(Niels Bohr)의 연구에 집중합니다. 당신은 그의 텍스트 전체에 유효한 철학을 재기술하지만 보어를 추종하는 것도, 추종하지 않는 것도 아닌 것 같습니다. 그렇지만 여전히 당신의 연구는 보어의 저작에 대해 현재 학계에서 다루어지고 있는 가장 강력한 주석 중 하나로 읽힐 수 있지요. 아마도 이것은 보어를 인문학적으로 읽는 데 성공한 첫번째 사례가 될 것 같습니다. 물론 보어 다음으로 당신은 아인슈타인, 슈레딩거뿐 아니라 메를로-퐁티, 당연히 해러웨이, 들뢰즈, 라투르와 같은 다른 과학자와 학자들도 읽었지요. 특히 전통적으로는 과학의 영역 안에서 읽히지 않던 이들 철학자들과 학자들에 관해서는 비록 그저 지나친

다 하더라도, 매우 긍정적으로 읽는 것으로 보입니다.

당신이 제안하는 회절적 방법론을 고려할 때, 당신은 이론을 다루는 방법의 이런 개념화를 어떻게 평가하시는지요? 다른 말로 하자면, 당신의 연구는 보어의 연구에 동의하는가 동의하지 않는가에 관해 어떤 의미가 있는 것이 아니라, 간-행적으로 보어의 연구와 행위 실재론 둘 모두를 창조하는 것인가요? 그리고 보다 일반적으로 회절의 [페미니즘적인] 세대적 함축은 무엇인지요? 페미니스트들은 보통 오이디푸스적 특성에 의해 지배당하는 사유를 경계하지요. 이를테면 로지 브라이도티 같은 페미니스트들은 스승들(Masters)과의 오이디푸스적 관계를 모든 방면에서 반복하지 않는 어떤 방법론에 관해 논했지요. 브라이도티는 스승들의 업적을 부정함으로써 그들의 위치를 인정하는데, 이것이 당신이 수행하는 비판의 비판과 실질적으로 매우 근접한 것이라 생각합니다. 회절은 텍스트들과 학자들 간 관계, 다시 말해 종속적(스승의 영역에서 '새로운' 연구를 수립하는 것)이지도 비종속적(스승의 연구를 부정함으로써 스승을 긍정하는 것)이지도 않은 관계를 허용하는 것인가요?

KB_ 회절적 독해에 대해 내가 이미 언급했던 것을 고려할 때 일단 당신의 질문이 물질적인 것과 나의 관계를 정말로 아름답게 언급했다는 건 분명해 보입니다. 나는 회절적 독해를 하는 와중에 물질적인 것에 관여하지요. 나는 우선 당신이 회절적 독해들의 핵심에 관해 내 책을 꼼꼼하게 읽어준 것에 매우 감사드려야겠습니다. 나는 당신이 했던 말, 즉 내가 보어의 연구를 경전으로 여기지도 않으며, 어떤 '불효녀'처럼 바라보지도 않는다는 그 말에 전적으로 동의합니다. 하지만 서로를 통해 다양한 통찰들을 읽어내기, 그리고 뭔가 새로운, 사유하는 존재의 새로운 패턴을 생산하기, 동시에 보어가 우리에게 말하려고 한 그 본질적인 것에 상당한 주의를 기울이는 것, 나는 당신이 나의 연구에 대해 그 모든 것을 했다고 생각하기에, 감사를 드리고 싶습니다.

Q4_ '젠더'가 젠더 연구 현장에서 의심할 여지 없는 기초로 보이는 용어임에도 불구하고, 그 개념적 전통은 영미 언어학적인 방식으로 특성화되어왔습니다. 젠더를 연구하는 페미니스트 학자들은 대개 생물학적 결정론이나 생물학적 본질주의에 반하여 주장을 세우고, 대륙의 페미니즘 철학뿐 아니라 (학술적) 사유의 주요 전통에 고정된 성적 존재론을 귀속시키지요(예를 들면 뤼스 이리가라이의 연구). 펠릭스 과타리는 언젠가 한 인터뷰에서 이 사안에 대해 자신의 의견을 다음과 같이 요약했습니다.

> 만약 질 들뢰즈와 내가 실제로 섹슈얼리티에 대해 말하지 않고 그 대신 욕망에 대해 말하는 입장을 취한다면, 그것은 삶과 창조의 문제란 결코 생리 기능들, 생식 기능들로, 즉 몇몇 특정한 신체의 차원으로 환원될 수 없다고 생각하기 때문입니다. 그러한 문제들은 사회와 정치 현장에서 개체를 넘어서거나, 그 밖의 개체적 차원 이전에 존재하는 요소들을 수반하지요(Guattari and Rolnik[1982] 2008, 411).

'성차'에 대한 이러한 비-재현주의적 해석은 이 개념에 관한 당신의 독해에 근접하는 것으로 보입니다. 당신이 제안한 존재-인식론은 물질

(여러 신체적인 물질 안의)과 의미가 언제나 이미 내재적으로 [서로] 주름 접혀 전이하는 방식을 우리에게 보여줍니다. 하지만 정신분석으로부터 (욕망 같은) 용어를 가져오는 대신에, 당신은 물리학을 들여오지요(보어의 개념적 장치들). 이때 양자물리학은 당신이 페미니즘을 설명하는 데 어떤 도움을 주는지요?

KB_ 10년 전에 나는 다음과 같은 질문을 자주 받곤 했지요. "당신의 작업이 여성이나 젠더에 관한 것이 아닌데 페미니즘과는 무슨 상관인가?" 나의 대답은 물론 다음과 같았습니다. "모든 면에." 기쁘게도, 당신이 던진 질문은 그 질문을 동기화하는 생각을 몇 광년이나 앞서 있습니다. 그리고 대화가 그 시간 이래로 변해왔으며, 나는 그 속으로 바로 뛰어들 수 있다고 가정하고 있습니다. 에로스, 욕망, 생명력은 특수한 신체의 부분들 혹은 신체 부분들 간의 특별한 종류의 연결뿐 아니라 모든 것을 관통합니다. 물질 그 자체는 욕망의 흐름의 기본물질이거나 수단이 아닙니다. 물질성은 그 자체가 늘 이미 욕망하는 역학계, 반복적인 변경, 에너지 수용과 에너지 방출, 활기를 부여받기와 부여하기입니다. 특히 나는 물질이 어떻게 중요해는지에 관심을 기울여왔지요. 물질이 어떻게 주변에 영향을 주는지에 대해서 말입니다. 이것은 어떤 여성이나 민중 또는 다른 눈에 보이는 존재가 주변에 있든 그렇지 않든 페미니즘적 기획입니다. 다른 신유물론적 페미니스트들—특히 비키 커비(Vicky Kirby)가 이 방면에서 특출합니다—과 마찬가지로, 감정, 욕망 그리고 경험은 인간의식의 유일한 특성 또는 능력이 아닙니다. 물질도 느끼고, 대화를 나누며, 겪고, 욕망하고, 갈망하며 기억합니다. 당신은 또한 이 주제에 관해 노엘라 데이비스(Noela Davis)의 신유물론 논문을 볼 수 있을 겁니다(Davis, 2009). 나는 이에 대해 내 책 7장에서 보다 생생하게 써보려고 노력했지요. 그것에 대해 나는 많은 관심을 받았는데, 그러나 특별히 페미니즘적인 참여는 적었습니다. 하지만 나는 적어도 그 장에는 중요한 생각거리가 많다고 봅니다. 그래서 난 이것을 좀 검토해보고자 합니다. 왜냐하면 그 장(chapter)은 사물들의 물리학 안으로 깊게 들어가고, 결과적으로 많은 인문학자들과 사회과학자들은 그들이 생각하는 것과 이것은 무관하다고 여기기 때문입니다. 나는 언제나 내 페미니즘 강의에서 물리학을 가르칩니다. 그 이유는 부분적으로는 바로 내가 말했던 방식으로, 물리학이 과학적 관심과 과학적 문해력이 가진 예외적으로 협소한 틀에 이의를 제기하기 때문이지요. 과학과의 관계에는 누가 책임이 있을까요? 나는 그 장의 내용 몇몇을 당신에게 설명해주고 싶어요. 왜냐하면 나는 그것이 물질, 공간과 시간 등등에 관한 페미니즘 주제의 몇몇 핵심을 재고찰하는 정말 중요한 방법들을 쥐고 있다고 생각하기 때문입니다.

난 당신에게 양자물리학의 핵심에 대해 초고속 강의를 하고 내 책의 7장 내용으로 가고자 합니다. 그것은 당신에게 몇몇 결과들을 보여줄 것이고, 사회 정의에 관한 질문에 대한 생각의 함축성이 무엇인지 알려줄 겁니다. 그것이 내가 생각하는 핵심입니다. 그러니 양자물리학에 관한 벼락치기 특강을 좀 해보도록 하지요.

고전물리학에 따르면, 단지 두 가지 종류의 실체만이 세계에 존재합니다. 그것은 입자와 파동이지요. 입자는 파동과 상당히 다릅니다. 입자는 국지화된 실체로서, 시공간 안에 어떤 특정한 위치를 점하지요.

그리고 당신은 같은 장소에 동시에 두 개의 입자를 가질 수 없습니다. 이와 달리 파동은 전혀 실체라고 할 수 없습니다. 파동은 장(fields) 안의 요동입니다. 만약 당신이 대양의 파도를 생각한다면, 파도가 자주 다른 파도와 겹쳐진다는 것을 알게 될 겁니다. 그것들은 동시에 같은 장소를 점할 수 있습니다. 이런 것이 바로 잘 알려진 것들 중 일부이지요. 한편으로 우리는 위치화된 것을 가지게 되고, 다른 한편으로 상당히 위치화되지 않는 어떤 것을 가지게 됩니다. 이것은 매우 다른 종류의 실체들이라고 존재론적으로 말할 수 있지요. 물리학에서는 어떤 것이 입자고 파동인지를 알아내는 데 쓰이는 아주 간단한 기계장치가 있지요. 이중슬릿장치(two-slit apparatus)가 그것입니다. 당신이 한 더미의 공을 집어서 그것들을 무작위로 그 두 슬릿(틈)에 던지면, 당신은 대부분의 그 공 입자들이 곧장 두 슬릿의 맞은편 너머에 가 있는 결과를 보게 될 겁니다. 당신은 여기서 '산란패턴'(scatter pattern)이라고 불리는 것을 얻게 되지요. 당신은 다음과 같은 사실을 생각할 수 있습니다. 만약 내가 이 방의 출입구 바깥쪽으로 테니스공들을 아무렇게나 세게 던진다면, 공들 중 대부분은 출입구 맞은편으로 날아가고 몇 개만 그 옆으로 흩어질 것입니다. 이와 반대로 파동기계에 대해 생각해봅시다. 물속에서 어떤 파장을 일으키는 기계를 생각해보자는 겁니다. 이 파장이 이 슬롯과 같이 두 개의 구멍을 가진 '방파제'를 친다면, 그 파장은 그 구멍들 쪽에서 파동을 그리며 불거져 나아갈 것이고, 당신은 통과한 동심원들, 중첩하는 원들을 목격할 것입니다. 이것은 마치 내가 두 개의 돌을 동시에 연못에 던지면 발생하는 현상과 유사하지요. 그때 나는 동심원들이 중첩하는 모습을 보게 됩니다. 그것이 회절 패턴이고,

당신이 보는 것은 거기에 파동의 강도 증가가 있다는 사실입니다. 두 개의 파동이 만날 때, 물마루와 물마루가 만날 때, 그것들은 보다 높은 파동을 형성하지요. 하지만 가끔 당신은 물마루가 파동의 고랑을 만나는 것을 보게 될 텐데, 그때 그것들은 사라집니다. 그것은 상당히 다른 종류의 패턴을 만들어냅니다.

자, 그럼 만약 우리가 두 개의 슬릿을 가진 장치로 전자를 실험한다면 어떤 일이 발생할까요? 우리가 극소의 입자인 전자를 생각하는 것이 익숙하기 때문에, 당신은 어떤 입자 패턴이 주어질 것이라고 생각할 겁니다. 하지만 우리가 실제로 얻게 되는 결과는 전자들이 회절이나 파동 패턴을 전개한다는 것입니다. 그러나 우리가 보았다시피, 회절 패턴은 중첩 파동에 의해 생성됩니다. 하지만 전자가 중첩할 수 있나요? 그들은 입자예요. 그들은 서로 중첩할 수 없습니다. 당신은 그 전자들이 중첩할 것이라고 생각하겠지요. 그러나 당신은 한 번에 전자 하나씩 쏘아 보내는 실험을 할 수 있습니다. 만약 당신이 단지 하나의 전자를 번갈아 쏘아 보낸다면, 당신은 이러한 회절 패턴을 만들 것입니다. 우리는 이러한 회절 패턴을 설명할 수 없을 것처럼 보입니다. 이 입자가 파동처럼 활동하는 것으로 보인다는 것은 거의 미스터리하지요. 특히 아인슈타인은 이 사실에 대해 매우 흥분했고, 전자가 슬릿을 통과하는 것을 볼 수 있는 장소에서 실험을 진행할 것을 제안했지요. 나는 슬릿-선택 탐지기(which-slit detector) 실험에 대해 이야기하고 싶군요.[10] 왜냐하면 이것이 내가 논하는 바에 해당되거든요. 이 실험에서 내가 했던 바는 스프링이 장착된 슬릿으로 상단 슬릿을 교체하는 것입니다. 그리고 만약 입자가 그 상단 슬릿을 통과하게 되면, 그것은 운동량의 일부를 상단 슬릿에 주게 되고, 그것이 살짝 움직이지요. 그러면 나는 '아, 전자가 상단 슬릿을 통과했어'라고 알게 됩니다. 따라서 이러한 장치는 전자가 스크린 위에 도달하는 동안 어느 슬릿을 통과하는지 측정하는 방법이 됩니다. 그리고 아인슈타인은 만약 우리가 이러한 실험을 한다면, 하나의 슬릿이나 다른 슬릿을 통과하는 입자와 간섭 패턴을 보여주는 파동, 두 가지 모두로 활동하는 전자를 파악하게 된다고 말했습니다. 그리고 [아인슈타인에 따른다면] 양자역학은 자기모순적이며 우리는 이를 생각하는 다른 방법을 찾아야만 할 테지요. 보어는 말했지요. "아니요, 잠깐 기다려보세요." 만약 당신이 이 실험을 하게 되면, 당신은 이제 조정된 장치들을 갖고 있지요. 그리고 우리가 실험에서 관찰하게 되는 것은 어떤 '현상' 또는 얽힘, 또는 장치들과 관찰 대상의 분리불가능성입니다. 보어는 다음과 같이 말했지요. 만약 아인슈타인이 그가 제안한 이중슬릿장치에 수정을 가한다면, 그는 입자 패턴을 얻게 되지 회절 패턴을 얻지는 않습니다. 그렇다면 우리는 이제 이것에 대해 열심히 파헤쳐야 합니다. 왜냐하면 이 실험이 말하는 바가 전자의 존재론이 측정하는 방식에 따라 달라진다는 것이기 때문이지요. 이제 양자물리학 강의를 빨리 끝낼게요. 보어는 이를 위한 설명을 가지고 있어요. 그것은 다시 말해 우리가 측정하는 속성들이 독립적인 대상에 기인하지 않는다는 것입니다. 독립적 대상들은 추상적 개념들입니다. 이것은 잘못된 대상 지칭이지요. 실제 대상 지칭은 현상, 다시 말해 우리가 전자와 측정 장치라고 부르는 것들 간의 간-행이지요. 그러니 측정 장치를 바꾸면 그 존재 방식이 변한다는 것이 놀랄 일이 아닙니다. 왜냐하면 우리는 완전히 다른 현상을 탐구하는 중이기 때문이지요.

나는 이제 내 책 7장의 내용으로 진입하고자 합니다. 내 생각에 거기에 다시 한번 중요한 페미니즘 '강좌'가 있어요. 그리고 물론 내가 '페미니즘 강좌'라고 할 때, 그것은 내가 단서를 달 필요가 있는 왜곡시키는 약칭에 불과합니다. 왜냐하면 내가 행위 실재론으로 드러내고자 하는 것 내부에 이미 페미니즘 강좌가 내재하고 그것이 7장의 아름다움의 일부이기 때문입니다. 한편으론 페미니즘 이론에서, 그리고 다른 한편으론 물리학에서 통찰을 얻고, 행위 실재론을 구성하면서 그것들을 하나씩 읽어내는 데서 적어도 저는 굉장히 큰 만족감을 얻습니다. 그리고 거기서부터 되돌아가서 행위 실재론이 양자물리학에서 특정 종류의 근본적 문제들을 해결할 수 있는지 알아보는 겁니다. 행위 실재론이 그것을 수행하기에 충분한 힘이 있다는 사실, 페미니즘 이론이 물리학에 대응하기 위해 중요한 것을 갖고 있다는 사실은 정말로 놀랍지요. 그리고 그것이 나 또한 원하는 바의 핵심입니다. 사실상 내가 당신이 행위 실재론과 함께 과학이 뭔가를 할 수 있다는 것을 실제로 보여줄 수 있고, 이 중대한 관심을 불러일으킬 수 있을 때, 그 결과를 내가 물리학 저널에 발표해야 할지 책에 남겨야 할지 의문이 생겼지요. 그러니까 물리학자들은 물리학에 관해 뭔가를 발견하려면 페미니즘 책을 살피러 가야 할 겁니다. 나는 물론 출판하는 쪽을 택했지만 되돌아보면 그건 실수였어요. 책이 나오는 기간이 너무 길었기 때문이고(3년 이상이 걸려요), 몇몇 물리학자들은 그러한 사실에 대한 인정 없이 내 생각에 관여하기 때문입니다. 출판 행위란 언제나 정치적이에요.

주제로 돌아와보죠. 보어와 하이젠베르그는 총체적으로 불화합니다. 보어와 아인슈타인뿐 아니라 보어와 하이젠베르그도 그렇지요. 하이젠베르그는 실험 장치를 바꿀 때, 파동 패턴에서 입자 패턴으로 바뀌는 이유가 실험자가 입자를 방해하기 때문이라고 생각했지요. 그리고 그것이 우리가 알 수 있는 범위를 한계 짓는다는 겁니다. 왜냐하면 모든 측정이 당신이 측정하는 대상을 방해할 것이기 때문입니다. 그래서 그는 이를 '(하이젠베르그) 불확실성 원리(Uncertainty Principle)'라고 불렀습니다. 이 명칭은 미국인들보다 유럽인들에게 더 익숙합니다. 하지만 보어는 하이젠베르그와 논쟁하면서, 그가 불확실성을 주장할 때 근본적인 오류를 범했다고 봤어요. 문제가 되는 것은 불확실성이 아니라 오히려 불확정성(indeterminacy)이라는 것이지요. 다시 말해 우리가 측정을 할 때 발생하는 일은 무언가를 방해해서 결과적으로 우리의 지식이 불확실해지는 것이 아니라, 거기에 사물의 고유한 속성이 없고 간-행적 측정 이전에는 우리가 실체들이라고 부르고자 하는 사물의 고유한 경계들이 존재하지 않는다는 것입니다. 즉 보어는 사물들은 결정되어 있지 않다(indeterminate)고 말하지요. 측정 이전에는 어떤 사물도 존재하지 않으며, 측정이라는 바로 그 행위가 사물의 결정된 경계들과 고유성을 생산한다는 겁니다. 따라서 그의 주장은 인식론이 아니라 존재론적 원리에 해당되지요. 다른 말로 해서, 보어에게 입자는 내가 위치라고 부르는 어떤 것을 측정한다고 할 때와 독립적인 위치를 독립적으로 가지지 않습니다.

자, 그렇다면 이제 여기에는 누가 정당한지 판별할 수 있는 과학적인 방법이 전혀 없는 것으로 보입니다. 왜냐하면 우리가 말하고 있는 것은 당신이 어떠한 측정을 하기 전에 일어난 것에 대한 경험적 결과를 보여 주기 때문이지요. 따라서 그 문제를 해결할 방법은 없는 것처럼 보입니다. 하지만 실제로 우리는 해결할 수 있어요. 이것은 놀라운 일이지요! 우리는 이제 실험적 형이상학을 할 수 있습니다. 물론 이것은 단지 다음과 같은 사실을 지칭하는 하나의 지표일 뿐입니다. 즉 한편의 물리학과 다른 편의 형이상학 또는 철학을 가르는 뚜렷한 경계는 절대 존재하지 않는다는 것입니다. 그래서 여기에 놀랍고 정말로 굉장한 실험이 있는 것이지요. 이것은 그 이전에는 기술적으로 가능하지 않았지만 과거 십수 년간에야 비로소 물리학자들이 할 수 있게 되었습니다. 그리고 이러한 유명한 이념적 착상(Gedanken) 또는 보어와 하이젠베르그의 사유실험들은 이제 처음으로 실행, 즉 실제로 실험실 안에서 수행될 수 있지요. 그들은 실험이 실제로 이루어지리라고 결코 생각하지 않았지요. 그리고 그들은 그것들이 현실화되어야 할 실험들이라고 생각하지도 않았어요. 그것들은 단지 생각을 위한 실험이었으며, 사유를 위한 도구였을 뿐이지요. 하지만 이제 이러한 실험을 실제로 행하는 것이 기술적으로 가능합니다. 내가 슬릿선택을 측정할 때 무슨 일이 일어나는지 보여줄 수 있게 된 겁니다. 아인슈타인이 옳았고, 양자이론이 자기모순적임을 보여 주는 입자와 파동 둘 다인 전자를 파악하는 것일까요? 또는 보어가 옳고, 내가 실제로 선택슬릿을 측정하면서, 입자 패턴을 얻고 간섭패턴은 사라지는 걸까요? 하지만 이것들보다 멋지게, 이 경우에 물리학자들이 어떤 실험을 고안해냈다는 점입니다. 이미 존재하는 무언가를 방해한다는 하이젠베르그의 설명은 설명의 일부가 될 수 없게 되었습니다. 따라서 하이젠베르그가 이러한 실험'**으로부터**' 설계되어진 것입니다. 만약 그렇다면, 그것은 [하이젠베르그 자신의] 방해가 아닌 다른 이유로 야기된다는 것이지요.

무슨 일이 일어나는가 하면, 어떤 원자들의 광선이 생긴다는 것입니다. 사실 그것들은 루비듐(rubidum) 원자고, 그 루비듐 원자들이 이중 슬릿에 도달하기 전에 발생하는 사태는 루비듐 원자에 얼마간의 에너지를 전달하는 레이저 광선이 있다는 것입니다. 원자가 에너지를 얻을 때 루비듐의 내부 궤도 안에 있는 전자는 레이저 광선으로부터 얻은 에너지에서 더 높은 에너지 수준으로 단숨에 올라가는 일이 발생하지요. 그래서 '들뜬 상태'(excited state)라고 불리는 상태에 처하게 됩니다. 보세요, 물리학에서 이미 욕망에 관해 말하고 있지요! 그리고 이때 그것은 이러한 빈 구멍들, 즉 마이크로메이저(micromaser)의 빈 구멍들을 가로질러 가고 있습니다. 이것이 바로 선택슬릿 검사기(which-slit detector)이지요. 당신은 이것 이외에 마이크로메이저 공백에 대해 어떤 것도 알 필요가 없습니다. 들뜬 상태에 있는 루비듐 원자가 하나의 또는 다른 마이크로메이저 구멍 안으로 들어갈 때, 전자는 필연적으로 기저상태(ground state)로 다시 떨어지고, 그 와중에 그것은 포톤 입자를 방사하며 위쪽 구멍 혹은 아래 구멍에 포톤 궤적을 남기면서 두 개의 슬릿을 통과해 가는 것이지요. 그래서 루비듐 원자는 계속 두 개의 슬릿을 통과해 가면서 스크린에 닿게 되지요. 이것이 우리의 실험입니다. 하이젠베르그가 여기에 속하지 않는 이유는 루비듐 원자가 들뜬 상태가 되고 다시 안정을 되찾는 동안 원자의 진행에 영향을 주는 것은 아무것도 없다는 걸 증명할 수 있기 때문입니다. 원자는 방해받지 않아요. 여기서 물리학자들은 매우 영리하게 루비듐 원자의 전방추진력을 방해하지 않는 선택슬릿 감지기를 만들지요. 그래서 그것은 1번 감지기나 2번 감지기에 뚜렷한 흔적을 남기게 됩니다. 그것은 슬릿을 아무런 방해 없이 통과한 흔적입니다. 만약 당신이 선택-슬릿 감지기 없이 이 실험으로 이중슬릿에 루비듐 원자를 쏘아 보낸다면, 어떤 회절 패턴을 얻게 될 겁니다. 하지만 만약 레이저와 마이크로메이저 구멍을 놓고 슬릿 중 어느 쪽으로 통과하는지 알아보면 산란 패턴이나 입자 패턴으로 옮겨지는 것을 보게 될 겁니다. 그러나 두번째 것은 (파동들의 교차하는 강도 패턴이 아니라) 확실히 산란 패턴이지요. 나는 다만 당신에게 거기에 아무런 방해가 없다는 것과 그래서 그것이 놀랍다고 말했습니다. 이제 보어가 옳고, 아인슈타인은 틀렸다고 할 수 있으니 놀랍지요.

하지만 이제 우리가 페미니스트로서 정말로 주의를 기울여야 할 지점에 와 있습니다. 왜냐하면 이제 정말 놀라운 어떤 것이 드러났기 때문이지요. 그것은 내가 실제로 원자들이 통과하는 슬릿을 측정하는 데 어떤 방해도 만들지 않았기 때문에, 당신은 분명 원자가 통과하고 이쪽이나 저쪽의 슬릿에 분명한 흔적(포톤)을 남긴 후 내가 그 정보를 삭제한다면 무슨 일이 일어날지, 내가 회절 패턴을 다시 얻을지 질문할 수 있습니다. 만약 어떤 방해요소가 있다면 완전히 '방해를 없애기'는 매우 어렵습니다. 하지만 여기엔 아무런 방해도 없다는 것, 기억하시지요? 그러니 만약 내가 선택-슬릿에 관한 정보를 지운다면, 내가 회절 패턴을 얻을지 질문할 수 있습니다. 여기서 지우는 부분은 내가 선택-슬릿 정보를 지우려 한 그 부분이지요. 내가 한 방법은 다음과 같습니다. 나는 다른 두 구멍을 만들고 그들 두 마이크로메이저 사이의 벽, 바로 그곳에 사진 집열판을 놓지요. 루비듐 원자가 거기 남겨져서, 그 사이를 통과한 후 스크린에 닿는다는 것을 기억하십시오. 그러나 원자들은 포톤을 남깁니다. 양광자를 1번 구멍 혹은 2번 구멍에 남기지요. 만약 내가 그 사이에 포톤 집열판을 놓고, 거기 포톤이 스며든다면, 나는 포톤의 출처에 관한 정보를 지운 셈이지요. 따라서 그런 식으로 나는 정보를 삭제하게 됩니다. 그리고 내가 할 일은 차단막을 설치하는 겁니다. (이 차단막은 창의 블라인드처럼 당신은 그것을 닫아서 그 창문이 완전히 빛을 차단하도록 하거나 그것을 열어서 빛이 들어오게 할 수도 있지요.) 그래서 만약 우리가 차단막을 거기 설치하고, 그 차단막이 닫히면 내가 선택슬릿 정보를 아는, 이전의 나의 상황에 있게 되는 것이지요. 하지만 내가 그 차단막을 열게 되면 나는 그 가능성을 지우는 것이 됩니다.

그리고 여기서 실제 일어나는 일은 이렇습니다. 즉 내가 만약 이러한 실험을 지금 하고 차단막을 연다면, 정말로 회절 패턴을 얻는 것을 증명할 수 있습니다! 이건 더 이상한 일이지요. 그래서 이 루비듐 원자들, 이중슬릿 검사기를 향해 가는 원자들이 있어요. 그것들은 확연한 포톤을 둘 중 한 군데에 남기게 됩니다. 또한 두 개의 슬릿을 통과해 가면서 나는 그것들이 완전히 스크린을 치도록 놔둘 겁니다. 이제 그다음 나는 차단막을 열지 그러지 않을지 결정하고, 어느 슬릿을 통과하는지에 대한 정보를 지울 겁니다. 그것을 '지연된 선택' 모드라고 부릅니다. 그리고 만약 내가 슬릿선택 정보가 지워진 것들을 추적한다면, 나는 회절 패턴을 얻게 되는 겁니다. 다른 말로 해서 루비듐 원자가 이미 스크린을 친 후에, 나는 그것이 입자같이 움직이는지, 파동같이 움직이는지에 대해 결정할 수 있습니다. 또 달리 말하면, 그것이 입자처럼, 한 번에 한 슬릿씩 통과해 갔는지, 또는 파동처럼 두 슬릿을 동시에 통과해 갔는지를 결정할 수 있다는 것이지요. 달리 말해 그것이 이미 스크린을 쳤고 장치를 통과해 갔다면, 나는 그것의 존재방식을 사후에 결정할 수 있습니다.

따라서 여기서 중요한 점은 물리학자들이 이것을 어떻게 해석할 것인가이지요. 물리학자들의 해석 방식은 우리가 과거를 바꾸는 능력을 갖고 있다고 말하는 것입니다. 왜냐하면 나는 원자가 이미 슬릿을 통과한 이후에 원자의 슬릿 통과 방식을 변경하기 때문이지요. 그래서 이미 존재했던 것을 삭제하는 것, 회절 패턴을 복원하는 것, 근본적으로 시계를 되돌리는 것에 대한 논의가 있게 됩니다. 또는 입자가 이미 지나가버린 후, 그 입자가 통과한 방식을 바꾸는 것, 즉 과거를 바꾸는 능력에 대한 논의가 생기지요. 이제 다음과 같은 제안을 하고자 합니다. 이것은 매우 안락한 향수 어린 환상입니다. 물리학자들이 이 환상에 참여한다고 해서 비난할 수는 없어요. 나는 이것이 매우 매혹적인 환상이라고 생각하지요. 아마도 한두 번쯤 우리 모두는 과거를, 신체에 남겨진 과거의 흔적을 바꾸고 우리가 특히 부주의했을 때 세계를 만든 방식을 바꾸기를, 이미 행해진 것을 없애고 싶을지 모릅니다. 그리고 과거로 되돌아가 그것을 다른 식으로 행하고 싶을 것입니다. 하지만 이 실험이 우리에게 가능한 것에 대해 말하는 바가 실제로 이러한 것일까요?

만약 우리가 이 실험을 좀더 주의깊게 살펴본다면—내 책 7장에 전부 설명되어 있지요—원래의 회절 패턴은 절대 복원되는 것이 아니고 여기서 진행되는 삭제도 전혀 완전하지 않다는 것을 알 수 있습니다. 이 실험은 이미 완료된 과거에 대한 개입이 아닙니다. 그러니까 우리는 시간이 주어진 외재성, 즉 앞으로 전진하는 매개변수라고 여기면서 과거는 이미 발생했고, 현재는 과거로 미끄러져 들어가는 '지금' 이 순간이며, 미래는 아직 오지 않은 것이라고 가정합니다. 그러나 만일 우리가 이것을 신중하게 검토해보면, 그리고 이를 페미니즘 이론, 후기구조주의 이론 그리고 문화연구가 우리에게 말해온 것 등에서 얻은 통찰을 활용해서 여기 물리학 안으로 들여와보면, 우리가 볼 수 있는 것은 실제 진행되는 것이 시간성의 구성(the making of temporality)이라는 것이지요. 여기에서 제기되는 것은 시간성에 대한 질문들입니다. 우리가 이로써 이해하는 것은 시간은 주어지는 것이 아니라는 것, 즉 그것은 보편적으로 주어진 것이 아니라는 것입니다. 그보다 시간은 다양한 물질적 실행들을 통해 표현되고 재-확인됩니다. 다른 말로 해서, 상태, 운동량, 파동과 입자와 같이 시간은 그 자체로 특정한 현상의 맥락에서 이해될 수 있을 뿐이지요. 그래서 물리학자들이 실제로 시간을 만드는 과정에서 시간이 만들어지며, 거기에는 우리가 '과거'라고 취하는 것, 그리고 '현재'와 '미래'로 취하는 것이 서로 간에 뒤얽히는 어떤 방식이 존재한다는 것입니다. 앞의 실험으로부터 우리가 배우는 것은 존재하는 것은 간-행적 얽힘이라는 것입니다. 우리가 회절 패턴을 다시 취하는 것은 어쨌든 오직 이런 이유입니다.

그리고 중요한 것은, 원래의 회절 패턴은 되돌아오지 않고, 새로운 것이 창조된다는 점입니다. 이때 회절(즉 얽힘 효과)은 추적하기 어렵지요. 따라서 그 쟁점은 삭제와 회귀 중 하나가 아닙니다. 중요한 것은 얽힘, 즉 간-행성입니다. '과거'는 결코 단순히 시작하기 위해 존재하지 않고, '미래'는 펼쳐질 어떤 것도 아니지요. '과거'와 '미래'는 세계의 지속적인 간-행을 통해 반복적으로 변경되고 접혀지는 것입니다. 과거, 현재 그리고 미래 사이에는 그 어떤 본질적으로 결정적인 관계는 없습니다. 인과성을 당구공 인과성―결과가 따라오는 원인―과 같은 것으로 생각하지 않고, 간-행성으로 재고할 때, 삭제라는 상상은 가능하지 않지만 보상을 위한 가능성이 존재합니다. 시간의 특정 불연속적 순간들을 무효로 만든다는 의미로 '과거를 변경하는 것'은 환상입니다. 과거는 미래와 마찬가지로 닫혀 있지 않지요. 하지만 '삭제'(망각, erasure)는 중요하지 않아요. 중요한 의미에서, '과거'는 변화에 열려 있지요. 그것은 만회될 수 있으며, 시공간 물질의 반복적인 펼침 안에서 생산적으로 변경됩니다. 하지만 그것의 잔여효과(sedimenting effect), 그것의 흔적은 지워질 수 없지요. 그 물질화하는 효과의 기억은 세계 안으로 기록됩니다. 그래서 과거를 바꾸는 것은 결코 대가 또는 책임을 피할 수 없습니다. 최근에 나의 박사과정 학생인 아스트리드 쉬라더(Astrid Schrader)(이 학생의 연구는 정말 놀랍고 주목할 만하지요.)는 〈과학 사회학 연구〉지에 「와편모조류Pfiesteria piscicida에 응답하며: 독성 미시생물학 내의 가상 존재학, 불확정성 그리고 책임」(2010)이라는 제목의 놀라운 논문을 발표했어요. 이것은 큰 환경적 정책이 달려 있는 작은 해양 생물체에 대한 이전에는 양립할 수 없었던 실험들을 보여주는데, 이것은 상이한 실험실 수행들을 통해 어떻게 시간이 다른 식으로 만들어지거나 동시성을 갖는지를 추적하는 것이지요. 그녀는 기억은 과거의 것이 아니라, 환기되는 순간마다 과거를 재창조하는 것이라고 논증합니다.

내가 분명히 밝히고자 하는 것은―믿든 말든 이 모든 것이 당신의 질문에 대한 답변입니다―내가 양자역학에 관여함으로써 배운 것의 한 사례입니다. 양자역학을 통해 나는 페미니즘 주제와 실천에 관한 이해를 확대할 수 있습니다. 연구에 대한 나의 열정은 전적으로 정의와 윤리의 문제에 기반합니다. 그리고 나는 언제나 이 기반에 발을 디디고 있으리라 낙관합니다. 이것이 바로 나를 이끌어가는 원동력이지요. 데리다적인 '도래할 정의'(justice-to come)라는 개념에 내가 중요한 유물론적 의미를 적용하게끔 물리학이 실제로 도운 방식이 여기 있습니다. 그 정의는 이전부터 그리고 영원히 고정되어 있다는 우리의 지식을 전제하지 않습니다. 그래서 나는 이 짧은 답변을 데리다의 말을 몇 가지 인용하는 것으로 마치고 싶군요.

[우려되는 것은] 변형된—과거 또는 미래—현재의 범위가 아니라, 결코 현재였던 적이 없었던 '과거' 그리고 결코 미래가 되지 않을 과거이다. 그리고 그것의 다가올 미래는 결코 현재의 모양을 한 생산이나 재생산이 아니다(Derrida [1968], 21).

그리고 더 나아가,

어떤 정의도 […] 책임성의 원칙 없이는 사유나 존재 가능한 것으로 보이지 않는다. 그것은 모든 살아 있는 현재를 넘어서, 살아 있는 현재와 분열하는 것 안에서, 아직 태어나지 않거나 이미 죽은 자들의 유령 앞에서 가능하지 않다. […] 이런 살아 있는 현재 그 자체와의 비-당대성(non-contemporaneity with itself of the living present) 없이, 이런 책임성 그리고 거기 없는 자를 염려하는 정의에 관한 존중 없이, 더이상 존재하지 않는 자들, 아직 존재하지 않거나 살아 있지 않은 자들 없이, '어디서?', '내일 어디서?', '어디를 향해?'라는 질문을 제기한다는 것이 무슨 의미가 있는

가?(Derrida [1993] 2006, xviii)

이것이 내가 물리학과의 회절적 관계를 통해 배운 하나의 예입니다. 다른 방식이 아닌 특정 방식으로 세계에 침전하는 것에 대한 우리의 행위적 간여에 책임성이 수반된다는 것입니다. 각각의 간-행이 시공간물질화(spacetimemattering)의 중요한 형상화를 실질적으로 재행위(re-doing)하는 방식에 주의를 기울이는 것이지요. 과거와 현재와 미래는 언제나 재구성되고 있는 것입니다. 그리고 현상은 회절되며 시간적으로 공간적으로 다양한 시간과 공간에 분배된다고 말할 수 있고, 사회적 정의의 물음에 대한 우리의 책임성[응답가능성]은 상이한 종류의 인과성이라는 측면에서 사유되어야만 하는 것입니다. 나에게는 페미니즘을 물리학 쪽으로 가져가는 것은 물론 물리학을 페미니즘에 적용하는 것이 매우 중요해 보입니다. (내 대답을 물리학으로부터 배운 어떤 것을 페미니즘에 적용하는 것으로 이해하는 것은 내가 말하고자 한 근본적 내용을 오해한 것입니다.)

Q5_ 인문학 분야의 많은 학자들은 포스트휴머니즘 이론을 특하나 상당히 어렵게 여깁니다. 왜냐하면 그 이론은 윤리학을 결여하는 것처럼 보이기 때문인데 당신은 윤리학에 대해 이미 말했지요. 특히 당신이 물리학을 가져올 때, 이러한 비판은 더할 나위 없이 강화될 것입니다. 하지만 당신의 연구작업의 방식에 함축된 윤리학이 아주 중요하다는 인상을 받습니다. 당신이 이미 말했듯이 말이지요. 명백하게도 우리가 페미니즘 논쟁의 일부가 되길 원할 때, 하나의 윤리-존재-인식론

(ethico-onto-epistemology)으로서 존재-인식론(onto-epistemology)을 분명히 표현하지 않는 것은 불가능해 보입니다. 당신이 쓴 「포스트휴머 니즘 수행성: 물질은 어떻게 물질이 되는가에 대한 이해를 향해」(Barad, 2003)를 보면, 당신의 담론-물질적인 것에 대한 강조는 '매개' 관념에 대한 비판으로 보입니다. 이 관념은 의미가 비물질이고, 관념적으로는 물질에 영향을 받지 않는 상태로 공간을 여행하며, 사실은 궁극적으로 '동일자'로 혹은 불변으로 남아 있는 사례들이 있다는 주장인 것으로 보입니다. 당신의 텍스트는 이러한 매개 관념이 물질과 의미가 필연적으로 뒤얽혀 있다는 논증과 충돌한다는 것을 보여줍니다.

따라서 우리의 질문은 어휘와 사물들에 있어서 '관계항'(relata)으로 불렸던 것에 관한 형이상학을 거부하는 '관계적 존재론'을 어떻게 이해할 것인가가 될 겁니다.

KB_ 나는 당신이 내가 말해온 것으로 이미 이해할 수 있다고 생각해요. 즉 나는 윤리와 정의에 관한 질문이 언제나 이미 세계의 구조 그 자체를 관통해 짜여 있다고 믿습니다. 그 질문은 특정한 종류의 관심에 의해 지금 다시 우리의 가시 범위 안에 놓이거나 더해진 보충적인 관심이 아닙니다. 존재는 물질화(mattering)로 관통되는 것이지요. 인식론, 존재론, 그리고 윤리학은 분리불가능합니다. 사실의 물질, 관심의 물질, 그리고 사려의 물질들은 서로가 섞여 있습니다. 또는 다른 방식으로 이야기하자면, 물질과 의미는 끊어질 수 없어요. 나의 행위 실재론에 따르면, 물질은 간-행적 생성 속 세계의 역동적 표현/절합이지요. 인간의 신체에 국한되지 않는 모든 신체는 세계의 반복적인 간-행성, 수행성을 통해 물질화됩니다. 경계들, 속성들, 그리고 의미는 물질화의 간-행을 통해 미분적으로(differentially) 가동됩니다. 미분화는 근본적인 외재성(우리는 이를 내가 방금 언급했던 실험을 통해 봤습니다)에 대한 것이 아니라, 내가 행위적 분리가능성(agential separability)이라고 부르는 것이지요. 즉, 미분화하기는 타자화, 분리에 대한 것이 아니라, 반대로 연결과 수행들을 형성하는 것에 대한 것입니다. 따라서 물질성 자체의 본성은 얽힘입니다. 그러므로 행위적 절단(agential cut)의 다른 면에 있는 것은 우리와 결코 분리되지 않지요. 행위적 분리가능성은 개체화가 아닙니다. 윤리학은 그러므로 타자를 근본적으로 외재화하는 것에 대한 바른 응답이 아니라 우리가 그 한 부분인 생생한 관계성들을 위한 책임과 의무에 대한 응답이지요. 윤리학은 물질화에 관한 것, 우리가 부분을 이루는 뒤얽힌 물질화들에 대한 고려를 향합니다. 그것은 새로운 형태, 새로운 주체성, 새로운 가능성들이 포함됩니다. 심지어 가장 작은 절단물이라 할지라도 그러하지요. 책임성은 따라서 응답할 능력의 문제이지요. 타자의 응답에 귀기울이는 것, 그리고 타자에게 응답하는 의무를 다하는 자는 우리가 자기성이라고 부르는 것으로부터 전반적으로 분리되지 않습니다. 존재론, 인식론 그리고 윤리학을 함께 사유하는 이러한 방식은 언제나 이미 하나의 윤리적 문제인 세계를 향합니다.

Q6_ 마지막으로, 만약 당신이 바디우(2007)와 메이야수(2006; 2008)와 같이 수학의 영역을 재-절대화하면서 물리학을 통해 유물론적 윤리학을 제안한다면, 당신은 포스트칸트주의적인 학계를 정말 뒤흔들어

놓을 것입니다. 이것은 당신이 여러 학제들을 어떻게 평가하느냐에 따른 결과들을 초래하지요. 학제적인 특성들, 다학제성, 상호학제성, 또는 포스트학제성의 덫에 빠지지 않고, 당신은 당신의 학술 연구를 위한 선언을 어떻게 정당화할 수 있을까요?

KB_ 글쎄요, 선언은 내 친구이자 동료인 도나 해러웨이가 수행한 작업이지요. 내가 그 용어를 내세울 수는 없어요(웃음). 물론 그녀는 그것을 반어적 의미로 썼습니다. 행위 실재론은 어떤 선언은 아닙니다. 그것은 모든 것이 선언이라거나, 선언을 하게 되거나, 할 수 있다는 것을 당연시하지는 않습니다. 반대로 그것은 어떤 요청, 기원, 도발, 외침, 세계를 관통하는 윤리성의 구성에 대한 관심, 그것에 대해 감사를 표하기 위한 어떤 열정적인 갈망이지요. 윤리학과 정의는 내 관심사의 핵심이며, 더 나아가 '나의' 존재 그 자체, 모든 존재를 관통합니다. 다시 말해, 나에게 윤리학은 물질에 대한 질문에 부가되는 염려가 아니라, 물질이 의미하는 바로 그 자연[본성]이라고 하겠습니다.

4장_ 퀑탱 메이야수와의 인터뷰

"우리와는 별도로 어떤 우발적 존재가 있다. 그리고 이 우발적 존재는 주체적 성질을 띨 어떤 이유도 가지고 있지 않다."

Q1_ 당신의 첫 책인 『유한성 이후』([2006] 2008)에 대해 많은 평자들이 근대적 사유의 역사에 대한 가장 날카로운 공격 중의 하나라고 논합니다. 근대적 인간주의와 내재적 형이상학, 그리고 반유물론에 이르기까지 공격대상이 되지요.[11] 당신은 철학사를 재기술하거나 상관주의(correlationism)를 재기술하면서 당신이 사변적 유물론(speculative materialism)이라고 지칭한 것을 엄격하게 전개합니다. 이 용어는 당신의 책 전체에 걸쳐서 개념화되고 확실히 많은 학자들에게 자극을 주었지요. 가끔은 사변적 실재론자들에 의해 참조되기도 했습니다(Bryant et al, eds. 2011 참조). 이들은 모두 칸트로부터 멀리 떨어질 수 있는 어떤 새로운 전망과 새로운 과학철학을 전개하고자 했지요. 상관주의에 대해서 당신은 다음과 같이 언급했습니다. "우리가 그것에 따라서만 사유와 존재 간의 상호관계에 대해 접근할 수 있었던 관념, 그리고 사유와 존재 두 용어가 서로로부터 떨어져서는 결코 고려될 수 없게 만드는 관

념"(Meillasoux [2006] 2008, 5). 하지만 상관주의는 이 용어를 사용하는 다른 사람들에 의해 강력하게 비판됩니다. 하지만 당신에게 상관주의적 관점은 매우 존중받을 만하지요. 당신은 그것을 단지 비판하기만 하는 것이 아니라, 하만(Harman, 2011a 25)이 그랬던 것처럼 "한계로부터 급진화하기: 하나의 '내부 작업'"으로 개혁합니다.

이 책에서 우리는 신유물론으로 지칭하는 것을 개괄하고 있습니다. 우리는 특정한 학자들을 포함하거나 배제할 아무런 필요성을 느끼지 못했는데, 그렇다면 우리는 마찬가지로 그 안에 당신을 넣거나 뺄 이유도 없습니다. 우리가 주목하는 것은 우리가 당신과 유사한 지적 궤도를 그린다는 것입니다. 비록 궤도들이 매우 상이한 방식으로 전개되더라도 말입니다. '상관주의'(correlationism)라는 매우 복잡한 개념에 주의를 기울이면서 당신이 취한 지적인 경로의 간단한 개요를 우리에게 보여줄 수 있는지요?

퀑탱 메이야수: 책에서 나는 두 가지 입장에 정면으로 반대합니다. a) '강한 상관주의'. 이것은 내 생각에 **반**-절대주의, 따라서 현대의 **반**-형이상학의 가장 엄격한 형태지요. 그리고 b) 내가 '주체적'이라고 부르는 어떤 형이상학이 있는데, 이것은 **반대로** 최근에 가장 광범위하게 유포된 절대주의 철학이며, 주체성의 이런저런 형태들을 본질적인 필연성으로, 즉 주체성을 어떤 상관관계의 부분으로 내세웁니다.

이제 이 구분을 구체적으로 명시해봅시다. 『유한성 이후』의 1장에서, 나는 상관주의를 일반적으로 반-절대주의 명제로 정의합니다. 어떤 이는 [물질] 그 자체의 어떤 양태에 접근할 수 있다고 논하기 위해 상관적

'주체-객체'(넓게 정의하여)라는 말을 모든 형이상학에 대한 반박거부의 수단으로 사용합니다. 이와 달리 상관주의에서는 우리가 [물질] 그 자체에 접근할 수 없습니다. 왜냐하면 우리는 세계에-대한-관계에 돌이킬 수 없이 얽매여 있기 때문이지요. 여기에는 [물질] 그 자체에 대한 우리의 주체적 관계를 벗어나서는, 우리에게 주어진 실재성이 그 자체에 포함된 실재성에 상응하는지 확인할 어떤 수단도 존재하지 않기 때문이지요. 나는 두 가지 상관주의의 주요 형태가 있다고 봅니다. 약한(weak) 것과 강한(strong) 것이지요(이 차이에 대한 발표가 실린 2장, 42쪽**12**과 그것을 설명하는 48쪽 이하**13**를 보십시오). 약한 상관주의는 칸트의 초월론 철학을 지지합니다. 즉 그것은 여전히 사유의 사변적 주장(예컨대 사변적인 것)을 너무 많이 인정한다는 점에서 '약'합니다. 사실상 칸트는 우리가 [사물이] 그 자체로 존재한다고 알고, 그것은 사유가능하다고(비-모순적이라고) 주장합니다. 반면 '강한' 상관주의는 '그 자체'가 존재하는 것을 우리가 알 수 있다는 것과 '그 자체'가 사유될 수 있다는 것조차 인정하지 않지요. 이러한 이유로 우리는 우리 사유에 근본적인 제한을 가하게 됩니다. 거기에는 그 자체의 것을 알 가능성이 없으며, 심지어 그것의 생성과 논리성조차 없지요.

이제 상관주의의 가장 엄격한 최근의 적수를 정의해보도록 하지요. 그것은 주체주의 형이상학자(subjectivist metaphysician)입니다. 강한 상관주의자(이제 단순히 '상관주의자'라고 부릅시다)와는 달리 이들은 우리가 실제로 절대성, 상관성의 절대성에 접근할 수 있다고 믿습니다. 우리가 관계성에 제한되어 있기 때문에 그 자체의 것에 접근할 수 없다고 상관주의자들처럼 말하는 대신, 주체주의 형이상학자는(이제부터 이들을 따로

'주체주의자'라고 부릅시다) 그 자체의 것은 상관성 자체라고 선언합니다.

따라서 '주체주의자'의 논제는, 그것의 다양한 사례들에 따르면, 주체성의 여러 특성들을 절대화하는 것입니다. 우리는 이러한 것을 이성을 절대화하는 헤겔의 사변적 관념론에서부터 의지, 지각, 감응 등을 절대화하는 (강력한 니체/들뢰즈의 축을 따라) 여러 생기론의 변이들에 이르기까지 여러 곳에서 볼 수 있습니다. 내게 들뢰즈는 형이상학적인 주체주의자로서, 그는 삶/생명(또는 '하나의 삶/생명')으로 실체화된 한 무리의 주체성의 특징들을 절대화하고, 그것들이 세계에 대한 인간적이고 개체적인 관계로부터 근본적으로 독립적이라고 주장했습니다.

이 강한 상관주의와 주체주의 형이상학의 구분은 내 책의 핵심을 이룹니다. 사실상 3장은 내 기획의 기초를 놓고 있지요. 3장은 전반적으로 상관주의와 주체주의 간의 충돌에 기초하며, 그러한 충돌이야말로 내게 현사실성(facticity)[14]의 절대적인 필연성을 수립하도록 했습니다. 당신은 일련의 내 모든 입장들을 이러한 관점으로 읽어야 합니다.

Q2_ 들뢰즈는 우리가 '신유물론'이라고 부르는 것에 중요한 기여를 한 사람입니다. 당신의 들뢰즈에 대한 관점에 따르면, 그는 유물론자가 아니군요. 왜냐하면 그의 형이상학에서 분할되지 않는 것의 절대적 선차성("그것이 세계와 관계된 어떤 형상이 아니라면, 아무것도 존재할 수 없다.")은 에피쿠로스적 원자, 즉 "지성도, 의지도, 생명도 가지지 않은"(Meillasoux [2006] 2008,37) 원자가 가능하다는 것을 감안하지 않기 때문이지요. 그럼에도 불구하고 들뢰즈(과타리와 함께하는 또는 함께하지 않는)가 당신의 사유에서 중요하고, 여전히 보다 많은 사유를 요구한다는 것이 부가되

어야 할 것으로 보입니다(Meillasoux, 2010). 당신은 과학과 수학이 철학에 질문을(원형에 관련된 질문들) 제기해왔다고 강조합니다. 그것은 분할되지 않는 것의 선차성으로부터 자유로운 어떤 사변적 유물론을 요구하지요. 하지만 어떻게 당신은 동시에 다음과 같은 초월론적 진술들과 단절한다고 주장할 수 있는지요? 즉, 비주체적(asubjective)으로 존재할 수 없는 것은 무엇인가? 그리고 과학과 수학에 관한 칸트의 논의에 비슷한 접근을 결합시킨다는 것은 무엇인가?

QM_ 다시 정확하게 해봅시다. "비주체적으로 존재할 수 없는"이라는 것은 오직 반형이상학적 상관주의와 주체주의 형이상학 둘 모두의 '공통점'이에요. 하지만 우리는 어떤 식으로 어느 범위까지인지 이해해야 합니다. 상관주의자에게, 그것은 내가 나의 주체적 관점의 법칙을 써서 대상을 결코 생각할 수 없다는 것을 의미합니다. 그러므로 상관주의자에게 그러한 진술은 다음과 같은 것을 의미합니다. 즉 비-주체적인 것은 우리에게 사유가능하지 않다. ("그것은 존재할 수 없다"라는 것은 "그것은 사유가능할 수 없다"를 의미합니다.) 주체주의자에게 그 진술은 반대로 비-주체적인 것은 절대적으로 불가능하다는 것을 의미합니다. "그것은 존재할 수 없다" = "그것은 그 자체로 존재할 수 없다"라는 것이지요. 삶 또는 영혼/정신의 형이상학, 초월론적 철학 또는 강한 상관주의, 다시 말해 에피쿠로스적 유물론 형태에 해당되는, 몇몇 비-주체적인 것(원자나 허공)이 존재하며 우리는 그것을 알 수 있다는 '순진한 실재론'을 비난하는 것으로 정리되지요. 나는 정말 이러한 반-실재론적 합의와 단절합니다. 특히 아직은 에피쿠로스주의로 되돌아가지는 않은 초월론의 모든 형태와 단절하는 것이지요. 왜냐하면 그 영역 안에서 형이상학(주체적인 것이 아니라 실재적인 것)으로 남은 초월주의는 원자와 허공이 실제 필요하다는 의견을 지지하기 때문입니다.

하지만 확실하게도 이러한 단절이 내가 사유가능성의 과학적 조건들에 관한 어떤 설명을 계속 요구하지 못하게 방해하는 것은 아닙니다. 그와 같은 요구는 사실상 그 자체로 초월적인 것이 아니지요. 그것은 과학이라는 용어를 사용할 때 무엇에 대해 말하는지 찾는 어떤 철학에도 어울립니다. 내가 말하고자 하는 바는 우리가 여전히 이 단어의 의미를 이해하지 못한다는 겁니다. 왜냐하면 우리는 원-화석15의 아포리아를 해결하지 못했기 때문입니다. 수학화된 자연과학이 오직 그 진술들의 절대적 범위를 부여한다는 조건 아래에서 사유가능한 것이지요. 이때 절대적 범위란 당대의 모든 반형이상학적 철학이 극복하려는 것이기도 합니다. 주체주의 형이상학은 그들이 사유의 절대적 범위를 유지하고 있다는 것, 이에 따라 그들이 원-화석의 문제에 빠지지 않는다는 것을 온당하게 주장할 수 있지요. 그러나 나는 이러한 형이상학들이 강한 상관주의에 의해 사실상 부인된다고 봅니다. 그리고 결국 그들도 마찬가지로 궁극적으로는 이러한 아포리아를 해결하지 못하리라 보지요.

Q3_ 아마도 우리가 왜 사유의 역사를 다시 써야 하는지 이야기해야 할 것으로 보입니다. 오늘날 유물론적 또는 실재론적 철학을 전개하는 것에 관심을 가지는 많은 저자들은 인간중심주의를 거부하는 것에 열중합니다. 그들은 (암시된) 재현주의나 언어적 이론화 때문에, 사본이나 언어에 이러한 것을 강조함으로써 어떤 치명적인 환원주의가 사유 안

으로 진입했다고 주장합니다(철학과 인문학에서 더 일반적이지만, 과학에선 그편이 낫습니다). 반면, 당신은 절대자에 다시 도달하기 위해서 상관주의적 사고를 개방할 작정입니다. 근대의 도래 이후 절대자가 사고로부터 점점 더 배제되었다는 점에 많은 이들이 당신에게 동의할 것입니다(당신의 용어를 쓰자면, 칸트가 영감을 준 상관주의의 부상 이래로 말입니다). 사실상 니체가 19세기 말에 『차라투스트라는 이렇게 말했다』에서 주장한 유명한 말에 따르면 비판적 사유가 신을 죽였습니다. 하지만 당신은 정확히 반대주장을 합니다. 상관주의 때문에, 절대자는 사유불가능한 것이 되었다는 것이지요. 데카르트와 흄을 통해 칸트를 비판하는 것은 특히 그것이 인과성에 적용될 때, 당신이 본사실성의 원리(the Principle of Facticity16)17라고 지칭한 것을 밝히면서 상관주의를 극단으로 밀어붙이려고 하지요. 즉 그것은 자연(우발성으로서의 자연)에 관한 급진적으로 상이한 개념화와 사유와의 관계입니다. (약한) 상관주의를 급진화하는 것은 우리에게, 당신이 말했듯이, "모든 세계는 이성 없이 존재하며, 따라서 이성 없이도 다른 어떤 것으로 생성될 수 있다"라는 것을 보여줍니다.(Meillassoux [2006] 2008, 53)

QM_ 몇 마디로 이 부분을 다시 설명해야겠군요. 주체주의자는, 상관주의자가 어쩔 수 없이 진정한 절대성을 발견했다고 주장하지요. 상관주의 바깥의 어떤 실재성이 아니라, 상관성 그 자체가 그렇다는 것입니다. 사실상 상관주의자는 우리가 우리 자신과 즉각적으로 모순되지 않고는 상관성으로부터 독립적인 실재성을 생각한다고 주장할 수 없다는 점을 증명했습니다. 그 자체를 사유하는 것은 그것을 사유하는 것이고 따라서 그 실재성을 우리 사유의 주체적 행위의 상관자로 만드는 것입니다. 우리에게서 절대적으로 독립적인 어떤 것으로 만드는 것이 아니지요. 하지만 주체주의자에 따르면, 이것은 이 절대적인 것이 그 자체로 상관적인 것에 지나지 않는다는 것을 증명합니다. 왜냐하면 상관주의자 자신의 고백으로 인해, 나는 상관적인 것의 사라짐이나 다른 것으로 존재하는 것을 상상할 수 없기 때문이지요. 상관적인 것은 그 자체의 구조 안에서 즉시 재수행합니다. 즉 이것은 실재상으로 내가 상관성을 필수적인 것으로 사유하지 않을 수 없다는 것을 의미합니다. 이러한 결론은 상관주의자의 반절대주의 테제와 모순되지요. 하지만 주체주의자는 그럼에도 불구하고 상관주의자의 논증으로부터 그것을 추론해냅니다. 따라서 상관주의를 그 자체에 맞서게 만들면서요. 상관성, 실재론적 형이상학의 **탈-절대화**의 기제는 반-실재론적 절대성으로 되돌아갑니다. 그러나 강한 상관주의자는 아직 결정적인 언급을 하지 않았어요. 내 책의 3장에서 나는 그 가장 최근의 형태(하이데거 또는 비트겐슈타인)를 보여주고 있는데요, 그들은 상관성의 '**절대화**'에 환원불가능한 현사실성을 대립시킴으로써 주체적 반응을 겨우 반박해냅니다. 내가 이 대답을 어떻게 기술했는지 당신이 다시 읽어보기를 권합니다. 내가 기술한 결론은 강한 상관주의는 주체주의자가 믿는 대로 그 상관성의 절대화에 의해 반박될 수 없으며, 오히려 현사실성(facticity)의 절대화에 의해서만 반박된다는 것입니다(그 안에 본사실성의 원리the principle of factuality가 가지는 의미가 속하지요).

Q4_ 당신은 여러 번 사변적 유물론이 통시적 접근을 추구한다고 언

급하지만, 당신이 개념들을 사용하는 방식은 우리에게 이미 오래전에 사라진 시간(그리고 공간)(이를테면 원-화석)을 가리킵니다. 마찬가지로 당신은 "시간성에는 더 깊은 층위가 있다. 그러므로 세계-와의-관계 이전에 왔던 것은 그 자체로 그 세계-와의-관계의 양상 외에 다른 것이 아니다"(ibid., 123)라고 말하지요. 여기서 마지막 장에 여러 번 재등장하는 깊이는 사유 '이전'에 추구되어야 하지요. 이것은 다시금 하이데거의 접근법을 떠올리게 하는데요, 그것은 우리를 사물 자체로 '돌아가도록' 합니다. 그런데 우리가 이전에 보았던 바에 따르면 당신은 사실상 하이데거에 대해 매우 비판적입니다(위에서 당신이 언급한 것 말고도, 이를테면 같은 책 41-2쪽에서 당신은 하이데거를 비트겐슈타인과 더불어 20세기를 풍미했던 강한 상관주의자로서 규정하며 고발하지요). 비록 당신이 중심적으로 그의 후기 저작들을 인용하긴 하지만, 하이데거에 관한 당신의 비판은 우선적으로 초기 저작에서 더 중요하게 다뤄지는 존재의 문제에 초점을 두는 것 같습니다. 그의 「기술에 관한 질문」(Die Frage nach Technik, 1954)과 「예술작품의 근원」(Der Ursprung des Kunstwerkes, 1960)에서 우리는 어떤 유물론을 쉽게 읽을 수 있는데, 그것은 당신의 주장과 가까운 것 같습니다. 특히 그가 이성주의(합리성)에 대해 의문을 제기하고 보다 완성되고 심오한 사물(그리고 시간)의 의미를 탐구할 때에 그렇지요. 이러한 것들은 합리성이 존재하기 이전에만 발견될 수 있겠지요.

하이데거의 사유에서 관념론적 차원과 때론 인간주의적 차원을 떼어놓고 가정할 때, 사물 자체로의 회귀의 현상학적 개념, 그리고 리오타르가 말한(1988; 1991) 고대 그리스적 사유(당신의 마지막 장 '톨레미의 복수'도 생각해보십시오), 그것의 재기술에서의 중요성이 역시 당신의 관심사라고 말할 수 있을까요? 또는 당신은 적어도 리오타르의 아이디어, 다시 말해 어떤 전-인간(pre-human)에 대해 재기술하기보다 어떤 전-근대 또는 고대 철학을 재기술해야 한다는 생각을 공유하고 있는 것인지요?

QM_ 하이데거와 관련해서, 나는 그가 초기든 이후든 사실상 상관주의를 벗어나지 않았다는 것을 보여주도록 신중하게 접근합니다. 그것이 내가 그의 『동일성과 차이』(1장, 41-2쪽)를 인용하는 이유입니다. 거기서 하이데거는—하이데거의 연구 작업에서 "전회" '이후'로부터 중심 개념인—존재사건(Ereignis)을 어떤 명징한 상관주의적 구조로 가져가지요. '사물/사태 그 자체로 회귀'는 초기 하이데거의 작업 이전에 후설 현상학의 슬로건이었는데, 그것은 나의 철학에 대한 생각과는 결코 조응하지 않습니다. 왜냐하면 그것은 이러한 슬로건의 부름에 따라 의식성, 현존재, 현상, 존재자 또는 존재의 상관적인 사물로 돌아가기 때문이지요. 만약 주어진 것이 사물/사태 그 자체라면, 그 사물/사태는 본질적으로 무언가에 주어진 어떤 것이 되지만, 내게는 그렇지 않습니다. 그러므로 "사물/사태 그 자체"로 돌아갈 것이 없지요. 그보다는 우리에게 주어진 것과 무관한 것으로 보이는 그것 자체로 돌아간다고 해야 합니다. 왜냐하면 우리의 열리고-있는-세계(opening-the-world)와 그것은 무관한 것이기 때문입니다.

나는 그리스적인 것의 재기술이나 그것으로 돌아가고자 하는 시도들에 참여하지 않습니다. 그러한 기획은 나의 접근 방식에 아무런 확실한 의미도 주지 않지요.

Q5_ 미셸 푸코는 『사물의 질서』([1966] 1970)에서 처음으로 인간의 종말 또는 두번째 코페르니쿠스적 전환을 선언했지요. 그의 새로운 역사 기술 방법은 인간 정신을 배제하는 것은 아니지만, 확실히 적어도 그것으로부터 출발하지는 않는다고 주장합니다. 이를테면 그의 담론에 관한 생각은 언어로부터 출발하지 않고, 범죄와 같은 표현 형식을 동반하는 물질적 형식(예컨대 감옥-형식)에서 출발하지요(이것은 기표가 아니라, 감옥의 물질적 형식을 상호적으로 추정하는 한 진술의 부분입니다). 조금 더 나아간다면, 인간 정신이 그 안에서 어떤 미미한 역할조차 하지 않는 그러한 논증을 달리 말하는 것은 별로 힘들지 않습니다. 이를테면 조약돌이 흐르는 물에 의해 선별되고(표현되는 것), 균일한 층으로 분류되어 퇴적암(새로운 실체들)의 새로운 실재(entity)를 창조하는 퇴적과정의 진행 방식에 대해 생각해보세요. 마찬가지로 지각운동, 기후조건과 더욱더 (복잡한) 변화 과정으로 인한 비선형적이고 지속적인 과정의 움직임이 푸코가 19세기 범죄 과정에서 관찰한 것을 이해하는 방식과 매우 유사합니다.

그러면 당신의 접근 방식은 푸코의 방식과 어떻게 다른가요? 아니면 위에서 예로 든 조약돌들 외에 인간 정신에 덜 의존적이며 그와 다른 원-화석은 어디에 있는 것인지요?

QM_ 푸코와 관련해서 나는 아래와 같이 간략하게 대답하고자 합니다. 그의 탐구는 지식-권력의 지나간 배치들에 초점을 맞춥니다. 그리고 그것은 결국 그에게는 당대의 배치이지요. 그는 강한 상관주의의 결격사유에 관해 우리에게 아무것도 가르쳐줄 수 없습니다. 왜냐하면 그 결격사유는 그의 탐구가 표명하지 않지만 전제하고 있는 어떤 수준에 위치해 있기 때문이지요. 사실상 나는, 코기토에서 출발한 상관주의가 어떻게 근대적 사유의 모든 것을, 가장 단호한 반-데카르트주의를 포함해서 전부 지배하게 되었는지에 대해 검토합니다. '대감금'(great confinement)은 정신병원 안에 있는 바보들의 상황이 아니라, 상관성(the Correlate) 안에 있는 철학자들의 처지이지요. 이것은 푸코에게도 마찬가지로 적용됩니다. 사실상 푸코는 상관주의를 곤란하게 만들 어떤 것도 말하지 않지요. 그의 모든 언급들은 '우리-시대의-관점에-상관된-담론'(a discourse-correlated-to-the point-of-view-of-our-time)으로, 그리고 그것에 엄격하게 의존하는 것으로 쉽게 고려될 수 있으니까요. 이것은 몇몇 상관주의적 상대주의의 전형적인 테제입니다. 즉 우리는 헤겔의 용어가 아니라 하이데거식 방식으로 우리 시대 안에 갇혀 있지요. 다시 말해 이미 우리를 지배하는 지식-권력의 양상 안에 갇혀 있다는 것입니다. '인간의 소멸'이라는 그의 테제는 '인문과학'의 대상으로 이해되는 인간에 대한 것이지 내가 파악하는 상관주의에 대해서가 아닙니다.

나는 푸코의 테제에 대해 전혀 적대적이지 않습니다. 비록 내 생각에 그가 그 심오한 측면에서 사유되지 않고 남은 역사적 존재론의 범위 안에서 사유하는 것이지만요. 또한 그는 심지어 〈사회를 보호해야 한다〉(Foucault, 2003)라는 제목의 아주 감명 깊은 강의도 했지요.

Q6_ 당신 책의 중심 질문은 다음과 같습니다. '사유는 어떻게 사유될 것이 아무것도 없을 때 거기 존재할 만한 것을 사유할 수 있는

가?'(Meillassoux [2006] 2008, 36) 인문학의 많은 학자들, 심지어 당신의 칸트와 흄에 관한 재독해에 공감하는 학자들이라 할지라도, 이 질문의 절박성을 잘 보지 못하는 것 같습니다. 이를테면 페미니즘은 남성-여성 이분법 너머에 대해 사유하는 것에 관심을 가지고, 오늘날의 페미니스트 이론 또한 결정적으로 분석의 출발점으로 인간(여성) 정신을 취하진 않지요. 하지만 사유 없는 어떤 장소를 사유하는 것의 긴급성은 아마도 당신이 이미 언급했던바, 그중에서도 특히 무의미한 질문으로 취급되지 않을까 싶습니다(ibid., 121). 그들을 어떻게 설득하시겠습니까?

QM_ 사유되는 것이 아무것도 없을 때 거기 무엇이 있는가라는 질문이 많은 사람들―페미니스트들뿐 아니라―에 의해 의미나 흥미가 없는 것으로 취급된다는 것은 정말 있을 법한 일입니다. 기억하시겠지만 제가 명확하게 말하자면, 그 문제는 가장 절박한 문제가 어떻게 가장 어리석은 질문으로 간주되게 되었는지를 이해하는 것이지요. 그 질문은 다른 방식으로 생각하는 누군가를 납득시키는 것에 대한 것이 아닙니다. 왜냐하면 그 질문은 몇몇 문장으로 우리가 다룰 수 없는 우리 시대의 매우 강력한 특성이기 때문이지요.

만약 내가 실재적인 확실성들을 뒤흔들 무언가를 말해야 한다면, 나는 그것을 어떤 도발적인 방식으로 표현할 겁니다. 하지만 기본적으로 다음과 같은 것이 내 생각입니다. 즉 나는 간단히 말해서 이 질문을 취급하기를 거부하는 사람들은 '과학', '수학', '절대적인 것', '형이상학', '비-형이상학' 그리고 다른 비슷한 의미를 지닌 단어들을 발음할 때 그가 말하는 것에 대해 모르고 있다고 주장합니다. 나의 책과 위에서 내가 말한 것은 이런 말에 대해 충분히 설명하고 있습니다.

이것이 어째서 성차(sexual difference)의 문제가 이 질문(interrogation)과 이질적일 수 없는가에 대한 이유이지요. 이를테면 라캉의 전체 저작에는 정신분석의 과학성(scientificity)이나 비-과학성(non-scientificity)에 관한 문제가 관통하고 있습니다. 그리고 우리는 '수학소'(matheme)라는 개념에서 그 결정적인 지점 중 하나를 발견합니다. 그러니까 나는 라캉주의적 담론에 찬성하여 논하는데, 그것은 '남자/여자'(man/woman) 또는 '남성/여성'(male/female) 사이의 차이에 관한 질문과 명백히 관련이 있습니다. 이러한 논증은 과학에서 비-상관성에 관해 필연적으로 전제된 질문으로 그것이 다루어지기 전에는 그 중대한 개념들의 의미를 파악할 수 없습니다. 위에서 언급된 개념들 중 하나를 담론 안에서 구현하는 모든 페미니즘 이론에도 이것이 적용됩니다.

Q7_ 당신은 강한 상관주의를 바꾸는 데 있어서, 칸트와 흄에 일대 혁신을 일으키고, 따라서 급진적인 반-인간중심주의가 코페르니쿠스적 혁명을 어떻게 완수하는지 입증합니다. 당신이 사유를 재절대화하는 도구로 쓰는 이 급진적 반-인간중심주의의 중심에 수학이 있습니다(ibid., 101, 103, 113, 126). "수학화할 수 있는 것은 사유의 상관성으로 환원될 수 없다"(ibid., 117). 이것은 철학적으로 과학을 사유하는 것으로부터 결정적인 격절을 초래하지요. 왜냐하면 이것은 "과학의 비-상관적 지식 양태, 다른 말로 '탁월하게 사변적인 특성'"(ibid., 119; original emphasis)을 교란하는 것이기 때문입니다. 당신이 언급한 바는, "사유란 사건 X가 '현행적으로' 모든 사유 이전에, 그것과 무관하게 '발생했을 수'

있음을 사유할 수 있다"라는 것, 그리고 "상관주의의 다양성이란 (⋯) 진술들의 문자적 의미가 또한 그것의 가장 깊은 의미임을 받아들일 수 없다"라는 것입니다(ibid., 122; original emphasis). 그 논증과 일치하게, 우리가 수학 안에서 찾은 이러한 영원한 진리를 '실재론'(사변적이라 해도)에 연결시키는 것이 타당합니다. 하지만 우리는 어떻게 그것을 하나의 유물론이라고 부를 수 있는지요? 수학의 형태발생적 동력학은 물질에 **상응하는** 것입니까?

QM_ 나는 다음과 같이 증명하고 싶어요.—『유한성 이후』에서는 여전히 미완결된 지점이 이곳임을 지적하고 싶군요—즉 수학화 가능한 것은 절대화할 수 있다는 점입니다. 당신은 이것이 단순히 '실재론적' 테제라기보다 유물론적 테제인지 아닌지 내게 질문한 것이지요. 만약 내가 책의 1장에 나오는 원-화석(arche-fossil) 문제에 관한 논의 전체를 생략한다면, 나의 테제의 타당성을 논증하기란 힘듭니다. 그럼에도 불구하고 나는 다음과 같이 대답하고자 합니다. 나에게 유물론은 두 개의 주요 진술들로 이루어집니다. 1. 존재는 (넓은 의미의 주체성으로 이해된) 사유와 분리되며 독립적이다. 2. 사유는 존재를 사유할 수 있다. 첫번째 테제는 존재로 주체적 속성들을 확장하고자 하는 어떠한 의인화도 거부합니다. 다시 말해 유물론은 어떠한 물활론, 유심론, 생기론 등이 아닙니다. 이것은 비-사유가 실제로 앞선다는 것, 또는 적어도 사유에 바로 앞서고 그 사유의 바깥에 존재한다는 것, 이는 어떠한 주체성도 부재하고 세계에 대한 우리의 관계로부터 독립적인 에피쿠로스적인 원자의 실례를 따른다는 것을 주장합니다. 두번째 테제는 유물론이 (마찬가지로 이성에 관한 상이한 정의들 가운에 광의의 의미에서) 합리주의(ratio-nalism)라는 것을 확증합니다. 왜냐하면 그것은 언제나 회의주의를 통한 지식과 비판적 활동으로 종교적 주장, 신비 또는 우리 인식의 한계에 맞서기 때문입니다.

회의주의와 신앙(faith)은 우리의 유한성이라는 테제로 수렴됩니다. 이것은 우리가 어떤 믿음을 가지게 하지요. 반대로 유물론은 인간이 그의 환경과 조건 둘 모두의 진실을 그 자신의 수단으로 사유할 능력을 허가합니다. 이성의 적 아래에서 유물론자는 언제나 사제들을 간파해낼 수 있습니다. 그는 또한 이성의 반대자야말로—그를 논박하도록 허용하지 않으며—진리에 대한 가장 많은 욕망을 가진다는 것을 압니다.

나는 이 두 가지 테제들을 따릅니다. 왜냐하면 나는—엄격하게 논증을 통해—우리와는 독립적인 우발적인 존재가 있다는 것, 더 나아가 이러한 우발적 존재라는 것이 주체적 본성을 가질 이유가 없다는 것을 논하고 증명하기 때문이지요. 나는 또한 비인간과 비유기적 실재성을 기술하기 위해 수학의 사용 위에 과학적 합리주의를 세우려고 합니다. 이것은 '피타고라스화하기' 또는 존재가 고유하게 수학적이라고 내세우는 것이 아닙니다. 오히려 이는 어떤 공식적 언어가 토착어가 회복하는 데 실패한 특성들을 우발적-존재로부터 포착해내는 방식을 설명하는 것이라고 하는 편이 낫습니다. 수학에 관한 나의 테제는 공식적 언어의 범역에 대한 것이지, 존재에 관한 것이 아닙니다. 내가 그것을 일시적 기분에 따라 또는 '과학자'의 관성에 따라 단정하지 않기 때문이 아니라, 원-화석의 문제로 선택의 여지가 없다는 것을 보여주었기 때문입니다. 만약 과학이 의미를 가진다면, 그때 수학은 절대적 영역을 가지는 것이지요. 여전히 과학은 의미를 가지고 있으며, 따라서 그것은 근본적으로 우리의 인간성과는 별도의 실재성에 대한 수학화된 공식들을 경유하여 남겨지는 것입니다. 이것은 우리가 세계와 더불어 공유하는 합리적인 관계와 상관되는, 그리고 이러한 관계 밖에서는 실존하지 않는 일상적인 지각의 '질적' 판단들과는 대조됩니다. 그러므로 수학의 절대적 범역이 설립되어야 하며, 이렇게 하기 위한 우리의 유일한 방법은, 내가 생각하기에 본사실성(factuality)의 원리에서 파생된 범위를 통해서입니다. 이것이 『유한성 이후』에서 남겨진 문제이며, 이는 동시에 결과적으로 사변적 유물론(speculative materialism)의 프로그램을 밟아가는 것이기도 합니다.

Q8_ 잠세성(potentiality) 대 잠재성(virtuality)에 관한 당신의 개념화에서, 당신은 잠세성이 자연법칙을 따르는 어떤 결정된 세계를 수반한다고 언급합니다. 다른 한편 초카오스(Superchaos)는 잠재성을 수반한다고 했지요. 어떤 식으로 잠재성을 생각하는 것이 사변적인 것과 연결되며, 거기서 [그 개념의] 물질(과 자연)의 역할은 무엇인지요? 우리는 후자를 하부-질문(sub-question)으로 요청하는데, 왜냐하면 당신은 11쪽에서 물질, 생명, 사유 그리고 정의에 대해 말한 반면, 14쪽에서는 단지 뒤의 세 가지만을 말한다는 것을 알 수 있기 때문입니다. 우리는 스피노자의 자연학(그의 형이상학이 아니라)과의 명백한 유사성에 대해서는 자연의 개념을 도입했지요.

마지막으로, 사변적 유물론에서 구체화될 벡터적 주체(the vectorial subject)는 해방된다기보다 예측불가능한 것을 예견하는 것이지요. 비록 그것이 모순율을 따른다 할지라도 말이지요. 관념론을 폐기하면서 이러한 해방이 어떻게 "아직 존재하지 않는"지를 이해하는 것이 가장 흥미로운 점입니다. 특히 이런 경우 이를테면 식수(Cixous)와 심지어 보부아르와 같은 위대한 프랑스 페미니스트들을 어떻게 긍정하거나 비판할지와 관련해서 그러합니다. 그들이 어떤 궁극적인 해방이 아니라 여성성(femininity)에 대해 쓰거나 생각하려는 의지를 강조할 때 말이지요.

QM_ 나의 경우, 물질은 '자연'과 동일시되지 않습니다. 자연은 특정한(specific) 불변항(constants)에 의해 결정된 세계질서이며, 그 안에서, 내가 '잠세성들'이라고 부르는 가능성들의 집합을 결정합니다. 대신에 물질은 원초적인 존재론적 질서이기도 하지요. 다시 말해 자연에는 무(nothing), 보통 말하는 우발적 존재자들이 아니라 무언가가 존재함에 틀림없다는 것은 사실이지요. 우리는 어떤 무한성을 상상할 수 있으며, 상이한 법칙들에 의해 지배되는 물질적 세계들에 대해 더 많이 상상할 수 있습니다. 그 세계들은, 비록 똑같이 물질적이라 해도, 다른 '자연들'이겠지요. 물질의 두번째 특성은 부정적인 것입니다. 이것은 우발적인 비-생명과 비-사유적 존재자들을 지정하지요. 우리의 세계에서 생명과 사유는 그들이 돌아가는 비유기적인 물질의 배경 위에 구축되어 있습니다. 어떤 이는 아마도 자연을 '물질'이 배제된 상태로 완전히 살아 있는 또는 정신적인 것이라고 상상할 수도 있습니다. 하지만 물질은 초카오스의 본질적인 그리고 영원한 가능성으로 남아 있을 것입니다. 왜냐하면 모든 자연은 그것에 의해 파괴될 수 있으니까요. 하지만 순수-물질적인 상태의 우발적 존재는 그런 식으로 파괴되지는 않습니다.

유물론적 주체 이론과 관련해서, 나는 미래의 해방에 관해 앞선 혁명적 모델들의 비평을 반복하지만 동시에 주체 이론이 가진 순수한 현재의 전개와 행위의 식별에 대한 문제제기에 진정으로 흥미가 있습니다. 하지만 나는 현재란 아직-현재-아님(not-yet-present)에 대한 주체의 '기획투사'에 의해 직접적으로 구성된다고 생각합니다. 여기서 나는 어떤 독창적인 것을 말하는 게 아닙니다. 사르트르뿐 아니라 하이데거가 주체적 현재의 구성에 있어서 미래의 본질적 차원에 대해 주장했습니다. 하지만 나는 이 기획투사에 매우 다른 차원을 부가합니다. 그것은 종교적인 초월성을 배제할 뿐 아니라 주체적 행위의 접근이 불가능한 차원입니다. 이것은 내가 (생명체와 죽은 것들에 대한) 급진적 평등주의에 속한 정의의 효과를 믿는다는 것, 그리고 되돌아옴의 증명으로서 영원회귀(매우 강렬하게 매혹적인 재생)를 믿는다고 표명하는 것이지요. 내게 흥미로운 것은 행위의 현재성 위에서 그리고 주체의 구체적인 변형 위에서 이루어지는 이러한 기대의 피드백 효과입니다.

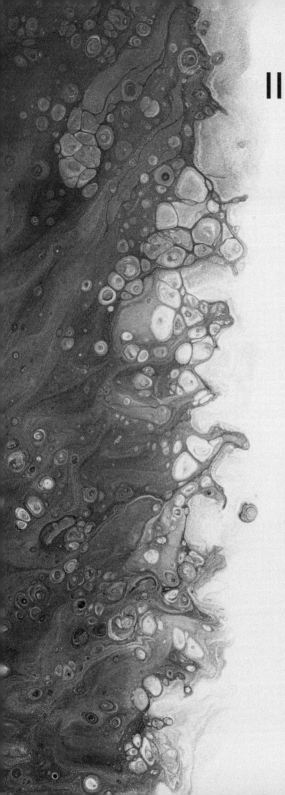

II. 지도제작

서론_ 사유의 '새로운 전통'

5장('신유물론의 횡단성')은 신유물론이 '횡단적'이라고 불릴 수 있는 세 가지 방식에 초점을 맞춘다. 지금까지 우리는 신유물론이 의미화를 넘어선 물질 또는 자연을 넘어선 문화에 특권을 부여하지 않는 문화이론이라고 이해했다. 그것은 물질에 특별한 관심을 기울임으로써, 오늘날까지 인문학(과 과학)을 지배해왔던 이원론이 소거된 일원론적 전망을 탐구하는 것이다. 이 전망은 이원론적 사유에 의해 그토록 배제되어왔던 것이기도 하다. 데카르트적 이원론은 결국 정신에 특권을 부여했다. 예컨대 해체적 패러다임에 속하는 페미니즘 문학이론에 대해서는 다음과 같은 말이 중요하다.

> 인간은 남성/여성 대립을 '이성적/감정적, 진지한/경박한 또는 사색적인/ 즉흥적인'에 따라 정렬해왔다. [반면] 페미니즘 비평론은 (…) 생략하고 뒤 트는 남성적인 독해보다 더욱 이성적이고, 진지하며 사색적인 것으로 스 스로를 증명하는 작업을 한다(Culler [1982] 2008, 58).

조나단 쿨러(Jonathan Culler)에 따르면, 이것은 일종의 학문적 작업이지만, 데란다에 의하면 (위의 인터뷰에서 보았던 바) 사유에 있어서 하나의 전환을 촉발하는 시도이기도 하다. 하지만 여기에는 사유에 있어서 지배적인 학문적 양상들이 지속된다. 그리고 이러한 도발적인 사유의 활동이 페미니즘을 위해 중요했던 반면, 사유에 있어서 혁명을 일으키지는 못했다(이에 대해 우리는 5장과 7장에서 설명할 것이다.). 신유물론은 그와 같은 혁명을 촉발하기를 원하며, 이런 이유로 그것은 철학적 일원론 또는 내재성의 철학에 대한 새로운 관심을 가지는 것이다. 신유물론은 횡단적이고, 새로운 지적 지향이며, 문화이론에 수반되는 초월적이고 인간주의적인 (이원론적) 전통을 관통하여, 현대성과 탈-탈근대적 (post-postmodern) 시대의 결정적 지점 바로 앞에 횡단적으로 위치한다. 전통적이면서 인간주의적인 전통은 다양하게 존재함에도 불구하고 끊임없이 이원론적 구조에 입각한다. 신유물론자는 물질과 정신, 신체와 영혼, 자연과 문화의 흐름을 횡단하는 개념들을 발명함으로써 이런 전통들 안에 내재한 역설을 열어젖히며, 왕성한 이론 구성을 개방한다. 5장에서 논의된 세 개의 횡단성들은 학제성(disciplinarity), 패러다임 그리고 이론의 시공간성, 다시 말해 브라이도티와의 인터뷰에서 소개된 지도제작 방법론에 관한 것이다.

6장('이원론을 극단으로 밀어붙이기')은 신유물론이 현대적 사유의 주축을 형성하는 이원론을 통과하거나 '횡단'면서 차이나 내재성의 철학을 구성하는 방법을 논의한다. 이 장은 1장의 인터뷰이들에 의해 전개된 신유물론 자체의 인식론적 또는 심지어 **방법론적** 차원으로 즉각 뛰어든다. 이론 구성의 시간성에 대한 리오타르, 들뢰즈 그리고 브루노 라투르의 횡단적 사유들을 이어받아, 신유물론자들은 모든 **가능하면서**

불가능한 해방의 형식들에 관한 재기술(rewriting)을 하려고 노력했다. 이 재기술의 작업은 베르그송이 언급한바([1896] 2004, 236) '이원론을 극단으로 밀어붙[이기]'라고 규정될 수 있는, 사유에서의 운동을 포함한다. 이 운동을 따라, 들뢰즈([1968] 1994, 45)는 "차이는 한계로 밀어붙여진다"라고 언급했다. 다시 말해 여기서 '차이'란 **차이화**(differing)로 드러난다"(ibid., 68). 이 장은 근대적 (용어들 사이의 부정적 관계로 구조화된) 이원론을 횡단하는 신유물론적 방법들을 다루고, 어떻게 (긍정적 관계에 의해 구조화된) 차이에 관한 새로운 개념화가 그 과정에서 구축되는지를 드러낸다. 이 차이의 개념화는 현대의 이원론적 사고방식에 (암시적으로) 포함되는 모든 선행하는 것들을 남겨둔다. 왜냐하면 긍정에 의해 구조화된 차이는 선결된 관계들(예컨대 정신과 신체)로 작동하지도 않으며, 그렇다고 그것이 용어(term)들 간의 반-위계적인 것을 포함하지도 않기 때문이다. 이 장은 (들뢰즈적 의미에서) 사유의 비-분류적 양상과 (리오타르의 '현대성의 재기술'이라는 개념이 탈근대적인 것이 아니라는 의미에서) 사유의 시간성에 관한 이론과 관련해서 비-이원론적 사유에 있어서 최근 경향의 **방법론**을 분명히 설명한다. 우리는 현대 페미니즘 사유를 구조화하는 성적 이원론들(sexual dualisms)을 신유물론이 어떻게 횡단하는지를 논증함으로써 마무리한다. 다음 장에서는 주로 그로스의 연구를 통한 보부아르의 『제2의 성The Second Sex』([1949] 2010)의 재독해가 포함된다고 예고한다. 이것은 7장으로 건너가는 짧은 논증을 구성한다.

일곱번째 장('성적 차이화')은 성과 성차 그리고 젠더 너머로 나아감으로써 성들 간의 관계를 개괄하는 방식을 그린다. 차이의 새로운 개념화를 위한 인식론적 기초작업 대신에, 이 장은 차이 자체에 관한 신유물론의 존재론에 관심을 기울인다. 버틀러의 연구에서 정점을 찍는 보부아르 연구에 대한 지배적 수용과정에서, 페미니스트들은 젠더에 편향되어 성과 성차의 문제를 멀리 던져버렸다. 우리가 신유물론 기조 안에서 주장하는 바는, 함께 사유의 혁명을 지향했던 젠더가 바라던 결과를 만들어내지 않았다는 점이다. 젠더 이론가들은 스스로를 성차 이론가들의 이원론적 적대자로 자리매김함으로써, 가장 협소한 정의로 성차를 재긍정하는 결과(성의 생물학적 본질주의)를 초래했다. 위의 인용에서 쿨러에 의해 요약된 인터뷰에 드러나듯이, 모든 종류의 정체성 정치학은 이원론을 포함하므로, 개방되어 시행될 필요가 있다. 일반적인 직관과는 반대로, 사유에서의 진정한 혁명은 겉보기에 철 지난 체계에 관한 이원론적 전복에 놓여 있지 않다. 무수한 신유물론적 연구를 관통하는 타자성에 관한 들뢰즈의 거부와 비슷하게, 우리는 사유의 혁명이 어떻게 사고 과정의 긍정, 즉 실천철학을 수반하는지 증명한다. 앞선 장과 비슷하게 이 장은 개념과 창조가 얽혀 있다고 여기는 실천철학으로서의 성차에 관한 신유물론의 수립을 제안한다. 보부아르를 긍정적으로 재독해함으로써, 성적 차이화과정이 뚜렷하게 드러날 수 있는데, 이 것은 서로 얽혀 있는 물질적('성')이면서 담론적('젠더')인 것을 알아보는 안목을 갖고 있다. 이에 따라 '사유의 혁명'에 관한 지배적 관념뿐 아니라 정체성 정치학과 생물학적 본질주의를 수행적 존재론(performative ontology)에 유리한 쪽으로 바꾸는 것이다. 그러면 이런 실천철학적 과정에서, 현재는 과거와 미래를 창조하면서 발생한다. 즉 보부아르(과거)는 페미니즘적 사유의 미래를 향해 작동하면서 재-독해된다(현재). 성,

젠더 그리고 성차에 관한 우리의 이른바 사례연구를 통해, 우리는 어떻게 신유물론이 하나의 실천철학이 되는지, 즉 그것이—성과 더불어—'인종', 계급 그리고 다른 사회적 차이의 축들에 대한 변형(metamorphoses)을 사유하는 길을 터주는지 드러낸다.

마침내 8장('남(여)성[(wo)man]의 종말')에서, 우리는 포스트-휴머니즘이나 비-휴머니즘(a-humanism)을 논의함으로써 가장 직접적으로 신유물론의 새로운 형이상학을 다룬다. 우리는 푸코의 연구작업에서 시작하는데, 모든 인터뷰이들이 빠짐없이 그의 작업에 대한 입장을 표명한다. 푸코가 『말과 사물The Order of Things』([1966/1970] 1994)에서 인간이란 오직 최근의 발명품일 뿐이라고 말했을 때, 그는 200년 넘는 동안 유럽 사조를 지배해온 휴머니즘적이고 모더니즘적인 전통들에 영원한 의문부호를 찍었다. 최근 출간된 그의 박사학위 부논문 『칸트 인간학 서론Introduction to Kant's Anthropology』(2008, 1961년 제출됨)에서 그는 인간중심주의가 어떻게 우리의 (이원론적) 사고의 틀을 만들었으며, 나아가 어떻게 실제로 우리의 현실 연구의 전략들을 왜곡했는지에 대한 탁월한 전망을 제공한다. 그의 관점은 분명 신유물론의 개막 연설로 읽힐 수 있다. 특히 푸코가 그의 후기 저작에서 신체(예컨대 감옥을 생각해보라)와 말이 함께 감싸여 서로 얽힌 채 작동하는 여러 방식('비행delinquency'을 떠올려보라), 그리고 인간이 이러한 담론적 힘의 현행화와 현실화 안에서 작동하는 방식을 보여주었기 때문이다. 최근에 메이야수의 『유한성 이후After Finitude』([2006] 2008)는 칸트에 대한 새로운 독해를 제안하는데, 여기서 그는 푸코가 충분히 나아가지 못했다(메이야수가 인터뷰에서 말한 바대로)고 말한다.

그는 책에서 푸코에 대해 언급조차 하지 않지만, 메이야수의 선조성(ancestrality)에 대한 관심은 우리가 실재성을 인간 정신 안에 재현되지 않은 애초의 상태로 사유하기를 제안한다. 메이야수에 따르면, 그것은 여전히 소위 후기-비판이론(푸코를 포함하여) 안에서의 통상적인 실천일 뿐이다. 따라서 메이야수는 알랭 바디우의 초기 저작에서 발견된 주제들을 이어가면서, 레이 브래시어(Ray Brassier)와 그래함 하만(Graham Harman)과 같은 사변적 실재론자들과 함께, 칸트에 있어서 정신의 코페르니쿠스적 전환을 급진적인 반-인간중심주의로 채워나가려고 하는 것이다. 그리고 그는 진리가 오직 인간 정신에만 드러날 수 있는 방식이라고 보기를 거부한다. 대신에 그는 수학을 통한 진리(또는 자연)의 이해를 제안한다. 우리는 메이야수의 사변적 유물론이 어떻게 바라드와 데란다와 같은 탁월한 현대 유물론자들의 입장과 다른지 보여줄 것이다. 이 저자들은 모두 자연과학으로부터 영감을 받긴 했지만, 현상이 그들의 관계**로부터** 정체를 밝힌다고 강조한다. 하지만 우리는 이 신유물론자들 간에 어떻게 일관성이 생성될 수 있는지에 대해서도 입증할 것이다. 그리고 이것이 야기하는 휴머니즘과 차이[의 철학] 간의 논쟁을 연구한 후, 우리가 도대체 얼마나 많은 남(여)성인류를 필요로 하는지 물을 것이다. 고정된 결론을 피한다면, 우리는 신유물론적 사유에서 차이나는 전개과정들이 실재적인 것의 형태발생에 있어서 인간의 역할에 대해 과학과 인문학 양자에 많은 의문들을 남긴다는 것을 볼 수 있다. 이 책은 인터뷰와 논의를 거친 신유물론 학자들과 더불어 이러한 존재론적 의문을 위한 방법론적 개시를 제공할 것을 희망한다.

신유물론에서 '신'이란 필연적으로 위계나 어떤 종류의 선험적인(a

priori) 논리를 수반할 수밖에 없는 (아카데믹한) 사유의 분류적인 역사 기술론을 수용하거나 이어받는 용어가 아니다. 신유물론은 그와 같은 위계화된 전문화가 '틀에 박힌 정신들'을 만들어내지만, 이에 반해 "인간적 삶의 이해에 적합한 관념에는 어떤 틀도 없다"(Whitehead [1925] 1997, 197)라고 단언한다. 신유물론은 아카데믹한 지식 생산의 나무에 어떤 또하나의 전문화된 인식론을 더할 의향이 없다(Deleuze and Guattari [1980] 1987, 5). 따라서 그 자체로, 이것은 반드시 소박한 또는 역사적/마르크스주의적인 유물론의 전통에 대립하지는 않는다. 또한 신유물론은 다른 유물론적, 실증적 또는 일원론적 전통과도 차이를 반드시 갖지는 않는다. 왜냐하면 신유물론은 대립의 덫과 함께, 시대착오의 덫에 걸리지 않기 위해 또는 '역행 운동'(Bergson [1934] 2007, 11)의 덫에 걸리지 않기 위해 신중하게 이 모든 전통들을 '관통하기'(works through) 때문이다(Lyotard [1988] 1991, 26-7). 신유물론은 이 모든 지적 전통들에 '그래, **그리고**'라고 말한다. 그러면서 그들 모두를 횡단하며, 결국 오늘날의 학계에 상당히 강력하고도 신선한 '리듬'을 하나씩 하나씩 창조하는 사유의 노선을 만들어낸다(Simondon [1958] 1980).

신유물론의 형이상학은 사유의 상호학제적 발전과정으로부터 나오며, 그 주축은 대륙철학에 대한 강한 관심이다. 하지만 이것은 영미철학적 사유를 향한 개방에 어떤 거리낌도 없으며, 실제로 그러한 것들의 혼합을 풍성하게 만든다. 그러나 이것은 '새로운' 것은 아니다. 대륙과 영미적 사유가 유사한 방향으로 움직여왔던 많은 예들이 있으며, 학자들은 의식적으로 또는 무의식적으로 기존에 알려진 것 아래에 현존할 것임에 틀림없다고 느끼는 급진적 사상에 의해 영감을 얻는다. 결국 화이트헤드(Alfred North Whitehead)가 틀에 박힌 것들을 관통하고 뛰어넘는 '방랑하기'를 요구했던 것과 같이(Whitehead [1925] 1997, 207), 리오타르의 '관통하기'도 마찬가지로 "사건 안에 그리고 그 사건의 의미작용 안, 우리에게 본질적으로 감춰진 것에 관한 사유에 부속된 작업"이다(Lyotard [1988] 1991, 26). 또는 베르그송의 말에 따르면, "마치 사물과 그 관념, 그 실재성과 가능성이 예술이나 자연에 의해 발명된 진정으로 새로운 형태와 관련될 때 단번에 창조되지는 않는 것처럼!"(Bergson [1934] 2007, 11) 탁월한 생각들은 결코 공간과 시간에 좌우되지 않는다. 베르그송부터 화이트헤드와 리오타르에 이르기까지, 예름슬레우에서 스피노자까지, 푸코로부터 〈영국문화연구〉에 이르기까지 그리고 양자역학에서 현대 페미니즘 이론에 이르기까지 계속 되풀이해서, 새로운 사유는 쉽게 작동하며, 조건이 맞을 때면 언제나 이미 나와 있었다(De Boever et al. 2009).

우리는 심지어 대륙과 영미 사유 사이의 균열, 또는 스노우(C.P. Snow [1959] 1965)가 그의 유명한 1950년 에세이 「두 문화」에서 표현한 과학과 인문학 사이의 분열은 **관찰된** 정도의 상태는 아니었다고 주장할 수 있다. 하지만 그것은 실제로 과학철학자들 자신들에 의해 촉발되었다. 스노우의 분류는 그가 단지 관찰했다고 주장한 이 급진적인 구별을 **창조했고**, 결국 덧코드화했다(cf. Kirby, 2008a). 들뢰즈와 과타리가 말한 바처럼, 그와 같은 주류 역사기술론은 신유물론에 의해 그다지 많이 비판되지 않는다. 그 대신 그들은 자주 대안적인 **새로운** 경로들의 출현을 야기하는 비주류 역사기술론과의 관계 안에서 독해되고 있다. 신유물론의 '유물론'이 배타적이지 않다는 것은 바로 이런 의미이다. 그것은 초월적 사유에 반대하면서 포섭되는 것이 아니라, 형이상학을 과학 연구가 '자연문화'(natureculture)라고 부르는 관점에서 전체적으로 재-독해한다(Latour [1991] 1993, Haraway, 2003). 재-독해라는 독해의 신유물론적 실천은, 신유물론 학자들에 의해 제안된 독해와 더불어, 그것의 새로운 형이상학을 실행한다.

신유물론은 해러웨이(1988, 595)와 바라드(2003, 810)가 말한 바처럼, **모든** 사건들의 '물질-기호론적' 또는 '물질-담론적' 특성을 제대로 평가하기를 원한다. 이것은 어떤 형식을 '받아들임'에 물질이 행하는 능동적 역할을 충분히 확인하는 형이상학을 실현하는 데 관심이 있다(Simondon, 2009, 4). 데카르트주의나 근대적 이원론을 통과하면서, 신유물론은 스피노자적 격률, 즉 신체가 정신의 대상일 동안 정신은 언제나 신체의 어떤 관념이라는 말을 실천하려고 열심히 노력한다(Spinoza [1677] 2001, E2P21, Schol.). 예술작업과 관련해서, 예컨대 신유물론적 시각은 내용의 형식(예술작업의 물질적 조건)과 표현의 형식(그것들이 등장할 때의 감각들)이 어떻게 서로 간에 생산되는지, 어떻게 일련의 진술이 실현되는지, 그리고 사물의 결들이 실재 안에 어떻게 현실화되는지를 알아내는데 관심을 가진다(Deleuze and Guattari [1980] 1987, 89; cf. Bolt and Barrett eds. 근간). 이같이 신유물론은 대부분의 포스트-칸트주의 예술 연구들과 상이하다. 왜냐하면 이러한 연구들에서 물질적 그리고 담론적 차원들은 분리되어 취급되기 때문이다. '소박한 유물론'을 따라 사용된 물질적인 것들에 관한 짧은 기술을 한 이후, 소위 '언어학적 전회'에 영향을 받은 현대학자는 그 의미의 해체에 착수하는 것이다. 신유물론은 그들의 뒤섞임의 두 차원에 대한 연구를 허용한다. 즉 하나의 예술 작품에 관한 경험은 물질과 의미로 구성된다. 물질적 차원은 담론에 형식을 창조하고 부여하며, 그 역도 마찬가지다. 예술작업에서 발생하는 것과 유사하게, 신유물론은 오직 자연과학자들에게만 관심사일 사건들을 재기술하려고 애쓴다. 여기서 '자연'에 관한 신유물론적 해석이 '문화' 연구로 번역가능한 것으로 비치고 그 역도 가능하다는 것이 확실해진다. 이러한 변위(transposition)가 단선적이 아니라는 사실에도 불구하고 말이다. 결국, '변위'[조옮김]란 유전학[유전자 '전위']뿐 아니라 음악에서도 작동한다(Braidotti, 2006, 5).

이런 방식으로 사유는 우리에게 다음과 같은 것을 드러낸다. "(…) 유물론적 철학의 새로운 형식, 그 안에서 자기-조직화 과정의 다양성과 형태발생론의 강렬한 힘을 통과한 원료-에너지가 우리를 둘러싼 모든 구조들을 발생시킨다"(DeLanda, 1996, n.p.). 내용과 표현의 형성을 통해, 다시 말해 단어의 가장 넓은 의미에서 물질성과 의미작용의 얽힘을 통해 변형이 발생할 때 그것을 연구하면서, 신유물론적 사유는 우리가 그와 같은 변형을, 사전에 그 부분을 배제함으로써가 아니라, 적어도 그것의 완연한 표명의 과정을 받아들임으로써, 기술할 수 있도록 허용한다. 우리는 이러한 신유물론을 필요로 하는바, 그것이 지진이든, 예술이든, 사회 혁명이든 또는 단순히 사유든, 물질과 담론은 오직 학자들의 권위적인 행태나 상식적인 사색가에 의해 따로 취급되기 때문이다. 하지만 막상, 삶/생명 그 자체 안에서 두 가지 현상적인 층위들은 결코 식별가능하지 않다. 신유물론은 권위적인 학문적 행태와 매일매일의 공리적인 상식으로부터 멀어지기를 원하며, '존재론적으로 앞서는' 것에 열중하기를 원한다(Massumi, 2002, 66).

그 중요성에도 불구하고 오늘날 대학에서 제대로 밝혀지지 못한 신유물론은 개념화가 필요한 상황에 있으며, 이 책의 2부에서 그것을 제공한다. 우리는 신유물론에 기여해왔던 주요 학자들과 텍스트들을 취합하고, 그들 간의 (함축적인) 대화에서 일치점을 보임으로써, 즉 그들 간의 공동 활동들을 증명함으로써, 존재론적 현행화에 선행하는 것에 관한 자연문화 형이상학을 고려한다. 하지만 우리는 이 새로운 전통을 멀리서 개괄하지는 않는다. 이 책에서 우리는 신유물론에 관해 우리가 수행한 정전적(canonical) 문헌들과 비주류적인 학술 문헌들의 새로운 참여를 가능한 한 많이 포함시킨다. 신유물론의 간학제성(interdisciplinarity)을 유지하면서, 우리의 지도만들기는 우리에게 신유물론적 해석이 어떻게 한편으로는 자연을 고려하는 (경험적) 경향들과 유사하고, 다른 한편으로는 문화와 자연의 인지적 해석에 가까운지 드러낼 것이다.

5장_ 신유물론의 횡단성

마누엘 데란다와 로지 브라이도티는―서로 독립적으로―최초로 '신-유물론'(neo-materialism) 또는 '새로운 유물론'(new materialism)이라는 말을 1990년대 후반, 문화이론에 사용하기 시작했다. 이 문화론은 문화 쪽에 특권을 부여하는 것이 아니라, 도나 해러웨이(2003)가 '자연문화'라고 부른 것 또는 브루노 라투르가 간단히 '집합적인 것'([1991] 1993)이라고 지칭한 것에 초점을 맞추는 것이다. 이 용어는 이원론을 급진적으로 재사유하는 문화론을 제안한다. 이원론이 우리의 (탈)근대적인 사유에서 매우 중요하기 때문에 언제나 이러한 대립항들(자연과 문화, 물질과 정신, 인간과 비인간)이 그 자체의 실행 안에서 생산되는 방식으로부터 분석을 시작하게 되는 것이다. 따라서 신유물론은 변화의 형태론에 깊은 관심을 가지며, 이원론적 사유에 의해 그토록 무시되어 왔던 물질적인 것(물질성, 물질화의 과정들)에 특별한 관심을 둔다. 동시에 우리는 로지 브라이도티(2002b, 170)가 일찍이 다른 곳에서 강조했던 것처럼 이미 언제나 '물질'로 시작한다. 이것은 특별히 데란다와 라투르에서 보이는 과학에 대한 관심과 더불어, 어머니-물질(mat(t)er)[18]의 해방이 또한 본성적으로 페미니스트의 기획인 이유를 설명한다.[19]

발터 벤야민의 유물론에 익숙한 이들에게 '신유물론'은 여러 이유에서 역설적이다. 근대성을 분석하면서, 벤야민([1982] 2002, 22)은 그것이 가정하는 새로움(newness)과 환영들에 대한 근대적 물신성을 거부한다. 특히 그가 "새로움을 (…) 상품의 사용가치와 관련 없는 질적인 것"으로 고려하기 때문에, '새로운' 유물론을 계획하는 것은 아무런 의미가 없을 것이다. 그렇다 해도 물론 우리가 그러한 역사의 선형적 근대 이념에 국한되어야 할 이유는 없다. 특히 라투르([1991] 1993, 82)를 따라, 만약 우리가 "역사란 더이상 단순히 인민의 역사가 아니고, 또한 자연의 역사가 된다"라고 주장한다면, 벤야민의 비판은 논외로 할 수 있다. 우리가 관심을 가지는 새로움은 단순히 '오래된'(역사적인, 마르크스주의적 영감을 받은) 유물론의 보다 개선된 또는 향상된 것이라는 의미가 아니다. 이를테면 데란다는 그가 마르크스주의이나 그 (인문주의적) 해석을 재기술한다고 (비록 벤야민이 우리에게 그러한 함정들을 벗어날 많은 방법들을 특별히 제공하긴 하지만) 분명하게 밝힌다. 그러므로 데란다는 또한 그의 잘 알려진 저서, 『비선형 천년사』(1997)를 썼을 때, 라투르가 제안한 대로, 매우 '다른' 역사를 연구에 반영한 것이다(Harman, 2008 참조).

이 책은 독자에게 제시되는 역사가 아니라, 브라이도티에 따른다면, 신유물론이라고 지칭되는 이 유물론이 어떻게 바로 이 순간 과학과 인문학 안에서 작동하는지에 대한 '지도 그리기'(mapping)라고 할 수 있다. 물론 그것은 우리가 역사성, 시간 또는 기억을 배제한다는 것을 의미하지는 않는다. 그리고 텍스트들은 현대 사유의 비-이원론적이며 유물론적 경향에 중요하고 가치 있을 만하게 여겨지는 한에서 읽히며, 그것들이 만들어진 시대에 따라 평가되지 않는다. 따라서 우리가 흥미를 갖는 이러한 신유물론이 스피노자의 『윤리학』에서 작동하는 것이 분명하다고 말하는 것은 당연하다. 베네딕트 스피노자는 1677년에 이미 정신이 신체의 관념이며, 신체를 필연적으로 정신의 대상으로 만든다고 주장했다. 그가 반복적으로 강조하다시피 정신과 신체는 동일하다. 이것은 신유물론적 사유에 가장 흥미로운 기여이다. 이와 흡사하게 이 책도 지금까지 언급된 저서들에서 발견되는 사유에 대해서뿐 아니라, 보부아르, 베르그송, 화이트헤드 그리고 마수미(Brian Massumi) 등 여럿의 저서들에서 발견되는 신유물론적 사유에 대한 관심도 키우고 있다.

신유물론에 관한 책이 지금 쓰이는 데는 합당한 이유가 있다. 최근 신유물론은 포스트모던 시대 바로 직전부터, 문화이론을 따라다니는 초월론적이고 휴머니즘적인 전통에 대적할 수 있다는 것을 증명해왔다. 물론 이원론적 전통들은 완고하고, 오늘날의 (상식적인) 학자들의 마음 깊숙이 묻혀 있었다. 이러한 전통들에 대해서는 지속적으로 신유물론자들에 의해 논쟁이 촉발되고 있는 중이다. (주디스 버틀러의 연구에서 보이는 실패의 유물론failed materialism[20]에 관한 페미니즘의 격렬한 논쟁에 대해 (Kirby, 2006), 그리고 미디어와 문화연구들에서의 소쉬르/라캉주의 언어학의 유산[Dolphijn, 2010]에 대해서 생각해보라. 이는 카렌 바라드[2007]가 보여주었던 바 있는데, '행위적 물질'의 이론화가 이루어지는 것을 방해했다.) 하지만 21세기 초반에, 이 신유물론적 야심은 인문학과 그 너머에서 연구하는 학자들에게 공평한 대안 그 이상을 제공하는 것으로 보인다. 아마도 그러한 [연구와 논쟁의] 역사에서 최초로 이 사유의 '소수 전통'(질 들뢰즈가 이름붙인 바 있는)은 오랫동안 그들을 괴롭혔던 플라톤주의, 기독교 그리고 근대적 규율로부터 벗어나면서, 합당한 관심을 얻게 되었다.

브라이도티와 데란다의 연구에서 그들의 사유는 68년 5월과 밀접하게 연관된 여러 프랑스 철학자들(미셸 푸코, 뤼스 이리가라이, 질 들뢰즈와 펠릭스 과타리가 여기 포함된다)에 관해 재사유하는 것을 통해 성립되었다. 이 둘에게 실제로 가장 중요한 것은 무엇보다 들뢰즈(와 과타리)의 작업이었다. 특히 들뢰즈는 초기 저작에서, 그가 제안하는 유물론 철학이란 새로운 것이 아니며, 기존에 언급된 풍성하지만 소수적인 전통에 속한다는 점을 보여주려고 했다. 스피노자, 니체 그리고 베르그송과 같은 철학자뿐 아니라, 프루스트, 카프카와 같은 작가들에 관해 글을 쓰면서, 들뢰즈는 이들 유물론적 작가들, 즉 사유의 역사에 의해 오랫동안 거부되거나 주변화된 인물들에게 관심을 기울임으로써 사유의 역사를 재기술하고자 한 것이다. 그의 경력 초반에 들뢰즈는 스피노자와 같은 급진적 사상가들을 재독해하는 데 중점을 두었으며, 그들이 실제로 철학에 사유의 새로운 방식을—즉, 신체의 철학을 어떻게 제공하는지 보여주려고 했다. 그리고 바로 이렇게 여러 신체의 철학들을 횡단함으로써, 들뢰즈의 다른 저작(가끔 과타리와 함께 작업한)들은 정말로 유물론적/일원론적 사유를 최대한으로 탐사하기 시작했다. 이런 연구로 들뢰즈는 오늘날 브라이도티와 데란다 같은 신유물론 학자들이 뿌리를 내리고 있는 풍성한 기반을 창조했다.

들뢰즈(와 과타리)의 작업에 가장 충실하게도, 데란다의 신유물론에 관한 초기 견해에서는 '추상기계'(Deleuze and Guattari [1980] 1987) 개념을 내세운 주장을 한다. 이 개념은 생물학, 사회학 그리고 지리학 같은 구체적인 집합체 안에서 발견될 수 있는 실체의 형식 없는 과정들을 간파한다. 그것은 전체적인 문화이론을 언어학적 표상론으로부터 멀리 떼어내어 "매우 상이한 물리적 집합체들에 의해 공유"되는 '기술공학적 다이어그램의 영역'(the realm of engineering diagrams)으로 가져갈 수 있게 작업한다. 따라서 "기술적 대상들과 자연적인 대기 순환 과정에서 여러가지 물리적 예화들(instantiations)에 수반되는 '추상 동력'(abstract motor)이 존재하게 될 것이다"(DeLanda, 1996, n.p.). 이러한 신유물론은 '내재적' 사유를 낳으며, 결과적으로 정신-물질 그리고 문화-자연이라는 초월론적 휴머니즘 사유의 분할들뿐 아니라, 인과 사유체제와 목적론(다시 말해 어떤 결정론) 또한 돌파하게 된다.

> 이 매우 특유한 추상기계라는 개념은 (…) 사실상 유물론 철학의 새로운 형태를 가리키게 되는데, 이 철학에서는 여러 가지 자기-조직화하는 과정들을 통과한 원초적인 물질 에너지와 형태발생적인 강도적 힘이 우리를 둘러싼 모든 구조들을 생성시킨다. 그뿐만 아니라 그 생성된 구조들이 최초의 실재성이기를 그치면 물질-에너지 흐름은 이제 특별한 위상을 획득한다(ibid.).

데란다의 신유물론에서 물질이 우선권을 얻는 것으로 보이는 방식은 의미에-반하는-물질을 포획하지 않고, 물질적인 동시에 표상적인 '물질화'(mattering)를 포획하는 개념, 즉 '생식적인 물질'을 겨누는 것이다(cf. Cheah, 1999, Barad, 2007).

브라이도티는 신유물론 또는 "보다 급진적 의미의 유물론"을 "푸코 이후 인간 주체성의 체현적(embodied) 구조를 재사유하는 것"이라고 규정한다(Braidotti, 2000, 158). 오스트레일리아 페미니즘의 아주 풍성한 유물론 전통에서 나온 브라이도티의 '푸코 이후'란 푸코 '너머'로 가기 위한 참조 문헌으로 읽혀서는 안 된다. 그녀와 데란다(물론 다른 신유물론자들도 마찬가지로)는 어쨌든 푸코([1970] 1998, 343)의 꽤 유명한 다음 예견을 확인한 점을 감안하면 그렇다. "아마도, 언젠가는, 이 세기는 들뢰즈의 세기가 될 것이다." 데란다와 비교하면, 브라이도티의 신유물론도 똑같이 내재적이고 비선형적이다. 그리고 '체현적 주체성'(embodied subjectvity)은 그에 맞춰 개념화된다.

> 욕망의 전자파에 의해 활성화된 고기 한 점, 유전자 코딩을 펼쳐 쓴 텍스트 한 편, 이 둘은 모두 어떤 신성시하는 내면적 '성소'도 아니고, 순수하게 사회적으로 갖추어진 실체도 아니다. 그보다 그것은 몸을 입은(enfleshed) 들뢰즈적 주체로서 '사이에 있음'(in-between)을 말한다. 이것은 외적 영향력들의 접혀 있음(folding-in)이며 동시적으로 바깥으로 펼쳐지는 감응들(affects)이다. 동적 실체(mobile entity), 즉 어떤 몸을 입은 기억의 종류인 이것은 그 자신에 대해 신뢰할 만한 것으로 남아, 반복하며, 한 무리의 불연속적 변화들을 가로질러 지속될 수 있다. 들뢰즈적인 신체는 궁극적으로 하나의 체현된 기억이다(Braidotti, 2000, 159).

초월론적인 것을 예화하는 문화이론의 많은 예시들을 질적으로 전환하는 신유물론의 내재성과는 달리, 브라이도티의 신유물론에서는 기술적인 것과 자연적인 것의 간-행(intra-action)[21], 또는 브라이도티가 "자연주의 패러다임의 결정적인 손실 그 이상의 많은 것"(ibid., 158)

을 초래하는 '포스트휴먼의 곤경'이라고 부르는 것에 방점을 찍는다. '자연'을 문화이론 안으로 가져오는 것은 신유물론자들로 하여금 소위 실증주의적 자연과학의 존재론을 채택하게 만들지는 않는다. 신유물론을 떠받치는 기둥들 중 하나는 근대 자연과학과 포스트모던 문화이론이 둘 다 휴머니즘이라는 주장이다(cf. Colebrook, 2004). 브라이도티의 연구에서는 생물학적 결정론과 사회구성주의 양자에 공유된 휴머니즘적 주체가 '포스트-휴머니즘 주체'로 교체되는데, 이것은 최근 인식론의 두 기둥인 실증주의와 포스트모더니즘으로부터 어떤 질적인 전환을 이루는 출발점이 된다(cf. Haraway, 1988).

데란다와 브라이도티는 그들의 다음 저서에서, 그들의 주요 공격 목표로서 '이원적 대립'을 내세움으로써 신유물론을 지속적으로 구성하고 있다. 이원론을 끊임없이 '돌파해 나아가'고 개정하는 것은 신유물론의 핵심 사안으로 보인다. 이들이 전환하기를 바라는 이원론은 두 사람의 저작에서 초월론적이고 휴머니즘적인 전통의 구조적 원리로 전면에 등장한다. 물질 위에 정신 또는 자연 위에 문화라는 우선순위 매기기는 휴머니즘적이고 변증법적인 사유를 추종하는 어떤 초월론화하는 태도이다. 그것은 포스트모더니즘을 실증주의의 결함들을 극복하는 것으로, 그리고 사회적 구성주의는 생물학적 결정론을 극복하는 것으로 설정한다. 그와 같은 방식으로 이러한 태도는 연속적인 부정성에 근거를 두게 되며, 전진적인 서사구조를 가지게 되는 것이다. 변증법주의에 대한 의존은 린 핸킨슨 넬슨(Lynn Hankinson Nelson, 1993, 127-8)이 '비현실적 이분법들' 또는 '비포괄적인(non-exhaustive) 대립자들'이라고 규정한 것의 결과라고 폭로되었다. 넬슨은 이분법 또는 이진법적 대립의 한 축이 언제나 이미 다른 것 안에 '그것의 부정성으로서' 함축됨으로써 이분법을 비현실적인 것으로 그리고 대립자들을 허무맹랑한 것으로 만든다고 밝혔다. 미셸 세르는 다음과 같이 말한다.

다른 관념에 대립하는 하나의 관념은 부정적인 신호에 촉발된다 할지라도, 언제나 동일한 관념입니다. 당신들이 서로 간에 대립하면 할수록, 당신들은 더욱더 동일한 사유의 틀 안에 남게 되는 것이지요(Serres with Latour, 1995, 81).

이른바 두 개의 대립항 사이의 친근한 관계는 초월론적이고 휴머니즘적인 경향들, 즉 신유물론 이론가들이 맞서 싸우는 그러한 경향들이 근본적으로 환원주의적이라는 것을 분명히 한다. 결국 부정성은 어떤 관계성을 함축하는바, 그것은 정확히 이원론에 관한 초월론적 휴머니즘의 사유에 의해서는 완결되지 않는 것이다.

『새로운 사회철학』(2006, 45-6, 84)[22]에서 데란다는 환원주의적 이원론 사유를 돌파하려는 시도를 하는데, 아래와 같은 언급에 그것이 드러난다.

(…) 일반적 범주로는 실재 세계에서 어떤 것도 지칭할 수 없고 (…) 그들이 그렇게 하게 되면(즉, 일반적 범주들을 구체화하면) 곧바로 본질주의에 빠진다. 사회구성주의는 일반적 범주가 단순한 고정관념임을 보여줌으로써 그러한 범주가 구체화되지 못하게 가로막는다는 의미에서 본질주의에 대한 해독제가 될 수 있다. 그러나 지각은 경험의 내용만이 실제로 존재한다는

존재론적 가정과 더불어 본질적으로 언어적이라는 생각과 연결되면, 이러한 입장은 곧바로 **사회 본질주의**의 형태로 귀결된다.

언어성(Linguisticality)(이것은 '거부되지 않지만' 그것의 합당한 위상, 다시 말해 보다 겸손한 자리를 부여받는다)은 신유물론에 대한 데란다의 비-이원론 논증의 교차점을 형성한다. **반-재현주의**(Anti-representationalism)(내재적 태도)는 실재론적 본질주의와 사회구성주의 간의 가정된 이항 대립을 논파하기 위해 도입된다. 인과적으로 선형화하는 사실에 기대면, 선결정된 그리고 제한된 추론은 버려지게 되고 (또는 최소한 개방된 채, 즉 그것의 차원들을 모두 채우는, 제한되지만 아직은 결정되지 않은 인과성 개념으로 받아들여진다**23**) 신유물론이 사회구성주의를 진보적인 방식으로 **넘어서**는 어떤 단순한 운동을 수반한다는 것은 논증될 수 없게 된다. 데란다에 따르면, 신유물론은 실재론적 구성주의**도 아니고**, 사회구성주의**도** 아니다. 전향적으로 인정되는 지점은 정확히 말해 실재론과 사회구성주의의 공통성(commonalities)이다.

브라이도티(2006, 130; cf. Rossini, 2006)는 『전위Transpositions』에서 유사한 운동을 이론화하는데, 그것은 분명 페미니즘 정치학에 초점을 맞춘 것이다.

남근이성중심주의(phallologocentrism) 그리고 인류중심적 휴머니즘 정치경제학에서는 잘못된 보편적 방식으로 동일성의 주권성이 진술되는데, 이 경우 나의 성은 '타자성' 쪽에 처해지며, 경멸적인 차이로 또는 상대적으로 가치절하된 상태로 이해된다. 동물-되기/세계-되기는 나의 페미니

스트적 자기성(self)에 대한 이야기이다. 왜냐하면 부분적으로 나의 젠더
는, 역사적으로 말해서, 결코 완연한 인간성으로 온전히 만들어지지 않
으며, 따라서 그 범주에 대한 나의 충실성은 기껏해야 협상가능한 정도며
결코 당연시될 수 없기 때문이다.

이것은 어떤 본질주의적 진술도 아니고, 기호론적 구성주의의 하나도 아
니다. 그것은 오히려 역사적 위치에 관한 유물론적 확증이다. 즉 그것은
비대칭적 힘의 미분화가 시작되는 위치인 것이다. 이 위치는 지리정치학적
일 뿐 아니라, 계보학적이며 시간-구속적(time-bound)이다.

브라이도티의 주장은 두 가지 방면에서 반-재현주의적이다. 우선 그
녀는 생물학적 (또는 플라톤적) 본질주의와 **기호론적 구성주의**(여기에, 상
대주의가 있다)를 데란다를 반영하는 방식으로 가로질러 간다. 두번째로,
페미니즘 정치학이 개념화되는데, 이것은 반-정체성을 창조하는 이원
론 운동(근대 페미니즘 기획)을 허용하지도 않으며, 어떤 복수화하는 제스
처에 따라 반-정체성을 과잉생산함으로써 (포스트모더니즘적 페미니즘의
기획이면서 다시 한번 상대주의적인) 이원론 너머로 움직이려 하지도 않는
다. 페미니스트는 "그보다는 질적으로 더 강해진 탈-영토화를 향해 나
아가고 밀어붙여져야 한다"(ibid., 134). 다시 말해 이것은 동물-되기/세
계-되기를 향하는 것이며, 성차별적인 휴머니즘**과** 근대적이고 탈근대
적인 페미니즘의 탈자연화 둘 모두의 자연화하려는 경향들을 타파하
는 결과를 야기한다.

우리가 데란다와 브라이도티의 작업에서 발견하는 바는 이원론의

습성에 비추어 문화이론을 복잡화하는 일련의 운동이다. 우리는 데란 다와 브라이도티(비록 이들이 다소간 서로 배제적이지 않더라도)의 내재적 철학이 그들의 초기 철학에서뿐 아니라 최근의 구체화된 양상에서도 신유물론적 문화이론의 구성과 실행을 예증한다고 주장한다.

이 장은, 동료 학자들과 더불어 공유된 학문적 야심으로서 그리고 하나의 연구 대상으로서의 신유물론의 구성과 관련된다. 이 책의 1부에 있는 인터뷰를 따라가면서, 그리고 최근의 문화이론에서 신유물론의 구현과 예화들에 관한 충실한 리뷰들을 만들어가면서, 이 장은 신유물론의 내재적 태도가 이원론적이라기보다 횡단적이라고 제안할 것이다. 신유물론은 아카데믹한 (신-)학제들 (이를테면 페미니즘 이론, 과학과 기술 연구들, 그리고 미디어와 문화연구들), 패러다임들 (예를 들어 오늘날 여전히 문화이론을 지배하고 있는 소쉬르/라캉적 언어학 또는 자연과학과 인문학에 대한 이원론적 해석들) 그리고 전통적으로 인식론적 경향에 할당된 선형적 시공간들(예컨대 '신' 유물론 대 벤야민에 의해 수행된 마르크스주의 역사 유물론24)을 가로지른다. 우리의 제안은 신유물론이 그 자체로 어떤 뚜렷한 경향이라는 것이다. 이것은 페미니즘 이론과 보다 넓게는 문화이론, 그리고 이론 구성을 시작하기 위한 장치나 도구에 있다. 다시 말해 신유물론은 분야(class)나 **영토화**(territorialization)로 개괄될 수 있는 것에 대한 전통적인 인식론 경향의 **표명**(addressing)을 허용할 뿐 아니라(어떤 새로운 경향이 아카데믹한 무대에 등장할 때에는 언제나 그것은 어떤 '분야', 즉 현존하는 인식론들의 분류에 부가될 수 있는 분야로 해석되곤 한다), 동시에 아카데믹한 영토들, 분파들, 그리고 학계의 중심이라고 전통적으로 간주되어진 세속적 권위들을 **탈-영토화**(de-territorializing)하는 것도 허용한다. 결국 분류 전략은 초월론과 이원론의 두 가지 특성들(연속하는 부정성과 진보의 서사)로 완전히 예화된다. 브라이도티는 이러한 이중의 움직임의 요청이 "횡단성을 성취하기 위한 조건의 창조"를 향한 '질적 도약'이라고 요약한 바 있다(ibid., 123). 이 장에서, 우리는 신유물론의 **횡단성**을 긍정하고자 한다. 즉 우리는 이원적 대립항들을 내재적 방식으로 **가로지르**거나 교차하는 신유물론을 제안하고 연구하는 것이다. 펠릭스 과타리([1964] 1984)는 1964년 즈음 이 용어를 고안했는데, 그는 횡단성의 '미시정치학적' 본성을 주장하면서, 새로운 것—오래된 것을 비판하는 것에 의해서가 아니라, 그것의 논리를 떠받치는 모든 장애물들에 대해 급진적으로 캐물어가면서 (또는 제거하면서)—을 탐구하는 도구로서 그것을 도입한다. 게리 게노스코(Gary Genosko, 1996, 15)는 "횡단성은 매개수단과 관련되는 전이이다"라고 결론 내린다. 신유물론의 힘은 정확히 과학과 인문학, 행위적인 것을 수행하기 또는 모든 물질의 **비순수한**(noninnocent) 본성25이라는 영토들을 가로지르는 유목적 횡단들이다. 이것은 근대적(실증주의적)인 그리고 탈근대적인 인간주의 인식론들을 **모두** 벗어난 것으로 보인다.

생성된 신유물론: 학제들에 의존하기

비록 우리가 여기서 횡단성의 첫번째 예시가 학문 분과들을 가로질러 가는 신유물론적 문화이론가들에 의해 수행된다는 것을 보여주고자 해도, 신유물론에 관한 학문적 연구를 진행하는 어떤 전체적인 범위는 관련 학문 각자 영역들로부터 존재한다. 이런 신유물론의 특수 분과적인 과제들 안에서, 신유물론의 잠재적 요소들은 불필요하게 편협

한 이해 안에서 길을 잃는다. 어떤 학제 **안으로** 신유물론을 도입한다는 것은 초월론적 태도를 초래하는데, 이에 따르면 신유물론과 논의 중인 분과(예컨대 사회학)란 생성하는 것이라기보다 기존(pre-existing)의 또는 **생성된 것**으로서 정립된다. 그리고 결과적으로 이것은 간-행적(intra-acting)이라기보다 상호작용적(interacting)인 것이 된다. 달리 말해 가정된 분립이나 이원론에 기대어, 신유물론의 횡단성은 긍정되거나 활용되기보다 미완결된 채 남는다. 횡단하기는 조나단 질 해리스(Jonathan Gil Harris, 2003, 281)가 언급한 것처럼, 언제나 이미 "어떤 새로운 분석틀을 촉발할" 때만 완결될 수 있다. 어떤 분과학제**로부터** 출현하는 신유물론은 우리가 다음 절에서 논의하게 될 어떤 내적인 제스처다.

이를테면, 모민 라흐만과 앤 위츠(Momin Rahman and Anne Witz, 2003, 245)는 「정말로 무엇이 문제인가? 페미니즘 사유에서 물질적인 것의 난감한 특성What Really Matters? The Elusive Quality of the Material in Feminist Thought」에서 특별히 사회학적으로 유도된 페미니즘을 중점적으로 다루면서, "유물론에 기반한 구성주의의 한계와 보다 다질적(porous)이고 유연한 개념으로 물질성을 받아들이는 구성주의의 가능성 둘 모두에 관한 지각이 요구된다"라는 점을 논증한다. 라흐만과 위츠는 신유물론에 의해 야기되는 전환('물질성'을 개념화하는 것)을 인식하고, 페미니즘 사회학의 초창기에 사용된 물질적인 것의 개념화가 단순히 경제적인 것보다 더 복잡하다고 주장한다. 이러한 지도 그리기는 여기서 현재 우리가 보여주길 원하는 바와 같은 노선에 있다. 신유물론이 전체적인 문화이론 안에서 어떤 **질적인 전환**을 역동적으로 추진해왔다 해도, 이러한 전환은 횡단적인 것이지, 이원론적인 것이 아니다. 오래된 것과 새로운 것 사이의 획기적인 동맹, 즉 라흐만과 위츠는 초기 페미니스트들이 사회적 관계들과 가사 공간을 포함하기 위해 경제결정론적인 물질성(material)의 정의를 확장했으며 매일매일의 일상과 제도적인 실행도 포함하는 물질성에 대해 작업했다고 주장했다(ibid., 250). 결론적으로 그들은 버틀러가 주장한 바, "물질적인 것과 문화적인 것 간의 구별이 더 이상 안정적이거나 실용적이지 않다"(ibid., 249)는 주장을 어떤 도발로 읽는다. 이것은 정확히 1970년대와 1980년대 페미니즘 사회학이 필연적으로 그와 같은 구별의 노선을 따라 작업하지 않았다는 사실 때문이다. 버틀러의 연구에서, 페미니즘 유물론의 두번째 물결은 마치 허수아비처럼 기능한다.26 라흐만과 위츠는 예전의 페미니즘 사회학의 작업이 물질적인 것의 개념 확장이라는 노선을 따라 이루어졌다는 것을 발견한다.

하지만 동시에 그들은 이들 예전 페미니즘 사회학의 작업이 새로운 (그들이 말하는 상대주의적인) 이론적 틀을 기존의 경제적으로 결정론적인 유물론에 단순히 **부가했다**고 주장한다. 그와 같은 맥락에서, 그들은 "유물론의 독특한 물질성이 어떤 잔류하는 개념적 온전함(integrity)을 가지는 것"(ibid., 252)인지 아닌지 의문을 가진다. 달리 말해 그들은 부가적/양적인 인식론적 접근이라는 문제들과 우연찮게 조우한 것이다. 그들이 말하길 특히, 두 가지 양적 접근법이 불완전한(non-exhaustive) 대립일 때 그러하다. 페미니스트이건 아니건, 유물론자이건 아니건 간에, 우리는 이른바 페미니즘적인 탈근대 인식론을 상대주의적 경향들과 더불어 근대적인 인식론에 부가하는 것은 근대 **또는** 페미니즘적 탈근대 **중 하나**의 질적인 전환을 반드시 초래하지는 않는다고 주장한다.

이것이 개념적 온전함이라는 문제의식이 라흐만과 위츠의 지도제작의 경우 정당화되지만, (페미니즘적인) 신유물론 자체의 맥락에서는 그렇지 않은지에 대한 이유이다. 사회학자인 라흐만과 위츠가 다루는 '물질성'에 관한 이러한 개념화는 그 용어를 경제학적인 것과 구별되도록 반드시 전환시키지는 않는데, 그 이유는 단순히 초기 페미니즘 사회학자들이 신체적 물질성을 경제적인 것에 **부가**한 것처럼 보인다는 사실 때문이다.

라흐만과 위츠에 의해 전면에 드러난 유물론은—만약 경제적 (신-고전주의적) 유물론과 비교된다면, 데란다가 마찬가지로 [이 책의] 1부의 인터뷰에서 강조한 대로, 구성주의적 접근은 변하지 않고 남을 것이다.—사실상 목적론적인 의미에서 '새로운'이라는 이름표를 붙여야만 한다. 반면에 우리는 무엇보다 **목적론**(실재론/전체화/근대적, 사회적 구성주의/상대주의/탈근대 인식론에 의해 공유된 바)은 신유물론에서 무너진다고 논했다. 라흐만과 위츠 자신들도 이원론적 구도(사회적인 것과 물리적인 것의 선행 구별) 안에 머무르면서도 선형적인 연속성의 파괴를 요망한다. 우리는 이것을 새로운 이론 구성에 대한 그들의 영토적 접근방식의 인위적 결과로 해석한다.

여기서 작동되고 있는 사회구성주의는 물리적인 것에 의해 제한되는 것이라기보다, 경험과 행위에 의해 생기고 살아가는 어떤 비가분적인 부분으로서 신체 물질을 구현할 수 있는 것이다. (…) 이것은 물리적인 것—체현으로서의 물질성, 생성되고 성별화된 의미화와 행위라는 틀 안에서 풍부하게 경험되고 부여받은 물질성—의 사회적 효과를 고려하려는 시도로 보인다(ibid., 256).

따라서 라흐만과 위츠는 그들의 글을 통틀어 이원론, 즉 출발점으로서의 신유물론과 사회학 사이의 이원론, 물리적인 것과 사회적인 것 사이의 최종 결과로서의 이원론을 긍정한다. 이것은 마치 그들이 그 개념의 목적론적인 의미에서 새롭다고 할 만한 어떤 유물론에 기대어 (예전의) 페미니즘 사회학을 구출하려고 한 것으로 보인다.27 그들의 논문을 분석하다보면, 우리는 그와 같은 접근이 브라이도티와 데란다와 같은 다른 이들의 연구 가운데에서 발견될 법한 개념들의 질적 전환을 허용하지는 않는다는 것을 알게 된다. 통속적인 물질성이 여전히 사회성의 양극 대립이라는 것으로 환원되어 남는다. 즉 물질적인 것은 여기서 사회적으로 효과적인 것으로 고안되어야 하며, 전반적으로 상호-구성적(co-constitutive) 힘들로서 사회적이고도 물질적인 것, 이를테면 '추상기계'로 이해되지는 않는다. 우리는 이러한 결여를 저자들이 학제적 영토성 안으로 도입한 가공물로 파악한다. (여기서는 연구작업의 선-실존하는 신체로 가정된) 신유물론을 (마찬가지로 선-실존한다고 가정된) 어떤 학문 분야와 접촉하게 하는 것은 왜곡효과를 야기한다. 신유물론이 **생성된다**는 가정은 신유물론 자신의 **반-재현주의**와 모순된다. 그러기에 신유물론은 학문 분야를 절대적 탈영토화 안으로 가지고 가는 것이지, 명확한 지시 대상을 가지는 어떤 인식론적 분야는 아닌 것이다. 신유물론은 **수행되는**(put to work) 어떤 것이다.28

문화이론이 (페미니즘) 사회학보다 학제화가 덜 이루어질 때, 신유물론에 관한 **횡단적** 이해의 시작은 수잔 쉐리단(Susan Sheridan)의 「말과

사물: 문화와 유물론에 관한 몇몇 페미니즘 논쟁Words and Things: Some Feminist Debates on Culture and Materialism」에서 발견될 수 있다. 쉐리단 (2002, 23)은 신유물론이라는 단어를 쓰지는 않지만, 페미니즘 문화이론에 대한 후기-구조주의의 충격이 "여성의 상황에 대한 분석에서 사회적이고 경제적인 관계들의 우선성"의 배제를 초래했으며, "섹슈얼리티, 주체성 그리고 텍스트성이라는 주제"의 우선성을 생각하게 만들었다고 논한다. 쉐리단은 이러한 겉보기의 전환이 후기-구조주의의 어떤 잘못된 해석에 기반한다고 주장한다. 즉 다소 온건하게 독해한다면, 후기-구조주의와 물질에 관한 최근의 연구들과 더불어, "지식 '대상'의 담론적 구성과 담론 권력의 물질적 효과를 고찰하면서 상징적인 것과 물질적인 것이 정말 불가분하다고 증명한다"라는 것인데, 이에 반해 그러한 해석에서 말과 사물은 분리된다(갑자기 "말"이 우선성을 획득한다). 다시 말해 후기-구조주의와 신유물론은 쉐리단이 이해한 바로는 이항 대립적인 것으로 읽히지 않아야 하고, 그 둘은 모두 페미니즘 사회학의 유물론 '너머'로의 이론적 움직임으로 이해되어서는 안 된다. 이러한 지도 제작(cartography)은 라흐만과 위츠에 의해 제기된 것과 질적으로 상이하다. 그리고 이 의견은 결과적으로 주된 관심사 중 하나가 재현주의였던 엘렌 식수(Hélène Cixous [1975] 1976, 879, 884)와 같은 프랑스 후기-구조주의 페미니스트의 저작 안에서 추인된다.

쉐리단은 브라이도티와 마찬가지로, 문화 구성주의 페미니즘이 "충분히 유물론적이지 않다"(ibid., 27)고 논증하면서, "자연/문화 이항 분리 자체의 환원주의적(본질주의적) 재현들"(ibid., 28)을 공격했던 후기-구조주의자들 가운데 자신을 위치시킨다. 여기서는 후기-구조주의 페미니즘 문화이론이 이원론적으로 '문화 구성주의'에 반대되는 것처럼 보인다. 후기-구조주의 페미니스트들은 문화 구성주의가 '탈-물질화된 신체'를 연구하기 때문에 그것을 비판했다고 알려져 있다. 반면 다른 비판은 그들이 언어가 수행적으로 취급될 때 '제한되는' "'담론'에 관한 이해"를 가지고 작업해왔다는 점을 향한다(ibid.). 동시에 후기-구조주의 페미니즘 이론은 페미니즘 사회학(물질적인 것에 집중하는)과 문화 구성주의(문화적인 것에 집중하는) **양자**의 환원주의적 본질주의를 공격했다고 알려져 있다. 페미니즘 사회학과 문화 구성주의의 불완전한 대립항들을 횡단하는 것, 그리고 물질 **혹은** 담론 **중 하나**에 대한 신뢰에 기반함으로써 야기되는 환원주의를 분석하는 것은 횡단성을 드러낸다. 다시 말해 쉐리단은, 문화이론에서 신유물론적 분석의 최근 경향이 언어-지향적 문화 구성주의**와** 사회학적으로 촉진된 페미니즘 둘 **모두**가 비판되어야 한다는 점을 보여준다고 논한다. 왜냐하면 둘 중 **어느 하나도** 물질의 행위주체적 특성들을 충분히 받아들이지 **않았기** 때문이다. 페미니즘 이론에서 그녀가 '새로운 단계'(ibid.; cf. Hekman, 2010, 7 on a "new settlement")라고 부르는 것에 대한 쉐리단의 독해는 생물학적 문제나 자연과학들로부터 통찰력을 체화한 문화이론뿐 아니라, 정치경제학의 문제에도 집중하도록 요청한다. 따라서 순수하게 물리적이며 사회적 또는 언어적인 것과 대립하는 물질 개념을 질적으로 전환시킨다.

새로운 단계의 학제적 횡단성은 스테이시 앨러이모와 수잔 헤크만(Stacy Alaimo and Susan Hekman, 2008, 9–10; Squier and Littlefield, 2004 참조)에 의해 새로운 유물론으로(여기서는 '유물론적 페미니즘'으로 불린다) 충실하게 개괄된다. 그것은 "과학 연구, 환경 페미니즘, 신체적 페미니즘, 퀴어 이론, 장애 연구, 인종과 민족 이론, 환경정의론, (후기) 마르크스주의적 페미니즘, 세계화 연구, 그리고 문화연구들"이라는 학제들 안에서 발견되는 것들이다. 그리고 하나의 인식론적 추세로서 그것은 "페미니즘 사유를 위한 새로운 패러다임으로의 통합"에 관련되는데, "이러한 패러다임은 최근 등장한 것이고 (…) 현대 페미니즘의 필수적이고 유쾌한 움직임이기도 하다."『지식의 물질성-페미니즘적 폭로*The Material of Knowledge: Feminist Disclosures*』(2010)에서 헤크만은 심지어 신유물론이, 분석철학과 대륙철학 사이의 대서양 횡단적 불연속을 가로질러 **모든** 학문 분야에서 발견되고 있으며, 페미니즘 이론이 그 선두에 서 있다고 주장하기까지 한다. 우리의 경우에도 마찬가지로 신유물론은 학제적 경계를 떠나 메타-학제성으로 나아가도록 하며, 페미니즘 이론과 문화 이론에서 보다 폭넓게 받아들여진다고 본다. 이러한 주장은 신유물론 운동이 현대 문화이론의 **패러다임**에 대해 가질 만한 효과를 연구하고 그것에 연루되는 것의 중요성을 암시하는 것이다. [그렇다면] 신유물론이 패러다임을 횡단하는 방식은 무엇인가?

신유물론을 가동시키기: 패러다임과 함께 놀기

신유물론의 활동들을 증명하면서, 즉 이미 선-작동되는 어떤 신유물론에 기대기보다 하나의 새로운 유물론을 가동시키면서, 브라이도티(2000, 160)는 탈근대 문화이론에서 발견될 수 있는 것(이를테면 최신의 이론적 구성으로 고려되는 일단의 사회적/기호론적 구성주의 문화이론이 전체적인 분류 지도 위에 세워진다는 것)은 인간 신체에 대한 문화적 재현들 그리고 그것에 대한 과도한 이론적 담론들의 빠른 유통과의 역설적인 연결접속에서 "신체적인 자기성(the bodily self)의 물질성에 대한 거부"라고 논한다. 다시 말해 탈근대 시대의 문화이론은 물질성을 충분히 설명할 수 없었고, 이에 반해 인간 신체는, 문화이론뿐 아니라 대중문화 안에서도 (신체적인 그리고 비신체적인, 유기적인 그리고 비유기적인, 언제나 이미 여성화된) 물질의 과잉된 재현들(따라서 객체화)에 포위되어버린다는 것이다. 브라이도티는 반-본질주의로서 탈근대적 구성주의의 특유한 형식을 취한다. 이것은 재현주의를 긍정하며, 이러한 기묘한 상황에 책임을 가지려는 태도이다. 탈근대적 구성주의는 하나의 패러다임으로 밝혀지는데, 거기에서 유물론을 위한 자리는, 알리스테어 벨크만(Alistair Welchman)의 단어(2005, 390)로, '구속된'[제한된](restricted) 것이며 탈근대 문화이론가들은 단순히 "비-유물론적 사유체계로부터 물려받은 빈곤한 물질 개념을 사용하는 비평가"라는 큰 범주 안에 포함된다(ibid., 388). 탈근대 문화이론이 이성의 '위기'에 의해 구성하고 구성되는 것으로 보이는 것과는 달리, 이 이론은 근대적인 토대주의의 유산 안에서 작업을 계속해온 것처럼 보인다. 이성(로고스, 정신, 재현 같은 개념들)에 기반한 근대적 사유체계는 완전히 붕괴되지 않았으며, 이것이 초월론적이고 인간주의적인 경향이 계속해서 오늘날의 문화이론에 따라다니는 이유이다. 우리는 이미 이원론적으로 근대주의와 대립하는 탈근대주의가 동일한 것의 연속성을 야기할 수밖에 없다는 것을 논증했다(cf. Alaimo and Hekman, 2008, 2-3, Hekman, 2010, 48). [그렇다면] 어떻게 신유물론이 68년 5월 혁명 이후 이미 아카데믹한 지위를 떠난 패러다임을 질적으로 전환하는 데 성공할 것인가? 그리고 빈곤하지 **않은** 물질 개념을 어떻게 도입할 것인가?

이미 언급했듯이, 브라이도티의 신유물론은 그녀가 '신체적'(bodily) 또는 '육체적'(carnal) 유물론(2006, 182)이라고 부른바, "체화된 들뢰즈적 주체" 다시 말해 "외적 영향들의 접힘(folding-in)과 감응들의 밖을 향한 동시적인 펼침(unfolding)"에서 시작한다. 외부적인 것과 내부적인 것, 주체(적)와 객체(적), 개체적인 것, 사회적인 것 그리고 상징적인 것은 선-결정된 수준이나 층위 대신에 상호-구성하는 것으로 개념화된다. 이 들뢰즈적 주체의 계보학은 대륙철학적 사유에서 창조된 것이다. 그 것은 "데카르트의 악몽, 스피노자의 희망, 니체의 불만, 프로이트의 강박, 라캉의 즐거운 환상, 마르크스의 태만"(Braidotti, 2000, 159)을 포함한다. 이 지도제작법은 신유물론이 이성의 위기/탈근대적 패러다임뿐 아니라 이성/근대적 패러다임에 대해서도 말할 무언가를 가지고 있다는 것을 보여준다. 다른 말로 하자면 그것은 어떤 **조건부**(qualified) 지도제작법으로서, 이원적 대립의 질적 전환을 위해 개방되어 있다. 이러한 전환은 물질을 재사유함으로써 수행된다. 이성(부가되어진, 따라서 탈근대화된 것이든 아니든 간에)에서 시작하는 대신에, 유물론의 급진적 의미를 긍정함으로써, 또는 단순히 근원적인 내재성을 긍정함으로써, 브라이도티는 물질을 견고하고 안정적인 것, 즉 자기-동일적인 것으로 정의하지 않는다. 물질에 대한 급진적으로 내재적인 개념화는 **필연적으로** 그것의 진행중인 "변형"(metamorphosis)(Braidotti, 202a), 또는 데란다(1996, 2002)의 용어를 사용하자면 그것의 진행중인 "형태발생"(morphogenesis)을 긍정하며, 그때 그것은 강도적인 물질 과정들과 그것들이 생산할 수 있는 현행적 형태들에 대한 관심을 드러낸다.

베르그송적인 시간 개념(선형성과 진보성 대신에 지속durée)에 의해 구체화된 급진적인 내재성의 철학에 따르면, 물질(matter)은 이성이나 로고스 또는 정신이나 재현의 어두운 부분(photonegative)으로서의 물질(Matter)로 사유될 수 없으며, "물질 안으로 [삽입된] 지속"(Grosz, 2005, 111)에 집중함으로써 사유될 수 있다. 그러한 철학은 실제로 변형이나 형태발생에 집중한다.

> 지속한다는 것, 시간 안으로 근본적으로 침잠한다는 것은 어떤 플라톤적 본질처럼 불변하거나 시간이 흐르는 동안 동일하게 남아 있다는 것이 아니라, 시간의 경과와 더불어 변형하고 분기(diverges)한다는 것이다(ibid., 110).

이것은 결국 탈근대적인 것, 그 개념의 사회적 또는 기호론적 구성주의의 의미(재현이 과학적인 '자연의 거울'이 아니라 그와 동등하게 재현적인 '문화의 거울'이라는 의미에 따라)뿐 아니라 근대적인 것, 즉 과학적 의미에 있어서 모든 가능한 재현을 **내재적으로 벗어나는** 물질로 귀결된다(Barad 2007). 다시 말해 근대의 과학적 유물론이 한 가지 즉, 물질의 진정한 재현(True representation)을 감안하고 탈근대 문화 구성주의가 그와 동일한 진정한 재현들을 과도하게 감안하는 반면, **신유물론**에 의해 의문에 부쳐지고 전환되는 것은 바로 이 공통적인 재현주의이다. 물질은 **스스로가** 변형적인 힘이며, 그 진행중인 변화 와중에 어떤 재현성도 뿌리를 내리지 않는다. 이것은 또한 미구엘 드 베스테귀(Miguel de Beistegui, 2004, 110)가 하이데거와 더불어 들뢰즈를 읽는 방식이기도 하다. 여기서 그는 다음과 같은 난해한 말로 결론을 짓는다. "뒤에서, 또는 더 좋게 말해 아마도, 모든 대상들 아래에, 모든 재현, 형이상학적 관념성의 모든 물리적인 것 아래에는 하나의 현상이 놓여 있다. 그것은 세계의 살과 피, 스스로를 재현함으로써 계속 살아가고 겪어내는 삶이다. 그것은 **살아지는 것으로서의 존재이다.**[29]

「페미니즘 비평에서 물질이란 무엇인가?」에서 마리암 프레이저(Mariam Fraser)는 브라이도티의 신유물론을 긍정한다. 이것은 그녀가 클레어 콜브룩(Claire Colebrook, 2004, 293)이 현대 (페미니즘) 탈근대 문화이론의 본보기라고 불렀던 주디스 버틀러에 기반하여 연구함으로써 가능했다. 재현주의 또는 언어성은 버틀러의 작업에서 핵심을 이룬다.[30] 프레이저(2002, 613)는 버틀러의 작업에서, 언어란 결국 외재성만을 드러내는 것이라고 주장한다. 당연한 귀결로, 어떤 파악도 언어를 통해 수행되므로, 내면성은 근본적으로 파악불가능한 것으로 드러난다. [그렇다면] 프레이저가 브라이도티와 더불어 신유물론의 세대로 규정하는 바라드와 비키 커비는 어떻게 물질/물질성과 언어 사이, 신체의 외재성과 내면성 사이에 있는 관계를 질적으로 전환하는가? 핵심은 언어성에 대한 가정들의 포기에 있는데, 이것은 또한 말하고/쓰는 누군가에 대한 가정을 포기한다는 것이기도 하다. 바라드(1998, 105 in ibid., 618; original emphasis)에 따르면, "우리의 이론들이 기술하는 것은 자연 그 자체가 아니라, 자연 안으로의 우리의 참여이다." 그녀는 관찰자, 관찰되는 것 그리고 관찰 도구들의 간-행을 이론화하면서 그 모든 것이 '행위적'이라고 본다. 이런 노선에서, 커비는 데리다와 소쉬르를 재-독해하면서 물질의 문해력(literacy)에서 시작하는데 이는 그들의 저작에 대한 정독이 변화하는-물질성(materiality-in-change)에 대한 그들의 강조를 드러낸다는 것을 보여주기 위함이다. 커비의 저작에서, 물질은 말해지는 대상 혹은 더불어 말하는 상대일 뿐만 아니라 차라리 그 자체로 그저 **말하는**(speaking) 것이기도 하다. 자연과 문화, 말과 육체는 "모두 어떤 최종적인 의미에서의 외재성도 가지지 않는 차이나는 것들[미분적인 것들]의 힘의 장 **안에서** 출현한다"(Kirby, 1997, 126-7 in Fraser 2002, 619). 횡단성에 관한 두 가지 사례, 즉 '**안에**'라는 말에 의해 드러나는바, 그것은 언어/문화 또는 물질/자연 중 하나에 대한 우선성을 뒤에 남겨두게 한다. 다시 말해 잘못된 이원론이 고찰되는 것이다. 즉 신유물론은 탈근대와 근대의 패러다임을 가로지르면서, 양쪽의 인식론들이 클레어 콜브룩(2004, 56)이 "재현/물질 이분법"이라고 불렀던 것의 뚜렷한 양극성에서 시작한다는 것을 보여준다. 이러한 이분법에 의문을 제기하는 것은 아래와 같은 함의를 가진다.

페미니스트들이 물질적 체현 안에서 허우적대는 여성이라는 관념을 비판하거나 거부했을 때, 그렇게 한 이유는 그들이 물질이 역동성을 결여한다고 간주했기 때문이다. 결과적으로 물질과 관련된 공포에 의문을 가진 것은, 정확히 정신과 물질 간의 경계가 선재하는 언어나 사회적 생산물의 효과라고 간주되었기 때문이었다. 그리고 '언어학주의'에 마침내 이의가 제기되었을 때, 이것은 언어가 삶의 활력이 아니라, 어떤 고정되고, 결정짓는, 그리고 삶에 부과된 비인간적인 창살이라는 식으로 잘못 받아들여졌기 때문이었다(Colebrook, 2008, 64).

브라이도티가 말하길, 신체들은 유전적인 코드화에 따라 **접힌**(unfold) 텍스트이며, 그것은 물질적인 것과 재현적인 것의 횡단을 함축하고 있다.

따라서 신유물론 패러다임의 핵심은 '물질-담론적' 또는 '물질-기호론적'인 것에 대한 강조이며, 우리는 이것을 해러웨이의 패러다임-전환적인 연구로부터 알고 있다(1988, 595; original emphasis).

> (…) 인식 대상으로서의 신체들은 물질적-기호론적 발생의 노드들(nodes)이다. 신체의 '경계들'은 사회적 상호작용 안에서 물질화한다. 경계들은 지도 그리기에 의해 도출된다. 하지만 '대상들'은 그 자체로 선재하지 않는다. 대상들은 경계 투사(boundary projects)이다. 하지만 경계들은 범위(within) 안에서부터 전환한다. 경계들은 매우 다루기 힘든 것이다. 경계들이 잠정적으로 함축하는 것은 발생적인 것, 즉 의미와 신체의 생산물로 남는다. 경계들을 겨냥(조준)하는 것은 위험천만한 실천이다.

이와 같은 주장은, 그것이 문화이론의 넓은(근대적이면서도 탈근대적인) 패러다임에 적용될 때 횡단적이다. 신체들의 '물질화'(materialization)와 이른바 탐구대상들이라는 것에 대한 집중은 신유물론 문화이론 안에서 '지속'이 사실상 '물질에 삽입'되는 방식(이를테면 데란다가 '물질-에너지 흐름'에 집중하는 방식)과 '재현/물질성 이분법'이 사실상 붕괴되는 방식(예컨대 브라이도티가 신체를 "욕망의 전자파에 의해 활성화된 고기 한 점, 유전자 코딩을 펼쳐 쓴 텍스트 한 편"이라고 개념화하는 방식)을 증명한다. '물질적-기호론적 행위자'에 관해 연구하는 것은 해러웨이가 명명한 대로, 물질에 대한 관습적인 정의 방식의 복잡화를 수용한다. 하나의 대상은 더이상

재-현(re-presented)되어야 하는 수동적 물질이 아니다. 그리고 의미-제 작과정은 두 가지 과정으로 이루어진다.[31] 여기서도 마찬가지로 신유 물론이 의미(signification)를 폐기하는 것이 아니라(cf. Ahmed, 2008, 34) 오히려 그것의 합당한 자리로 인도하며 결과적으로 언어학적 전회를 질적으로 전환하는 방식(특히 비-이원론적으로)이 증명된다.

해러웨이는 후기 저작뿐 아니라 위에 인용된 구절들에서도 신체들과 학술적인 의미/재현의 체계가 나란히 물질화되는 방식에 집중한다. 신 유물론의 해러웨이적 예화들은 바라드(2007)가 존재-인식론(onto-epis-temology)이라고 또는 심지어 윤리-존재-인식론이라고 불렀던 바를 확 증한다. 바라드에 따르면, 존재와 앎(그리고 선good)이 구분불가능하게 된다. 해러웨이와 바라드로부터 영감을 받는다면, 우리는 결국에는 '지 도제작 방법론'(cartographical methodology)을 논증하기를 바라게 된다. 이 방법론은 신유물론의 학제적이고 패러다임적인 횡단성에 의해 발생 되고 발생하는 것이다.

분류보다 지도제작

신유물론은 21세기를 위한 하나의 문화이론으로서, 심지어 다른 방식으로 표명될 때에도, 탈근대적 문화이론이 어떻게 이원론인 '탈-'이라는 개념화를 사용하게 되었는지 보여주려고 한다. 탈근대 문화이론은 근대적 문화이론을 재-확정하며, 따라서 이성의 위기 이후 초월론적이고 인간주의적인 전통이 문화이론에 붙어 있게 허락한다. 신유물론적 문화이론은 (탈-)근대 문화이론을 전환하며, 초월론적 인간주의에 대해 내재적 응답을 제공하는 것이다. 이것은 비-토대주의적임과 동시에 비-상대주의적인 문화이론이다. 이 책의 1부에 나오는 인터뷰들에 따라, 우리는 후자와 같은 논증으로부터 얻을 것이 많음을 보여주었다. 결국 탈근대주의와 근대주의는 한편으로는 다양하고, 다른 한편 인식론적으로 매우 유사하다. 이것이 바로 신유물론이 철학사를 계속 재기술하려는 이유이다. 이미 언급되었듯이, 들뢰즈가 제안한 소수적 전통이 이제 광범위하게 읽히며 언급되고 있지만, 점점 더 과거의 위대한 정신들도 그들의 연구가 필요로 하는 관심을 받고 있다. 왜냐하면 이러한 전통을 한 계열의 인물들로, 심지어 철학사가 사유의 특유한 '전형'이라고 분류한 것으로 제한할 필요가 없기 때문이다. 베르그송, 화이트헤드, 윌리엄 제임스와 에드문트 후설과 같이 근대주의의 범위 안에서 연구한 학자들은 모두 이원론적 사고에 따라 재해석되거나 [평가가] 보류되었는데, 이들은 신중한 유물론적 재-독해가 요구되며, 사실상 오늘날 많은 학자들에 의해 그 작업이 수행되고 있다. 이 목록에서 헤겔을 제외할 이유는 없다. 왜냐하면 헤겔은 "행위는 정신을 실체와 그 실체의 의식성으로 나눈다"(Hegel [1807] 1977, paragraph 444)라고 했기 때문이다. 이는 이 장이 시작될 때 언급된 스피노자의 정신-신체 문제에 대한 해법과 매우 근접할 뿐 아니라 우리가 (헤겔로부터 영감을 받은) 마르크스의 유물론을 (비-이원론적) 신유물론으로 재사유하도록 허용한다. 이 모든 철학들이 가진 풍부함은 이원론-지배적인 근대주의와 탈근대주의에 의해 광범위하게 고통받아왔다. 앞선 절에서 우리는 신유물론이 생성된 방식이 지속이 물질 안으로(존재론)뿐 아니라 동시에 이론적 구성(인식론) 안으로도 삽입된다는 사실이라고 언급했다. 달리 말하자면, 이론 구성은 또한 경계들의 물질화를 초래한다. 이론 구성을 '운동'(movement)으로부터 시작한다는 것은 분류보다 지도제작을 함축하는 것이며, 이것은 이 장에서 강조하고자 한 횡단성의 세번째 예화이다.

서문에서 우리는 신유물론이 분류론이 아닌(신유물론은 비-이원론적 인식론적 수행을 활성화시킨다.) 이론 구성에 대한 사고를 **규정**할 뿐 아니라, 우리로 하여금 그 이론 구성이 사유되던 방식(영토화 패턴을 따르는)을 이해하도록 만든다고 주장했다. 우리는 분류는 영토성을 예시하며, 완연하게 이원론적이라고 주장했으며, 이 장을 통틀어 어떻게 겉보기에 대립하는 인식론적 경향이나 분류들이 사실상 불완전한 대립항인지 명확히 했다. 신유물론은 선-결정된 것으로서의 '학제' 또는 '패러다임'의 사용을 비판할 뿐 아니라, 이론적 경향들의 분류의 선-결정성을 규정하는 이항 대립들의 해체 노선 전반에도 비판적이다. 아마도 문화이론에 널리 퍼져 있는 분류론적인 인식론적 경향들은 영토적 경계선을 따르는 연구작업을 함축하는데, 이는 지속적인 부정성과 진보의 서사를 적용하는 것과 마찬가지로 초월론화하는 태도를 가진다(특별히 이원론이 그러하다.). 신유물론은 문화이론의 접힘(펼침) ─ 이론 구성에 있어서 물질-에너지 흐름, 코드화 실행의 비선형성, 물질과 의미를 가로지르기―이 포획되도록 허용하지 않는다. 신유물론은 문화이론이 분류되어왔던 방식들을 탈-영토화한다. 그리고 이러한 과정을 우리는 지도제작술이라고 부른다. 우리는 위에서 콜브룩을 언급했는데 그는 이 '언어'의 개념화를 "고정되고, 결정짓는, 그리고 삶에 부과된 비인간적 창살"로 본 것에 의문을 제기했다. 그녀는 신유물론이 우리가 물질뿐만이 아니라 언어 역시 '삶의 활력'으로 이해하도록 한다고 밝혔다. 따라서 고정성(fixity)에 대한 문제 제기는 이론 구성에 대하여 비선형적, 지도제작술적 방식으로 사유할 가능성을 열어놓는다.

바라드의 「시간, 공간 그리고 물질을 재(배)치하기Re(con)figuring Space, Time, and Matter」는 분류학을 떠나 지도제작술로 이동하는 것에 대한 설명에 유용하다. 이전에 우리는 바라드의 신조어 '간-행'에 대해 언급했는데, 이것은 정신과 물질, 또는 사회학과 신유물론과 같은 용어들이 서로 '상호-작용'(inter-act)하기 전에는 독립적으로 실존하지 않는다는 점을 우리가 받아들이도록 한다. 바라드(2001, 98)는 '간-행'적인 장치를 아래와 같이 설명한다.

(…) 구조들은 진행중인 물질-담론적 간-행을 통해 반복적으로 (재)생산되는 물질-담론 현상으로 이해되어야 한다. 이 기구는 유클리드적 장치가 아니고, 단순한 비-유클리드 기하학적인 고정된 도구도 아니다. 그것은 간-행의 역동성을 통해 변형된 위상학적 동물이다. 연결성, 경계 구성 그리고 배제(위상학적 관심)에 관한 질문들은 위치성(positionality)과 장소(location)(이것은 너무 자주 기하학적 용어들로 형상화된다)에 대한 고려를 보충

하고 알려야 한다.

존재-인식론을 긍정하면서, 바라드는 경계를 그려나가는 지도제작적 실천에 대해 말한다. 그리고 그녀는 **동일한** 대상들/경계들이 불완전하게 대립적인 지도 그리기의 실천에서 물질화된다고 주장한다(유클리드 공간 대 비유클리드적 공간 안의 안정성). 지도 그리기의 실천 즉, 간-행을 발생시키고 그것을 통해 생성되기는 두 경우 모두를 전환하면서 다음과 같이 작동하게 된다.

우리가 필요로 하는 것은 물질-담론적 장치들의 계보다. 이는 시공간 다양체를 재배치하는 간-행적인 위상적 역동을 고려한다. 특히 그것들이 상이한 범역들에서 현상들의 연결에 관한 분석을 포함한다는 점이 중요하다. (⋯) 공간, 시간 그리고 물질의 위상적 역동성은 어떤 행위적 문제(agential matter)이며 그 자체로 하나의 앎의 윤리와 존재를 요구한다. 즉 간-행은 힘의 기하학들의 구성에 참여하는 것보다 더 많은 것을 할 잠재력을 가지며, 그것의 위상학 안에 변화를 위한 가능성들을 열어놓는다. 그리고 이용할 수 있게 된 다양한 가능성들에 대한 그와 같은 개입은 가능한 두 가지 모두를 재배치한다. 가능성들의 공간은 인식하는 자의 사회적 위치가 그려질 수 있는 어떤 고정된 사건 지평을 재현하지 않으며, 마찬가지로 선택에 있어서 동질적인 고정된 획일성을 재현하지도 않는다. 그보다 시공간 다양체의 동력학은 그것의 바로 그러한 재(형)상화 안에서 가능해진 행위적 개입(agential interventions)에 의해 생산된다(ibid., 103-4).

우리의 어휘록에 있는 이런 계보학들 또는 '지도제작술들'은 절대적 탈영토화를 허용하는 이론 구성에 대한 비-이원론적 접근이다. 신유물론은 재현, 의미 그리고 학제성에 주관심사를 두지 않는다. 오히려 신유물론은 모든 방향으로 뻗어나가는 감응, 활력 그리고 운동에 열중한다. 그것은 사물 그 자체의 객관성이 아니라 현행화와 실재화의 객관성을 추구한다. [또한] 신유물론은 어떻게 물질이 행위 실재론이 되는지, 즉 어떻게 물질이 그 안에서 물질화되는지 탐구한다. 신유물론은 빠름과 느림에 관심을 기울이며, 그 안에서 상호 간 어떻게 사건이 펼쳐지는지 간-행을 따라 사고한다. 신유물론은 우리가 (사회적) 신체에 대해, 그것이 무엇을 할 수 있는지를 알기 전까지는 아무것도 알 수 없다고 논증한다. 그것은 언제나 이미 존재해왔던 영속적인 흐름으로써 자연문화를 가로지르는 양태들의 다양체를 연구하는 데 동조한다.

우리는 다음 장에서 비-이원론에 관한 질문을 취해, 신유물론이 이원론을 비-이원론으로 밀어붙이는 **방식**에 대해 아주 상세하게 논의하고, 결과적으로 물질과 언어에 어떤 비-환원적 해석을 고려할 것이다.

6장_ 이원론을 극단으로 밀어붙이기

이 장에서 우리는 여러 탁월한 현대 (대륙)철학자들이 '신유물론'의
형식 안에서 차이의 철학을 구축한 방식을 들여다본다. 그 작업은 신
유물론이 실현된 방법론의 신중한 분석뿐 아니라 신유물론의 특별한
철학적 역량에 주력하며 진행될 것이다. 우리가 한편으로 존재론, 다른
한편으로 방법론이 관련되는 이 이중 운동이 신유물론에 내재한다고
논증하겠지만 대부분의 현대적 비평들은 단지 새로운 철학적 입장을
앞세우면서 존재론에 집중한다. 달리 말해, 어떻게 신유물론이 **새로운**
지에 대한 명확한 전망은 미숙한 채로 남은 반면, 신유물론의 유물론
은 비난되고 있는 것이다. 이 장은 어떻게 신유물론이 (용어들 간의 부정
적 관계로 구조화되는) 근대성의 이원론을 횡단하면서 사유 혁명을 생산
하는지 증명함으로써 이 불일치를 다룰 것이다. 그리고 그 과정에서 (긍
정적 관계에 의해 구조화되는) 차이의 새로운 개념화를 마련함으로써 그것
을 표명할 것이다. 이런 차이의 개념화는, 근대 이원론적 사유 안에 (암
시적으로) 포함된 모든 우선순위들을 떠나 어떤 존재론적 철학적 실천
을 만들어낼 것이다. 왜냐하면 긍정에 따라 구조화되는 차이는 사전결
정된 관계들(예컨대 정신과 신체)에 의해서 작동하지 않으며, 항목들 간의

역-위계성(counter-hierarchy)(이것은 신유물론을 탈근대 철학의 실행으로 만들 것이다)을 포함하지도 않기 때문이다.

신유물론에서 '신'(다시 말해, 그것의 비-이원론적 철학이 이원론적 철학적 입장들과 관계되는 방식)은 '근대성'의 '재기술'에 대한 리오타르의 요청과 가깝다. '포스트모더니즘'에 대한 사유로 유명해진, 그의 『비인간*The Inhuman*』([1988] 1991) 2장에서 리오타르는 시간에 관한 암시적인 관념 때문에, 특별히 이 개념을 비판한다. 포스트모더니즘이란 모더니즘에 의해 제기된 주제가 마찬가지로 포스트모더니즘의 의제로 놓인다는 의미에서 바로 모더니즘이다. 그래서 그것은 오히려 '후기-모더니즘'(after-modernism)인 것이다. 리오타르가 끊임없이 강조하는 주제들에는 인간의 전반적인 해방이 대부분 포함된다. 하지만 포스트모더니즘이라는 용어를 전유함으로써, 그의 기획은 자동적으로 모더니즘의 선형적 결과로 스스로를 표명하며, 그리고 (동시에) 당면한 것에 대해 사유하기를 거부한다(또는 적어도 오래전에 지나간 문화사의 어떤 시기의 결과로서 여기 지금에 대해 사유할 수 있을 뿐이다). 하지만 아리스토텔레스의 『자연학*Physics*』 4권(Book IV)을 재독해하면서, 리오타르는 이미 발생한 것(앞선 것, proteron)과 막 발생하려는 것(husteron)이 현재와 동떨어져서 생각될 수 없다는 생각에 동의한다. 역사와 미래 둘 모두는 현재로부터 펼쳐진다. 따라서 우리 세대는 근대성에서 따라오는 어떤 세대로 고려되지 말아야 하고, 근대성에 의해 제기되어왔던 여러 (해방의) 형상들에 관한 끊임없는 재기술을 하려고 애쓰며, (미래를 투영하는 반면) 적극적으로 과거를 창조하는 세대로 인식되어야 한다. 리오타르(Lyotard, [1988] 1991, 24)가 그의 기획을 '근대성의 재기술'이라고 고쳐 말하기를 제안한 것은 이런 이유에서이다.

근대성의 재기술이라는 생각은 또한 (뱅센느대학에서 친한 동료였던) 들뢰즈가 의도했던 것에 관한 훌륭한 설명으로 간주될 수 있을 것이다. 들뢰즈(e.g. [1966] 1991)도 마찬가지로 시간에 관한 아리스토텔레스적 개념을 수용하는 것으로 보이는데, 그의 책에서 베르그송이 아리스토텔레스를 어떻게 재기술하는지 (현행성과 잠재성 개념을 활용하면서) 중점적으로 다룬다. 들뢰즈는 자신이 (그의 해석자들과 같이) 언제나 철학사를 전반적으로 재기술하고자 했다고 주장한다. 또는 적어도 그의 목표—특히 그의 초기 경력에서— 는 사유의 주류 노선들이 그가 가장 위대하다고 간주하는 많은 이념들을 덧코드화했던 **철학사**(History of Philosophy, 대문자 철학사) 전반에 대한 의문 제기였다. 그러나 사유에 대한 그의 항구적인 기여들에 대한 편견이 없다면, 전체 **철학사**에 대한 재기술이라기보다 근대성에 대한 재기술로서 들뢰즈의 연구를 고려할 만한 훌륭한 이유가 있다. 왜냐하면 비록 그의 사상에서 루크레티우스, 둔스 스코투스 그리고 스토아 철학이 중요한 역할을 할지라도, 그들은 어떤 특정한 연구의 중심이 결코 아니었으며, 또한 들뢰즈가 그들의 생각들에 새로운 빛을 비추려고 그다지 많은 애를 쓴 것도 아니었기 때문이다. 하지만 그는 스피노자, 라이프니츠, 니체와 베르그송 같은 철학자들 그리고 프루스트와 카프카와 같은 작가들에 대한 중요한 재해석을 철학과 다른 학문 분야들에 선사했다. 이들은 모두 이른바 근대 시기에 매우 상이한 방식으로 그들의 삶을 살았던 작가들이었다. 그 가장 급진적인 형식에서 인간성의 해방이 핵심적인 형상이기 때문에, 들뢰즈의 기획을 '근대성의 재기술'로 재명명하는 것은 들뢰즈 철학의 모든 부분에 **정확하게** 부합할 것으로 보인다. 들뢰즈(그리고 펠릭스 과타리)의 근대성 재기술은 사유에서의 '비주류 전통'의 재기술이었다. 그 작업은 위에서 언급된 네 명의 '모더니스트' 사상가들에 기반했기에 그렇게 이름이 붙었다(e.g. Deleuze and Guattari [1980] 1987). 그들의 근대성을 재기술함으로써, 그리고 해방을 사유하는 근대적 방식들을 전혀 내세우지 않음으로써, 들뢰즈는 근대 시대의 형태를 만드는 특성들을 (어떤 방식으로) 계속 이어가던 포스트-모더니즘을 창조하지 않았다. 그보다 리오타르가 그것을 개념화했던 방식을 따라, 들뢰즈의 목표는 이 전통 전체를 활성화시키는 것이었다. 우리는 뒤에서 들뢰즈의 타자(the Other)에 대한 연구, 이를테면 일자(the One)에 대한 포스트모던적 사유에 의해 포획될 수 없는 그의 해석을 보여줄 것이다.

우리가 이미 이 책 1부의 인터뷰에서 보았듯이, 그리고 궁극적으로 앞 장의 결론부에서 주목했듯이, 리오타르의 각성된 사유에서, 근대성의 부단한 재기술은 또한 오늘날 신유물론적 사유에 의해 영감을 얻은 것들에 의해 매우 심오하게 받아들여지는 어떤 것이다. 이 급진적으로 성장하는 현대 학자들의 연구는 모더니즘 또는 그 모더니즘의 파편들을 재기술하는 것으로써, (철학적) 전통을 예술과 과학으로 개방하고, 지금 여기에서 현행화하며 현실화한다. 브라이도티와 데란다와 같은 몇몇 저자들은 들뢰즈와 그의 비주류 전통을 재-독해하는 것에 많은 관심을 가지고 있다. 비록 이 둘 모두 다른 풍족한 (근대적) 기반도 함께 활용하고 있다는 것을 언급해야 할지라도 말이다. 브라이도티는 언제나 정신분석(특히 프로이트적 정신분석)에 대한 관심을 드러내왔다. 반면 데란다는, 비록 언제나 충실한 들뢰즈주의자로 비춰졌지만, 페르낭 브로델(Fernand Braudel), 마리오 분지(Mario Bunge), 막스 베버(Max Weber)의 연구를 적어도 그만큼 활용한다. 카렌 바라드와 퀑탱 메이야수와 같은 다른 사람들은 여전히 다른 경로들을 통해 이 길로 오게 되었다. 바라드(2007)는 이론물리학 분야에서 등장한 철학자로서, 닐스 보어(Niels Bohr)의 연구에서 주로 영감을 받는다. 퀑탱 메이야수([2006] 2008)는 근대적 기획 전체 안의 지배적인 흐름(그는 이것을 '상관주의적'이라고 이름 붙인다)을 재기술하려고 애쓴다. 이때 그는 무엇보다 데이비드 흄에 관한 긍정적인 재-독해로 돌아간다.

이 모든 저자들은 어떤 물질적인 정신에 닿아 있는데, 그들이 다양한 방식으로 글쓰기에 행하는 미세한 힘들이 이에 속한다. 하지만 이것을 **긍정적으로** 수행하는 것, 근대성의 재-독해를 통해 그 안에서 수행되는 것에 대한 그들의 공통된 관심은 좀더 개선되어야 할 필요가 있다. 이를테면 『유목적 주체』(Braidotti, 1994, 171)에서 브라이도티는, 리오타르의 방식으로 들뢰즈의 비주류 전통에 대하여, 우리가 여성의 관념을 '통괄'(work through)해야 한다고 말한다. 즉 "마치 오래된 피부를 점진적으로 벗겨내듯이, 변화의 성취는 신중한 통괄작업을 통해 획득되어야 한다. 새로운 것을 만드는 것은 오래된 것의 대사적 소비(metabolic consumption)이다." 그들의 관심사를 '자연문화'에서(Donna Haraway [2003]의 표현처럼) 또는 '집합적인 것들'(Bruno Latour ([1991] 1993)의 개념)에 확장하면서, 그들이 근대성의 과정들을 재기술하는 방식은 근대적 사유의 중심인 이원론을 재기술하는 것이다. 예컨대 라투르는 "근대적 유형의 폭로에 의지하지 않고 근대의 구조를 드러내는 교묘한 수를 두려고 한다"라고 언급했다. 이것은 그의 기획이 "[근대적] 구조가 효과적이 되려면, 그것이 허용하는 것을 알아야 한다"라고 확언하는 것임에 기인한다(Latour [1991] 1993, 43). 이런 종류의 논증은 베르그송(Bergson [1896] 2004, 236)의 언어로 "이원론을 극단으로 밀어붙이기"라고 명명되는 운동으로 요약될 수 있다. 이 장에서 우리는 신유물론이 바로 이러한 운동에 의해 구성되어지는 방식 즉, 들뢰즈([1956/2002] 2004, 32)가 베르그송을 논하면서 존재론적으로(이것은 어떤 물질적 정신material spirit, 다시 말해 브라이언 마수미 [2002, 66]가 '존재론적 선행ontologically prior'이라고 부르는 것에 대한 관심이다)뿐 아니라 방법론적으로(이것은 철학하는 방식들, 논쟁하는 방식들에 접근한다) 전형화했던 것을 논의한다. 이것은 특히나 들뢰즈 자신이 과타리와 함께 쓴 『자본주의와 정신분열증*Capitalism and Schizophrenia*』에서 그 자신의 방법론으로 채택했던 유형의 운동이다. 『안티 오이디푸스*Anti-Oedipus*』([1972] 1983)에서, 그들은 이미 그들이 '분열분석'(남성/여성이라는 이분법 너머 그리고 인간의 섹슈얼리티 너머에 대해 관심을 가지는 유물론적 철학적 실천)이라고 불렀던 것을 수행한다고 선언했다. 그리고 우리가 (정신분석을 통해) 사유하는 방식들을 덧코드화하는 오이디푸스적 책략의 파괴를 통해 자주 개체적으로, 집합적으로 경험하고, 욕망한다. 데카르트적 이원론을 결코 따르지 않는 이러한 사유의 스타일은 유젠 홀란드(Eugene Holland, 1999, 111-2)가 논증한 것처럼, 그러한 대립항들과 그것들이 할 수 있는 것에 따라 스피노자의 일원론적 해법을 재사유하는 데 더 많은 관심을 가진다. 하지만 이들의 기획이 언어로 가장 가깝게 획득된 것은 『천의 고원』(Deleuze and Guattari [1980] 1987, 20)에서인바, 이들이 다음과 같이 말할 때 그러하다. "우리는 다른 이원론을 극복하기 위할 때만 하나의 이원론을 적용한다. 우리는 모든 모델들에 도전하는 과정에 도달하기 위해서만 모델들의 이원론을 채택한다." 따라서 근대성을 재기술하는 데 제안되는 방법론과 존재론은 결코 근대성'에서 생기지' 않는다. 이원론을 극단으로 밀어붙임으로써, "차이를 한계까지 내몬다"(Deleuze [1968] 1994, 45). 결과적으로 근대성의 이원론들을 급진적으로 재기술함으로써, 신유물론은 정확히 '신' 존재론 또는 차라리 '신' 존재발생론**32**을 위해 열린 차이의 철학이 된다.

앞 장에서 우리는 신유물론이 포스트모더니즘뿐 아니라 모더니즘 문화이론들에서 발견될 수 있는 물질보다 정신을, 신체보다 영혼을, 자연보다 문화를 우선적으로 대하는 이원론적 행태를 질적으로 전환하는 횡단적 문화이론이라고 제시했다. 따라서 우리는 겉보기에 반대되는 두 개의 문화이론들에 대항하여 "동일한 증거를 소환했다"(Bergson [1896] 2004, 236). 그와 같은 우선순위가 오늘날에조차 과학과 인문학의 탁월한 분야들에서 상식적인 것으로 드러난다는 사실에도 불구하고, 이원론에 대한 그것의 의존은 의심할 여지 없이 확실하다. 그 우선순위가 작동한 결과는, 수 세기에 걸쳐 비주류 전통들이 납득할 만한 방식으로 그것들에 반대해온 반면, 그것의 가장 총체화하는 의미과정에서는 일반적으로 참으로 드러난다. 다른 말로 하자면, 신유물론은 전술한 개념들 사이에 승인된 관계들이 어떻게 사실상 '권력/지식'의 결과가 되는지를 증명함으로써 구성된다. 이에 따르면 푸코(Michel Foucault, 1980)가 시도했던 바와 같이 진리는 정치나 체제의 예화이다. 이 장에서 우리는 앞서의 논증들을 비-이원론적 사유의 현대적 발흥을 둘러싼 방법론적이고 존재론적인 주제들에 집중함으로써 더 앞으로 나아가게 할 것이다. 우리는 신유물론의 경우에 근대성에 대한 급진적인 재기술이 초래하는 바에 대해 사유함으로써 시작할 참이다. 브라이도티, 데란다, 바라드 그리고 메이야수와 같은 학자들이 **어떻게** 그들의 연구를 생산하는 것인가?

근대성에 대한 신유물론의 급진적 재기술

어떤 문화이론은, 만약 그것의 확립이 연속적인 부정과 진보의 이야기라는 지배적 노선에 따라 구조화된 담론 안에서 다음 단계를 주장하지 않는다면, 참으로 독특하고 **독창적**일 수 있다는 점에 대해 동의하자. 다시 말해 만약 그 이론의 수립이 아주 많은 상이한 삶의 부분들로 가지쳐 갈라졌듯이 근대주의 안에서 지배적인 사유를 출발시켰던 분류상의 노선들을 따르지 않으면 말이다. 유사하게, 이러한 이야기에 **반대하는 것**은 역시 선택지가 아니다. 리오타르는 이미 우리에게, 포스트 모더니즘의 이념에 대한 그의 커가는 우려 역시 접두사 '포스트'와 연관된다는 점, 그리고 이와 대립하는 방식으로 근대성의 이야기들을 (재)창조했음을 가르쳐주었다. 앞선 장에서 이미 언급되었듯이, 후자에 일반 이론을 부여한 것은 미셸 세르였다. 그는 다음과 같이 진술했다. "부정적 신호에 영향을 받는다 하더라도 다른 관념에 대립하는 하나의 관념은 언제나 동일한 관념이다. 당신들이 더 많이 서로 대립할수록, 당신들은 더욱더 동일한 사유의 틀 안에 남게 될 것이다"(Serres with Latour, 1995, 81).

그러므로 포스트모더니즘의 이념뿐 아니라, 실제 분류로부터 또는 그것의 거부로부터 출발하는 **모든 사유**는 급진적으로 재기술하지 않으며, 사유에서의 어떤 혁명을 시작할 수 없다. 그로스(2005, 165)는 사유에서의 (페미니즘적) 혁명을 통해 사유하는 이리가라이의 탐색을 추종한다. 그런데 아주 분명하게도 사유에서의 혁명들은 급진적인 재기술 안에서만 성립된다고 언급한다. 결국, 그와 같은 운동은,

> 어떤 알려진 모델을 따른 혁명이 아니다. 왜냐하면 그것이 모든 이전의 사유들의 전복이 될 수 없으며, 과거의 개념들과 언어로부터 급진적인 단절일 수 없기 때문이다. 따라서 사유에서의 혁명은 오직 현재 존재하거나 이미 존재해온 언어와 개념을 사용할 수 있을 뿐이며, 마찬가지로 현재의 배경과 역사에 대비되어 나타날 수 있을 뿐이다.

일찍이, 그로스(2000)는 이미 겉보기에 제한적인 모델 또는 사유의 틀 또는 개념이 사실상 사유에서의 혁명의 불확정성을 인정한다고 설명했다.33 과거를 부정함으로써 미래의 사유와 실천을 예상하기를 바라면서, 우리는 우리 자신을 오직 제한하기만 하는 과거의 사유들과 실천들에 연루시킨다. 그와 같은 상황에서, 과거는, 그 진보가 이루어진다고 여겨지더라도, 다만 현재 안에서 재-인준될 뿐이다. **이것**이, 우리가 논증하길 원하는 바인데, 사유의 분류적 양태들의 구조화하는 원리이며 결과적으로 이는 사유의 급진적 재기술, 진정하게 혁명적인 것이 되기를 방해한다.

이 장에서 우리의 목표는 따라서 신유물론적 문화이론의 혁명적 구성이 어떤 방식으로, 과거와 미래가 펼쳐지는 기준인 현재로서의 근대성을 재기술하는지 알아내는 것이다. 이것을 달성하기 위해 우리는 우

선 근대 문화이론의 구조적 원리 즉, 이원론의 신유물론적 붕괴가 어떻게 사유의 혁명을 추동하는지 증명해야 한다. 신유물론 문화이론들은 모더니즘적 인문학(Serres with Latour, 1995, 86 참조) 안에서 꾸준히 반복되는 논의들에 관련되지 않는다. 신유물론은 (그러므로) 분류상의 거부가 어떻게 환원적인 특정한 관계성을 포함하는지 보여줌으로써 이러한 논의들의 구조화하는 원리들을 분석하고 전환하는 데 도움을 준다. 이후 우리는 신유물론 문화이론이 어떻게 부정적이고 환원적 태도와 비슷하지 않고 오히려 긍정적인 강도라는 노선을 따라 조직되었는지 논증할 것이다. 이것은 결국 비-이원론, 차이의 일원론 철학 또는 보다 정확히는 **내재성**으로 드러날 것이다. 다른 이원론에 이의를 제기하기 위해 하나의 이원론을 소환한다는 것은 신유물론이 근대성을 **하나의 해방으로서** 재기술하는 바를 허용한다.

이원론: 부정은 부정성에 의해 구조화된 관계다.

베르그송(Bergson [1869] 2004, 297)은 "통상적인 이원론의 난점은 두 항들의 차이로부터가 아니라 하나가 다른 것에 어떻게 접목되는지 이해불가능하다는 것에서 온다"라고 주장했다. 베르그송의 '통상적인 이원론'은 세르가 반복적으로 논하는 구조화하는 원리와 그로스의 이전 사유에 대한 (실패한) 전복을 가리킨다. 심지어 우리 시대에 문화이론은 이러한 통상적인 이원론에 따라 대부분 구조화되어 있다. 정신과 물질, 영혼과 신체 그리고 문화와 자연의 이원적 구분의 지배적 노선을 따라 생각하고 수용하면서―드러나거나 드러나지 않는 방식으로―모더니즘적 사유의 틀은 지속된다. 하지만 베르그송이 통상적인 이원론이란 본질적으로 해결하기 어렵다고 증명했다 해도, 항들 간의 구별을 만드는 행동은 그렇지 않다. 구별되는 개념들[항들]을 수용하는 방식은 지배적인 문화이론을 만드는 것이고, 그때나 지금이나 의심의 여지가 있는 일이다. 베르그송은 우리가 이분법의 한 항이 다른 것에 '접목된다'는 사실을 분명히 아는 한, 우리를 신중한 사유로부터 떨어트려놓는 논의를 내세우는 함정에 빠지지 않을 것이라고 암시한다. 이것은 또한 어떻게 현대적 사유가 거부를 통해 근대 문화이론에 자주 접목되는지에도 적용된다. 이는 바라드의 용어 '재현주의'(representationalism)를 통해 아래에서 논의될 것이다.

　우리의 논점을 증명하는 하나의 예를 들어보자. 당대 사회학과 철학에서 유명한 보드리야르(Jean Baudrillard)가 있다. 보드리야르가 리오타르와 들뢰즈가 포함된 프랑스 학자들의 매우 재능 있는 세대에 속한다는 것은 의심할 여지 없다. 하지만 뒤의 두 사람과는 반대로, 보드리야르는 애초부터 주류 문화이론에 기꺼이 받아들여졌다. 보드리야르가 진심을 다해 근대적 이원론을 수용하고 그들의 논점들을 유지하는 한, 그는 리오타르가 무조건으로 자신과 거리를 두기를 원했던 전형적인 포스트-모더니스트 사상가였다. 이를테면 보드리야르의 시뮬라크르 이론(예컨대 Baudrillard [1981] 1995, [1995] 1996)은 근대성의 지속으로 생각될 수밖에 없었다. 그것은 근대성 이론의 일반적 수용이고, 함축된 이원론에 대한 재기술을 사실상 거부하는 것이었다. 예를 들어 디즈니랜드의 가상성에 대해 논하면서, 그는 "이것은 더이상 현실의 잘못된 재현(이데올로기)에 관한 질문이 아니라 현실이 더이상 현실이 아니라는 사실을 은폐하는 것에 관한, 따라서 현실 원칙을 구제하는 것에 관한 질문이다"(Baudrillard [1981] 1995, 12-3)라고 결론짓는다. 여기서 그는 실재 대 재현이라는 이원성에 관한 어떤 것도 분석하기를 거부한다. 차이를 수용하는 것(심지어 그것을 마구 비틀면서)은 애초에 신유물론이 언제나 이미 이러한 원리들에 의문을 제기하고 있고 처음부터 재기술하고 있는 방식이 결코 아니다.

따라서 베르그송이 그것을 분석한바, 통상적인 이원론과 리오타르와 들뢰즈뿐 아니라 라투르와 같은 학자에 의해서 제안된 근대적 이원론의 급진적인 글쓰기 간의 형식적 차이를 드러낼 시간이 온 것이다. 그 차이는 이 후자의 그룹이 관계적 행위로 시작하는 어떤 이원론을 제안하는 반면 통상적인 이원론이 관계적 본성을 거부한다는 데 놓여 있지 않다. 오히려 두 그룹 모두 이러한 관계짓기(그것이 그 항들의 바깥에 존재하는 한에서)로부터 시작한다. 하지만 통상적인 이원론은 **부정적** 관계성에 의해 뒷받침되며, 리오타르, 들뢰즈나 라투르(이 문제에 있어서는 심지어 베르그송까지)에 의해 추인되지 않은 것이 바로 이 관계성의 특정 유형이다. 그러므로 이제 통상적인 이원론의 결함에 대한 논증들의 정립에 대해 보다 특정해서 집중하도록 하자. 우리는 베르그송으로 한 번 더 돌아가야 하는데, 그의 저작은 통상적 이원론의 구체적 경우들에서 과학주의(scientism) 그리고 상식뿐 아니라 문화이론(인문학)이 극복될 수 있는 방법에 대한 통찰력을 제공한다. 하지만 그의 저작은 또한 어떻게 비이원론 철학이 언제나 '존재-인식론적'(바라드의 용어)인지를 보여주기도 한다. 다시 말해 어떻게 해서 철학이 "개념과 창조가 서로에게 관계되는"(Deleuze and Guattari [1991] 1994, 11) 방법을 포함하는지 드러낸다. 이것은 방법론적이며 존재론적이라고 베르그송의 저작들에 대해 들뢰즈가 언급한 것과 관련있다. 즉 베르그송은 비-혁명적 사유의 구조화 원리로서 통상적 이원론에 대한 성찰을 제공할 뿐 아니라, "사물/사태와 개념의 통일성"(Deleuze [1956/2002] 2004, 33)에 의해 구조화된 비-이원론적 존재론을 제공하기 위해 모더니즘을 재-기술하기도 한다.

베르그송이 『물질과 기억*Matter and Memory*』에서 통상적 이원론의 개념을 도입할 때, 그는 신체와 정신의 통일이라는 문제에 대해 탐구한다. 이 통일성의 중심적 역할은 베르그송(Bergson [1896] 2004, 235)에 따르면, 물질과 정신 사이에서 만들어지는 구분에 근거해서 중시된다. 이러한 존재론적 구별, 그리고 보다 중요하게도 그것이 취급되는 특정한 방식은 통상적 이원론의 (필연적인) 우회로서 베르그송의 분석을 구성한다. 게다가 구별은 여전히 항들 사이에 구축되고 있다. 즉,

우리는 유물론에 반대하여, 지각이 뇌에 흘러넘친다고 주장한다. 하지만 우리는 관념론에 반대하여, 물질이 우리가 갖는 그것의 표상을 넘어 모든 방향으로 나아간다는 점을 정립하기 위해 노력해왔다. (…) 그리고 이러한 두 교설에 반대하여, 우리는 동일한 증언을 언급할 것이다. 다시 말해 의식은 다른 것들 가운데 하나의 이미지로 신체를 우리에게 제시하며, 논리적으로 대립하고, 구별하며, 분리하는 능력으로 지성을 제시하지만, 창조하거나 구성하는 능력은 아니다. 따라서 (…) 통상적인 이원론에 의해 제기된 갈등들을 더 악화시킨 후에, 우리는 탈출할 모든 길을 닫아버린 것으로 보인다. (…) 그러나 우리가 이원론을 극단으로 밀어붙였다는 바로 그 이유 때문에, 우리의 분석은 아마도 그것의 모순된 요소들을 분리해서 생각했을 것이다(ibid., 236; cf. Balibar [1989] 1998, 106 on Spinoza).

이 기다란 인용문은 통상적 이원론에 의해 나누어지는 항들이 서로 접목되는 방식에 대한 성찰을 제공하지만, 마찬가지로 존재론과 방법론/인식론이 서로 간에 접붙여지는 방식에 대한 성찰도 드러낸다. 여기서 지칭되는 (더 나은 용어의 결여로 인한) 분석의 두 수준들은 본질적으로 뒤얽히게 된다. 우리는 "탈출의 모든 길"이 정확하게 "닫힌다"로 귀결되지 않는다는 것을 강조하고 싶다. 그것은 베르그송이 통상적인 이원론을 이동시키고, 다르게 사고하는, 즉 비-이원론적 존재론을 사유하는 방향으로 움직이는 복잡성 때문이다. 들뢰즈와 과타리의 『철학이란 무엇인가?』에 대해, 이번에는 바라드의 연구를 통해서 독해된 것에 기대어 이러한 복잡한 운동을 설명해보도록 하자.

들뢰즈와 과타리([1991] 1994, 11)는 "철학의 문제는 개념과 창조가 서로 관련되는 특이점이다"라고 언급한다. 철학 그 자체의 본성을 정의하지 **않는다**는 것은 우리가 상식적이고 과학적인 재현주의를 무비판적으로 긍정하도록 부추길 것이다. 이것은 인문학에서도 발견되는바, 그것은 두-수준화된 방식에서 통상적 이원론에 근거를 두고 있다. 바라드(들뢰즈와 과타리를 참조하지 않지만)는 정확하게 이 지점을 파고든다. 「포스트휴먼적 수행성: 물질이 물질이 되는 방식에 대한 이해를 위해Posthumanist Performativity: Toward an Understanding of How Matter Comes to Matter」에서 그녀는 다음과 같이 말한다.

존재자가 고유한 속성들에 따라 개체들로 존재한다는 생각은, 그것들의 재현에 앞서, 어떤 형이상학적 전제, 즉 정치적, 언어적 그리고 재현의 인식론적 형식에 대한 신념을 강조하는 전제이다. (…) 재현주의는 재현물들과 그것들이 재현한다고 주장하는 바 사이의 존재론적 구별에 대한 믿음이다. (…) (Barad, 2003, 804)

다른 말로 하자면, 그녀가 요청하는 바는 "수행적 이해, 즉 언어적 재현에서 담론적 실천으로 초점을 옮기는 것"이다(ibid., 807).**34** 우리는 철학이 지배적, 분류적 사유의 노선을 구조화하는 원리들을 어떻게 표명하고 설명하는지 말할 때 이러한 실천들을 언급했다. 바라드의 연구는, 베르그송([1896] 2004, 260)이 사유하기라 부르는 것을 과학주의, 상식 또는 "그 가장 달성하기 어려운 열망 안에서" 어떤 이원론의 한 축(인문학 안에서도 마찬가지로)을 통해서, 우리가 존재-인식론(onto-epistemology)을 긍정한다는 것을 설명할 수 있다. 존재-인식론에 따르면, "우리는 세계 바깥에 서 있으면서 지식을 획득하지는 않는다. 우리는 '우리'가 세계에 **속하기** 때문에 안다. 우리는 차별적으로 생성하는 세계의 부분이다"(Barad, 2003, 829; 강조는 원문). 존재-인식론은 철학자들이 철학을 하는 방법을 증명하는 것이고, 들뢰즈와 과타리([1991] 1994, 11)를 따른다는 것은 어떤 담론적 실천이다. 이에 따르면

개념은 주어지지 않으며, 창조된다. 그것은 창조되어야 한다. 그것은 구성되는 것이 아니라, 스스로를 자신 안에 정립한다. 개념은 자기-정립이다. (…) 개념은 창조되는 정도로 스스로를 정립한다. 자유로운 창조적 행위에 의존하는 것은 또한 독립적으로 그리고 필연적으로, 스스로를 자기 안에 정립한다. 가장 주체적인 것은 가장 대상적인 것이 될 터이다.

철학자들은 그들의 연구 안에서 개념들로, 어떤 특정한 실천에서 야기되며 그것들이 상호개입하는 다른 실천 안에서 작업 중인 개념들을 가지고 철학을 한다. 다른 곳에서 들뢰즈는 철학이 하는 바에 관한 한, 그것이 부정적인 관계성에 의해 구조화된 재현적 이원론의 어떤 형상이라는 것을 인정하지 않겠노라고 분명히 선언한다. 그는 창조된 개념들이란, 개념들이 그 안에서 발생하는 실천만큼 "실천적, 효과적 또는 실존적"(Deleuze [1985] 2000, 280)일 뿐이라고 주장한다. 따라서 "철학이론은 그것의 대상만큼이나 그 자체가 실천적이다. 그것은 그 대상보다 더욱 추상적이지 않다"(ibid.). 철학을 한다는 것은 그러므로 이 개념의 창조작업에 연루된다는 의미이며, '지시 기호'(referential signs, 우리의 용어)에 의존하는 것이 아니다.[35] 후자는 재현주의이며, 물질을 '이미지들의 집합'으로 공정하게 대하지 않고, 하나의 특정 이미지, 즉 나의 신체의 결과적인 행위로 지칭되는 이 같은 이미지로 사물의 지각을 취급하지 않는 어떤 부정적 관계성을 암시한다(Bergson [1986] 2004, 8).

베르그송([1896] 2004, 243)이 유물론과 관념론에 반하여, 그리고 경험주의와 교조주의에 반해 '의식'을 내세울 때, 그는 이 개념이 "어떤 세번째 경로가 열린 채로 있다"라는 것을 보여줄 수 있고 이원론적 철학 안에서 긍정되는 재현주의적 덫으로부터 탈출할 수 있게 해준다고 주장한다. 그의 의식에 대한 개념화는, 이런 경우 네 가지 인식론적인 분야들이 어떻게 동시적으로 두 가지 분석 수준들에 있어서 통상적인 이원론에 근거를 두는지를 보여주며, 불연속성에 반해 연속성, 즉 '순수 지속'(ibid., 243)을 정립함으로써 통상적 이원론을 돌파한다. 이 개념은 형이상학적 분류를 횡단한다. 다시 말해 그것은 세번째, 그리고 혁명적인 경로를 창조하는 것이다.

균질적(Homogenous) 공간과 균질적 시간은 이때 사물의 속성들[유물론,
실재론]도 아니고 그것들을 알기 위한 우리의 능력의 필수적인 조건[관념
론, 교조주의]도 아니다. 그것들은 어떤 추상적 형식으로, 우리 행위를 위
한 토대를 얻기 위해, 즉 우리의 가동성의 출발점을 그 안에 고정하기 위
해, 요컨대 실재적인 변화를 그 안에 도입하기 위해 실재의 움직이는 연속
성에 영향을 주는 응결(solidification)과 분리(division)의 이중적 작용을
표현한다(ibid., 280).

따라서 세번째 경로는 "창조의 진정한 힘"(ibid., 236)을 위한 길을 열
어준다. 우리는 이것을 이미 들뢰즈와 과타리의 저작에서 만났으며, 보
부아르의 저작에서도 발견할 것이다. 이 힘은 신체나 정신, 물질이나 그
물질의 지각/재현, 또는 다른 어떤 선택지, **둘 중 하나에** 기인하지 않는
다. 개념의 창조는 두 단계에 있어서 재현주의의 파산을 초래한다. 이러
한 혁명적인 전환은 정확히 "이원론을 극단으로 밀어붙이기"의 행위를
야기하며, 긍정적, 실천적 그리고 따라서 필연적으로 혁명적인 행위로
사유의 방법을 개방한다.**36**

차이, 또는: 긍정적 관계성으로의 전환

이원론을 극단으로 밀어붙이는 것은 신유물론 문화이론들과 그것이 구성되는 방식에 대한 우리의 사유를 더욱 돕는다. 신유물론은 어떤 재현주의에 기대지 않는다. 이것은 베르그송의 통상적 이원론에 속한 재현주의적 형이상학의 전제들을 전환하는데, 이는 **개념들의 관계성 안에서** 개념 창조의 중심에 놓인 담론적 실천을 소환함으로써 그렇게 한다. 근대성을 지배하고, 우리 시대의 이론에서 많은 부분 전제로 받아들여지는 빈번한 이항 대립들은(그러므로 리오타르가 정의한바 포스트-모던한 것으로 고려될 수 있는 것들) 부정의 관계에 의해, 그리고 이러한 부정성을 재-긍정함으로써 구조화된다. 신유물론자들은 대신, 개념을 창조하는 활동, 존재-인식론적 활동에 참여함으로써 차이의 철학을 수립한다. 부정적인 것에서 관계성, 즉 이원론적 의미는 문제가 된 관계의 항들을 전제한다. 반면 개념의 창조는 이원론의 **횡단**(traversing)을 야기하고, 긍적적인, 즉 부정성이라기보다 실증성(positivity)에 의해 구조화되는 관계성의 긍정을 이루어낸다. 여기서 발생하는 바는 "극한으로 밀어붙여진 차이"(Deleuze [1968] 1994, 45)이다. "이원론을 극단으로 밀어붙이기"에 따라, "차이는 극한으로 밀어붙여지는"바, 이때 후자의 운동은 보다 덜 평가적(evaluative)이고 더 수행적(performative)이다. 이제 긍정적 관계성과 이에 따라 구성되는 차이의 철학의 작동방식을 논해 보자.

『천의 고원』에서 들뢰즈와 과타리([1980] 1987, 20-1)는 "우리 모두가 찾는 마법적 공식 — 복수주의=일원론(PLURALISM = MONISM) — 에 적대적인, 즉 전적으로 필요한 적수, 우리가 항구적으로 재배치하는 부품들인 이원론을 경유하여 도달한다."라고 언급한다. 베르그송과 유사하게, 들뢰즈와 과타리는 이원론을 회피하거나 부정하지 않고, 그것을 횡단하거나 돌파한다. 근대성 즉 통상적 이원론에 대한 이런 긍정적인 접근은 리오타르가 근대성의 재기술이라고 불렀던 것의 한 예이다. 이것은 이원론이 어떻게 본질적으로 성립될 수 없는지 보여준다. 반면 항들 간의 부정적 관계성을 유지하는 것은 역사적으로 유혹적으로 보인다. (심지어 페미니스트들조차 이와 같은 이원론적 논리에 너무 많이 의존하는 덫에 걸려들고 만다!) 베르그송, 들뢰즈, 과타리는 두 항을 관련시키면서 **긍정적** 역할을 수행하며, 이원론을 극단으로 밀어붙임으로써 그것을 전환하는 것이다. 긍정적 접근에서, 이원론은 이항 대립을 포함할 뿐만 아니라 어떤 차이-관계(different-from)가 필연적으로 부족한 부정성에 의해 구조화된 관계도 포함한다(Braidotti, 1994, 147).**37** 출발점은 "서로가 서로에게 속하는 관련 항들"이다(Deleuze [1968] 1994, 30). 이 소속의 의미가 긍정될 때에만, 우리는 "일단 차이를 완전히 상대적인 최대치로 만든 조건으로부터 해방됨으로써, 완전한 개념을 향해" 작업할 수 있다(ibid., 33). 재기술, 즉 우리의 흥미를 유발하는 사유에서의 혁명을 정의하는 것은, 정확히 완전한 개념을 향해 작동하는 활동이다.

들뢰즈는 『차이와 반복』에서 "부정적인 것과 부정성은 차이의 현상을 파악할 수조차 없으며, 단지 유령적인 것이나 부수현상만을 파악할 수 있을 뿐이다"([1968] 1994, 52)라고 주장한다. 부정의 이와 같은 유령 같은 특성은 문자 그대로 받아들여야 한다. 왜냐하면 여기서 들뢰즈는 재현주의의 비판을 수행하고 있기 때문이다. 차이를 파악하는 것은 오직 "차이가 **차이화하는 것**(differing)으로 드러날"(ibid., 56; 강조는 원문) 때 수행될 수 있다. 즉 서로 차이를 형성한다고 선언되는 각각의 현상으로 사유가 시작되지 않고, **차이 자체**(difference in itself)를 그려 나감으로써 시작된다. 어떻게 이것이 이루어지는가? 「포스트모더니즘은 휴머니즘이다: 들뢰즈와 다의성Postmodernism is a Humanism: Deleuze and Equivocity」에서 클레어 콜브룩(Claire Colebrook, 2004, 287)은 "우리는 환상과 그것의 가능성에 대한 의미 구조 너머로 가야 한다"라고 주장한다. 여기서 우리가 살피는 바는 발명의 조건들의 발명이다(Serres with Latour, 1995, 86 참조). 다시 말해 그것은 다의성의 이원론적 논리에 반하는 것으로서의 일의성의 비-이원론적 논리의 수립이다. 이에 반해 "다의성은 두 가지 급진적으로 비교불가능한 수준들을 정립한다"(예컨대 젠더와 같이 나타내는 것, 그리고 이를테면 성/신체성같이 함축되는 것). 고정된 일의적 논리에 따르면 "단지 하나의 표현의 평면만이 존재한다"(Colebrook, 2004, 288). 콜브룩은 다음과 같이 계속 언급한다. "단순한 이미지―기의, 재현 또는 사회적 구성, 흉내내기의 단어로서― **와** 이러한 관념의 비판 둘 **모두** 타당한 이유 없는 다의성이다."**38** 반면 일의적 논리하에서 "진리는 그 스스로를 표현하는 것으로 직관될 것이지, 그 자체로 존재하고 관계에 따라 착각을 불러일으키는 것으로서 직관되는 것이 아니다. 하지만, 그것은―환원불가능한 것으로 남는 동안―관계를 탄생시킨다"(ibid., 290; Bleeker, 2008 참조). 일의적 논리하에서, "x에 관한 지각은 x에 **대한** 힘으로 지각된다"(Colebrook, 2004, 297; 강조는 원문). 이것은 차이가 **차이화하는 것**(differing)으로 드러난다는 말이다. 여기서 우리는 실천으로서의 페미니즘이 역설 말고는 아무것도 내놓지 않는다는 단언을 이해하게 된다. 즉 그것은 성적 차이를 정립하고, 위계적 요소(가치가 덜한 것으로서의 차이-관계)가 붕괴되는 한에서 해방적인 것이다. 다시 말해 다의성은 사유의 이원론적 틀 안에 갇히고, 부정성에 의해 구조화되었다(그리고 선형적 시간, 즉 성적 차이는 여성/여성성이 남성/인간성과 동등해져야 한다는 것을 의미한다). 반면 일의성은, 어떤 긍정적 관계성으로의 전환을 만들면서, 차이를 극한으로 밀어붙인다(보부아르가 상상했던, 성들 간의 어떤 새롭고, 아직 파악불가능한 육체적이고 정서적인 관계가 탄생하는 상황을 만드는 것이다). 다른 예를 들어보자. 「포스트모더니즘은 휴머니즘이다」의 결론부에서 콜브룩은 다의적 젠더를 일의적인 성차로 밀어붙였던 버지니아 울프의 저작에 대해 말한다. 그리하여 울프가 언급한 상황에서는 "더이상 구분되는 종 또는 일반성들 또는 젠더들은 존재하지 않으며, 심지어 차이화하기 위한 힘으로서의 본질도, 성적인 본질도 존재하지 않는다. 왜냐하면 정확히 이것들은 창조하는 중에 그들의 유일한 존재를 가지기 때문이다"(ibid., 304; 아래 참조).

남은 질문은 정확히 **어떻게** 차이화하기나 긍정적인 관계성이 비-이원론적 일의성인가이다. 들뢰즈는 어떻게 재현주의가, 그가 주류 철학사(History of Philosophy, 대문자)라고 부르는 것에서 정체성 정치학이나 체제인지 논증한다. 차이가 정체성이라는 면에서 고려되는 경우(이러한 지배적 사유의 방식 아래에서, 하나의 또는 여러 관점을 가정하면서), 타자(the Other, 예컨대 여성)는 초기에 다른 차이의 철학들(예컨대 레비나스와 데리다를 들 수 있다)의 저작에서 중심이 되는 개념이었던바, 일자, 또는 동일자 또는 중심과 관련해서 존재하는 것으로만 생각될 수 있다. 타자성이 어떤 특정한 주체나 객체로 환원될 수 있다는 생각을 거부하고, 따라서 그의 철학이 일자의 **존재론**에서 시작한다는 생각(알랭 바디우Alain Badiou [1999]가 잘못 가정했던 것처럼)을 부인하면서, 들뢰즈는 ([1969] 1990, 307) "타자는 처음부터 개념적 장의 구조이며, 그것 없이는 전체 장이 제대로 기능할 수 없다. (…) 그것은 가능성의 구조이다. (…) 공포에 질린 표정에는 공포를 주는 존재와의 어떤 유사성도 담겨 있지 않다. 표정은 대상을 함축하며, 표현되는 것이 표현하는 것에 놓여 있는 일종의 비틀림 안에, 그것을 다른 것인 양 감싸고 있다"라고 결론 내린다. 이것은 언제 어디서 부정성(분배)에 의해 구조화된 이원론이 자리를 잡고, 언제 어디서 차이-관계가 그보다 못한 것(위계나 비대칭성)으로 변환되는지이다. 이것은 들뢰즈 자신이, 그의 동시대에 반해, 이 개념을 그의 사유에 관련시키기 어렵다고 생각했기 때문이다. 타자는 가능세계의 표현인데, 들뢰즈는 투르니에의 『방드르디, 태평양의 끝』을 읽고 『차이와 반복』에서 이 생각을 전개했다. 『마가쟁 리떼레르Magazine Littéraire』와의 인터뷰(Deleuze [1988] 1995, 135~155에 재수록)에서 그리고 그의 일본어 역자인 쿠니치 우노(Kuniichi Uno)에게 보낸 편지(Deleuze, 2006, 201~203에 재수록)에서 그는 데리다의 「일본인 친구에게 보내는 편지」([1985] 1988)에 대한 암시적인 언급을 함으로써, 또한 데리다의 타자 개념의 이용을 통해서 이 논증을 이어갔는데, 여기서 들뢰즈는 가능세계의 표현으로서 기능할 수 있는 일본인 남자의 단어를 제안한다. 그의 프랑스 텍스트를 일본어로 번역하는 것의 불가능성과 동시에 그렇게 해야 할 필연성을 강조한 데리다와(Heidegger [1959] 1971 참조) 반대로 들뢰즈는 일자(동일자, 중심)와 타자(여기서는 프랑스어와 일본어) 간의 상대적 실존과 그것들 간에 그려지는 부정적 관계도 받아들이지 않는다. 메이야수의 반-상관주의와 비슷하게도, 들뢰즈([1988] 1995, 147)는 가능세계의 표현이 (일본어로 그렇게 된다 해도) "가능세계 그 자체에 대한 실재성, 즉 가능한 어떤 것으로서의 가능성의 실재성을 수여한다 (…)"라고 강조한다.

따라서 부정적 이원론에 반하여, 그리고 베르그송적 잠재성/현행성 짝을 따라, 들뢰즈는 어떤 논리를 제안하는데, 그것은 "각각의 관점이 그 자체로 대상이거나, 또는 대상이 그 관점에 속해야 한다"(Deleuze [1968] 1994, 56; cf. Leibniz [1714] 1962, 263 §57, Deleuze [1956/2002] 2004, 39)라는 것이다. 다시 말해, 우리가 **차이화하기**(differing) 또는 **차이 자체**(difference in itself)를 생각하는 순간, 일의적 논리가 수립된다. 이것은 우리가 이원론을 극단으로 밀어붙일 때 발생하는 것으로서, 들뢰즈는 그와 같은 전환이 유발되는 것은 칸트주의 **안에서** 또는 "**그와 같은 식으로**"(Deleuze [1968] 1994, 58, 강조는 원문)라고 언급한다. 차이는 따라서 "요소, 궁극적 단위"로서 수립된다. 즉 차이는 "다른 차이들과 관련되는바, 그것을 절대 동일시하지 않고 오히려 차이 짓는다"(ibid., 56). 따라서 차이는 그레이엄 하만과 메이야수와 같은 사변적 실재론자들과 유물론자들이 말하는 (수학적) 대상과 상당히 가까워진다. 메이야수의 발언, "그 무엇도 자기 동일성을 갖고 존재하거나 남아 있을 근거는 없다"(Meillassoux [2006] 2008, 88)는 이러한 차이 그 자체를 강조하며, 이러한 차이는 언제나 이미 차이화하고 있다. "존재하는 것은 상관적으로 존재한다"라는 생각을 거부하면서, (하만이 'Harman [2011b, 15]'에서 메이야수의 상관주의적 존재론 비판을 요약한 바에 따르면) 들뢰즈는 차이가 관계를 필요로 하지 않으며, 동시에 쓸모없이 존재하는 것도 아니라고 진술한다. 그것은 하나의 사유로서, 그에 따라 각각의 차이가 다른 모든 다른 것들을 관통해가는 것이다. 그리고 그것은 그 자체를 '원하'거나, 스스로를 다른 모든 것들을 통해 찾아야 한다. (…) 서로 안에 함축된 차이의 세계, (…) 복잡하고, **동일성 없는** 당연히 혼돈스러운 세계(Deleuze [1968] 1994, 57; 강조는 원문).

니체의 저작과 관련해서, 들뢰즈는 다음과 같이 말한다.

그다음에 드러나는 것은 존재, 차이의 존재이다. 이것은 실체에도 주체에도 속하지 않는다. 그토록 많은 지하의 긍정들. (…) 잠시 동안 우리는 원칙적으로 정신분열로 진입한다. 그것은 사유의 가장 고양된 힘이며, 모든 개념적 중재들, 화해에도 불구하고 존재를 직접적으로 차이 쪽으로 개방한다(ibid., 58).

달리 말해, 수립되는 것은 일의적 논리이다(ibid., 67).

따라서 어떤 창조적 행위로서 철학을 실천한 자가 니체뿐만이 아니라, 베르그송도 마찬가지라는 사실에 놀라워할 필요는 없다. 「베르그송의 차이 개념Bergson's Conception of Difference」에서 들뢰즈는 다음과 같이 언급한다(Deleuze [1956/2002] 2004, 33). "철학이 그 스스로 **이 수단들**(본성의 차이들)과 **이 목적**(내적 차이에 도달하기)을 제안한다." 그렇지 않으면, 철학은 결국 언제나 재현주의적이고, 다의적인 논리에 처하게 된다. 말하자면, 베르그송주의는 "사물과 개념의 통일성"을 추구하고 철학이란 어떤 일의적 논리의 실천이라는 것이다. 그와 같은 논리는 우리가 이전에 존재-인식론이라고 불렀던 것을 규정하는바, 그에 속하는 차이 개념은 긍정성에 근거하는 것이다. 들뢰즈가 이에 대하여, 베르그송이 일의적 논리를 따라 차이를 사유함으로써 "절대적인 수준으로까지 차이를 높인다"(ibid., 39)라고 분명히 말했다. 이것은 다의성, 즉 무엇보다도 부정성과는 매우 다른 질적 전환을 야기하는 것이다.

만약 지속이 그 자신과 차이난다면, 차이가 생기는 그것은 여전히 어떤 의미에서 지속이다. 우리가 복합적인 것을 나누는 것과 같은 방식으로 지속을 나누는 것은 문제가 되지 않는다. 즉 지속은 단순하고, 불가분적이며, 순수하다. 단순함은 나누어지지 않으며, **그것은 자기 자신을 차이화한다.** 이것이 단순성의 본질, 또는 차이 운동의 본질이다. 그래서 복합물은 두 개의 경향으로 나누어지는바, 하나는 불가분적이다. 하지만 불가분적인 것은 스스로를 두 경향들로 차이화하므로, 다른 하나는 가분성의 원리이다(ibid.).

구조화하는 논리의 관계적 본성은 (이전에 우리는 베르그송이 구별들을 계속 만든다고 보았다) 계속 유지된다. 하지만 작동중인 관계성은 부정이나 그 물질에 대한 유비와 같은 다의적 개념들에 근거를 두지 않는다. 왜냐하면 관계성은 결코 바깥으로부터 선결정될 수 없기 때문이다. 들뢰즈([1956/2002] 2004, 40, 42)는 심지어 베르그송에게 어떻게 '생명적 차이'가 '결정요소가 아니라 오히려 '비결정성 그 자체'이며, 그것이 '우연적'이라고 말해서는 안 되고 오히려 '본질적'인지 설명한다. 다시 말해서 "차이화는 스스로를 현행화하는 잠재성의 운동이다." 차이에 대한 이런 비-환원적, 일의적 해석은 변증법적일 수 없고, 이원론에 따라 구조화

될 수 없는 것이다. 왜냐하면 베르그송에 따르면,

> 다른 항에 의한 하나의 실재적인 항의 부정은 오직 한꺼번에 두 항들을
> 함축하는 잠재성의 긍정적 현행화일 뿐이다. (…) 두 항의 대립은 오직 둘
> 모두를 함축하고 있던 잠재성의 현행화이다. 즉 이는 차이가 부정이나 모
> 순보다 더 근원적이라고 말하는 것과 다를 바가 없다(ibid., 42-3).

순수 기억이 현행성 안에서 반영되도록, 잠재성을 참작하는 것, 그것
이 지속의 순환을 창조함으로써 서로의 안으로 둘을 끊임없이 교환하
는 것, 이것은 베르그송의 작업이다. 그와 같은 철학, 즉 근대성의 신유
물론적 재기술에 상당하는 철학은 통상적 이원론(근대적 사유의 구조화
하는 원리 또는 다의적 논리)을 부정함으로써가 **아니라** 그 통상적 이원론
을 극단으로 밀어붙임으로써 사유 안에 혁명들을 생산하는 것이며, 이
에 따라 새로운 차이의 해석, 즉 어떤 긍정적 관계성으로서의 일의적
논리를 장착하게 되는 것이다. 그와 같은 철학은 이원론을 횡단함으로
써 차이를 극한에 이르기까지 밀어붙이는 활동이다.

사변적 실재론자들과 사변적 유물론자들이 오늘날 칸트적 상관주
의로부터 떨어져 "영원-자체, 즉 그것의 존재가 사유되든 아니든 무관
심한 것"(Meillassoux [2006] 2008, 63)으로 옮겨가기를 제안할 때, 그들
은 유사한 방식으로 이원론을 극단으로 밀어붙이고 있다. 예컨대 하만
(2010, 202)이 "(…) 객체의 실재성과 다른 객체들에서 그것들의 대략적인
왜곡이나 이전된 형태들 사이의 보편적 이원론"에 주목할 때, 그는 차
이 그 자체와 통상적 차이 간의 베르그송적인 구분을 따른다. 전자가

창조의 진정한 힘(베르그송), 형태발생(데란다), 또는 변신(metamorphosis, 브라이도티)으로의 관심을 증명하는 반면, 후자의 경우 그것은 재현주의적이고 부정적이다.

신페미니즘 유물론은 성차를 극한으로 밀어붙인다

이다음 장에서 좀더 심화 발전 될, 근대성의 재기술에 관한 도발적인 사례로 마무리하도록 하자. 이전에 우리는 다의적 젠더를 변형시킬 가능성을 암시했다. 그것은 남성과 여성, 남성성과 여성성 간의 어떤 부정적 관계성(분포와 비대칭)에 의해 구조화된 것이다. 이러한 관계성은 일의적 성차로 변형되는바, 성차가 **차이화**된다는 것을 허용한다. 신페미니즘 유물론은 이 가능성을 규정하는 문화이론이다. 신페미니즘 유물론 문화이론들은 긍정적 관계성의 노선들, 즉 우리가 이전 장에서 증명했던 연구작업들과 함께 이루어진다. 그렇게 함으로써 이 이론들은 통상적으로 장착된 이원론(젠더)을 밀어붙임으로써 성차를 극한에 이르게 한다. 신페미니즘 유물론은 실천철학이며, 따라서 (페미니즘) 사유에 어떤 혁명을 생산한다. 이 책의 마지막 장에서 우리는 신페미니즘적 유물론의 문화이론을 다룰 것인데, 이는 단지 그것이 긍정적 관계성의 일의적 논리에 의해 구조화된 차이의 작업들을 증명할 수 있기 때문만이 아니라, 페미니즘 자체가 신 유물-론적 문화이론에 대한 우리의 폭로에 있어서 흥미로운 지점이기 때문이다. 그것은 **실천으로서의** 차이로 시작하는바, 섹슈얼리티나 젠더에 '대한' 것(실천이나 행위에 반대하는 이론으로서)이 아니라, 실천 또는 행동 그 자체이다. 이는 그것이 발생시키고 그 힘을 실행하는 개념들에 따라 이루어진다.

페미니즘은 언제나 그것의 횡단적 특성은 물론이고 통상적 이원론의 의미에 있어서도 성차를 담고 있었다. 두 운동들 모두 페미니즘에 있어서 필연적이다. 조안 스콧(1996, 3-4)은 이에 대해 다음과 같이 설명한다.

페미니즘은 여성의 정치적 배제에 반대하는 항의이다. 그 목표는 정치에서 '성차'를 제거하는 것이었다. 하지만 페미니즘은 [또한] '여성들'(담론적으로 '성차'를 통해 생산되는)을 대표해서 주장을 만들어내야 했다. 이 이론이 여성들을 위해 가동되는 한에서, 페미니즘은 제거하려 애썼던 '성차'를 생산했다. 이 역설—'성차'를 받아들이고 **또한** 거부해야 할 필요성—이 그 긴 역사를 통틀어 정치 운동으로서의 페미니즘의 구성적 조건이었다.

스콧이 이러한 복잡한 진단을 내린 책은 『단지 역설들만을 제안함*Only Paradoxes to Offer*』[39]이다. 그리고 우리는 여기서 그녀가 탐색한 상황이 왜 사실상 전혀 역설이지 않은지 증명하길 원한다. 손햄(Sue Thornham, 2000, 188)은, 이리가라이의 연구들을 분석할 때, 정확히 이것을 지적한다.

이리가라이는 우리가 '여성'이라는 정체성을 벗어나고 젠더-중립적인 담론으로 진입함으로써 (이를테면 '평등한 권리'를 주장함으로써) 문화의 젠더화된 본성을 분석할 수는 없다고 쓴다. 왜냐하면 젠더-중립적 담론이란 **없기** 때문이다. 분석의 공적 담론은 철두철미하게 남성적이다. 하지만 그러한 담론 바깥에서 글을 쓴다는 것은 무시된다. 그렇게 하는 것은 지배 담론의 용어 안에 남아 있는 것이다.

이리가라이와 브라이도티와 그로스, 콜브룩을 포함해서 많은 페미니스트들이 이 외견상의 역설에 대해 그들의 개인적인 그리고/또는 세대적인 대답을 찾았다 할지라도, 우리는 여기서 페미니즘이 어떻게 스콧의 진단**인지** 보여주길 원한다. 그것은 해법을 필요로 하는 역설이 아니다.

페미니즘적 신유물론자인 그로스(2005, 156)는 지배적인 사유의 노선에 따라 구조화된 철학, 즉 주류 철학이 전통적으로 여성들을 배제해왔으며, 반면 그것이 함축적으로 남성으로 젠더화된 담론을 생산해왔다고 명시한다. 철학은 여성을 대상화했으며, 따라서 남성 철학자의 형상을 세워왔다. 이런 존재-인식론적 진단에 관한 이리가라이적인 분석은 다음과 같이 진행된다.

성차에 관한 질문은 미래의 잠재적(virtual) 틀에 관한 신호를 보낸다. 오늘날 현실적인 것은 성적 대립 또는 이항 대립, 즉 하나의 성의 형질 면에서 두 성들을 정의하기이다. 성차는 잠재적이다. 즉 다른 식으로 기능하기, 부정성 없이 기능하기, 완연한 긍정성으로 기능하기에 반대하는 잠세성(potential)이다. 이것은 우리가 만들 수 있는 미래이지만, 아직 존재하지 않는다(ibid., 164).

다시 말해, 통상적 이원론과 잠재성 모두로서 성차는 페미니즘 이론에서 현저한 기능을 한다. 페미니즘 이론은 성차를 극복함으로써(평등한 젠더 관계를 위한 투쟁으로써 혹은 남성성으로 젠더화된 담론에 관한 전복으로써 해방을 개념화하기)가 아니라 그것을 횡단함으로써(성적 **차이화**를 허용하기) 이원론적 사유에 혁명을 일으킨다. 페미니즘 이론은 성차를 극한으로 밀어붙이기 위해 통상적 이원론으로서의 성차를 극단으로 밀어붙여야 한다. 여성이 남성보다—가치—하락된 성차는 브라이도티가 말한 바에 따르면, 극단으로 밀어붙여져야 하는데, 이로써 실질상의 성차를 해방하기 위해서다. 이것은 정확히 우리가 『제2의 성』에서 보부아르의 결론을 읽어야 하는 방식이다. 즉 사실상 이 책에서 그녀는 그 가장 급진적인 형식에서 인간성의 해방을 통해 사유하고 있다. 성의 변증법(부정적 관계성에 의해 구조화된 이원론)에 관한 충분한 기술 이후, 그녀는 다음과 같이 결론 맺는다. "우리가 파악할 수 없는 새로운 신체적이고 정서적인 관계는 성들(sexes) 사이에서 태어날 것이다"(de Beauvoir [1949] 2010, 765). 정확히 그 가장 아득한 열망에 대해 성차를 통해 사유하는 것, 따라서 어떤 긍정적 관계성에 의해 구조화된 차이를 시사하는 것을 통해서 보부아르는, 근대성의 재기술로서의 페미니즘—다시 말해 차이화로서의 페미니즘—을 구성하기 때문에, 그녀를 유명하게 만든(또한 악명 높게 만든) 사유의 혁명을 일으키게 되었다. 보부아르는 차이에 대한 신유물론적 해석을 예화하는바, 근대적 사유를 구조화하는 (성적) 이원론을 횡단함으로써, 근대성이 재기술되게 하고, 그 결과 차이가 **차이화**(differing)로 드러나기 때문이다.

7장_ 성적 차이화(Sexual Differing)

페미니즘적 역사기술(historiography)은 페미니즘의 구체적인 정의를 제공할 뿐 아니라 페미니즘 사상의 역사를 기술하기도 한다. 보통 말하는 '페미니즘'은 페미니즘 역사기술에 의해 성찰되기만 하는 것이 아니다. 페미니즘은 또한 페미니즘 역사기술 안에서 창조된다. 우리는 이미 『단지 역설들만을 제안함-프랑스 페미니스트들과 남성의 권리*Only Paradoxes to Offer: French Feminists and the Rights of Man*』에서 조안 스콧(1996, 3-4)이 어떻게 '성차'가 결국 구조화하고 페미니즘에 의해 구조화되는지 명시적으로 밝히는 것을 보았다.

페미니즘은 여성의 정치적 배제에 반대하는 항의이다. 그 목표는 정치학에서 '성차'를 제거하는 것이었다. 하지만 페미니즘은 [또한] '여성들'(담론적으로 '성차'를 통해 생산되는)을 대표해서 주장을 만들어내야 했다. 이 이론이 여성들을 위해 행동하는 한에서, 페미니즘은 제거하려 애썼던 '성차'를 생산했다. 이 역설—'성차'를 받아들이고 또한 거부해야 할 필요성—이 그 긴 역사를 통틀어 정치 운동으로서의 페미니즘의 구성적 조건이었다.

따라서 성차는 동시에 두 가지 목적에 부합하는바, (올랭프 드 구주가 이미 언급했던) 역설의 의미의 원인에 해당된다. 즉 한편으로 "여성과 남성의 다른 생물학적 특성과 연관해서 배제가 정당화되고", 다른 한편으로 "'성차'는 자연적 사실로서뿐 아니라 사회적이고 정치적인 차이화에 대한 존재론적 기반으로서 수립된다"라는 것이다(ibid., 3). 이러한 진단은 다양하고 생소한 성차의 존재론, 즉 젠더 연구의 주류 역사기술 전통 안에 뚜렷하게 드러나지 않았던 존재론을 암시한다. 그 주류 전통은 모두 가부장적 정치학에 대한 **비판뿐 아니라** (생물학적) 본질주의와 사회적 구성주의 사이의 선택을 너무 자주 수반한다. 다시 말해 페미니즘이나 젠더 연구가 단순한 반동적 입장을 넘어서기를 용납하지 않는다. 아래에서 증명하겠지만, 비판적인 입장은 비평받는 것을 재-긍정한다. **급진적** 페미니즘은 정치적인 주류 집단에 의한 요약본으로 존재하려 하지 않는다. 하지만 페미니즘이 **본질적으로** 역설적인 것으로 구성될 때, 여자/여성(woman/female) 페미니스트로서 누군가의 존재론적 조건은 생물학이나 사회적 구성에 의해 예정된 것으로 보이지 않는다(이것이 어떤 전략적 본질주의이든 '여성' 범주의 다양화든 간에). 그보다 (생물학적) 본질주의와 사회구성주의는 페미니즘이 횡단하는 두 개의 담론이며, 이는 존재론에 관한 수행적 이해를 함축한다. 다시 말해 여성의 범주는 성적 차이화를 만드는 비-페미니즘과 페미니즘 담론들을 횡단하면서 구체화되는 것이다. 여기서 페미니즘의 생물학적 결정론에 대한 반대, 즉 보부아르의 중요한 저작인 『제2의 성』의 지배적인 영미적 수용으로서, 사회구성주의로의 번역이, 생물학적 **선결정성** 뒤에 남겨짐에도 불구하고 개념적 지도 위에 '자연적 사실들' 또는 '성'이 존재하는 것을 감

안하면서 전환된다. 성들 사이의 관계에 대한 그와 같은 개괄(mapping)
은 자연과 문화가 구분되는 것을 고려하는 것으로 보이지는 않는다. 우
리가 '수행적'이라고 명시했던 존재론은 페미니즘 역사기술의 주류 전
통(부정성에 의해 구조화된 이원론에 입각한 전통)으로부터의 전환을 함축하
며, "페미니즘 주체들이 체화하고 규정하며 폭로하는 역사적으로 특유
한 역설들을 읽어내는 것"이다(ibid., 16).

　지배적인 페미니즘 역사기술의 기준에 의해 제한받지 않기 때문에,
스콧의 분석은 리오타르가 말한 '근대성 재기술'의 한 사례로 특성화
될 수 있다. 마르크스주의 역사의 목적론적 개념에 대해 언급하면서,
리오타르([1988] 1991, 28)는 마르크스가 '근대성의 불행'의 숨겨진 원
천을 드러냄으로써 인간성이 완연한 해방에 이를 수 있다고 생각했다
고 썼으며, 마르크스주의 역사는 사실상 "동일한 상처를 다시 열" 필요
만을 보여준다. "국지화(localization)와 진단은 바뀌겠지만, 동일한 병증
이 이 재기술에 재-등장한다". '종결 또는 해결'(Scott, 1996, 17)은 마르
크스주의와 페미니즘 (역사의) 지평에서 발견될 수 없다. 우리가 발견하
는 모든 것은 역사적으로 특유한 역설들의 항구적인 공여이다. 이러한
역설들은 페미니즘의 맥락에서 생물학적 본질주의와 사회구성주의 간
의 거짓 대립에 관련되는바, 이는 "근대성의 이원론적 논리"(Lyon, 1999,
169)에 고유한 문제이다. 생물학적 본질주의와 사회구성주의의 딜레마
는 '생물학'과 존재론이 페미니즘의 역사와 역사기술에서 어떻게 두드
러진 특성을 띠는지, 또는 아주 오랫동안 어떻게 페미니즘 담론을 지배
해왔는지를 보여준다. 이 이원론의 축들을 **횡단하는 것**(Traversing)은
페미니즘이 그 역사기술에 있어서 우리가 위에서 정의한바, 본질적으

로 이원론적이고 반동적인 입장을 넘어 움직여갈 수 있는 페미니즘 역사기술의 소수적 전통을 구성한다. 이러한 전통은 들뢰즈와 과타리의 말([1980] 1987, 105)에 따르면, 그것이 "본성적으로 (…) 항구적인 전통과 다르고, 수적인 것과 상관없는 것, 즉 하부체계거나 바깥체계"일 때 소수적이다. 소수적 전통은 마치 스콧의 역설처럼 창조적인 운동 안에 (ibid.: 105-6), 결코 늘 처하는 식으로 폐착상태에 있지 않다. 이러한 노선들을 따르는 페미니즘 역사기술에서 이 소수적 전통의 예화들은 소위 1980년대 이래 '프랑스 페미니즘'(엘렌 식수, 줄리아 크리스테바 그리고 특히 뤼스 이리가라이를 생각하라)과 지금 진행되고 있는 오늘날의 신유물론적 저술, 이를테면 로지 브라이도티와 엘리자베스 그로스에서 발견될 수 있다.[40] 이 장은 이러한 소수적 전통을 이해하려 애쓰고, 그것이 시작되는 노선을 따라 보부아르의 저작을 재독해하고자 한다. [또한] 이 장은 성차에 대한 신유물론적 연구 사례를 제시함으로써, 이원론 횡단을 통해서 신유물론이 언제나 이미 정체성 정치가 아닌 페미니즘인 방식에 집중한다.

그로스에 따르면, 페미니즘 역사의 이론들인 페미니즘 이론, 또는 페미니즘의 역사에 대한 이론인 페미니즘 역사기술들 중 다수는 목적론적이다. 그로스(2005, 162)는 다음과 같이 주장한다.

이러한 이해 위에서, 페미니즘의 미래는 인지된 것과 알려진 것을 예측가능하고 논쟁적으로 만드는 것에 제한된다. 이 제한된 시간성은 포스트모던 페미니즘 내부의 다수 기획들뿐만 아니라 모든 페미니즘적 평등화와 포섭의 기획들을 특성화한다.

페미니스트들에 의해 체험되는 역설의 의미는 두 페미니즘 사조들 사이의, 그리고 페미니즘과 가부장제 간의 관계를 구조화하는 목적론적 변증법의 결과로 이해된다. 대안적 입장은 역사적으로 특유한, 또는 페미니스트 주체성이 실체화하는 것으로 비치는, 다시 말해 성차가 엄격하게 수행적인 페미니즘 역사에 대한 **무-목적론적인** 이해를 포함한다. 스콧이 아직 페미니즘 사상의 역사기술에서 주류 전통을 비판함으로써 새로운 존재론에 대해 페미니즘을 개방하는 과정중에 있음에 반해, 그로스는 프랑스 페미니즘과 구조적 연결들을 가진 신유물론을 급진적으로 개괄하는 것으로 보인다. 사실상 그로스는 이리가라이로부터 시작한다. "그녀의 성차에 대한 연구는 불확정성, 가능한 불확정성을 시사했으며, 그리고 페미니즘적 사유의 필연성이 생물학적이고 문화적인 실존의 명백하고 가장 창의적인 형식들 중 하나와 평행적 또는, 그녀의 용어로, 동형적이라는 것을 밝힌다"(ibid., 163). 이리가라이에게 페미니즘은 개인적, 사회적 그리고 상징적 차원에서 만연한 성적 차이화의 횡단뿐 아니라 성들이 창조되는 관계들을 재구조화하기 위한 바람으로도 이루어진다. 게다가 이러한 횡단들은 언제나 이미 성차들을 만드는 중이다. 재구조화하고 횡단하는 실행으로서의 페미니즘은 결코 어떤 변증법이 아니다. 왜냐하면 모든 변증법이란 "두 성 모두에 의해 발달하고 그에 어울리는 행위, 사유 그리고 언어 양태들의 전개"(ibid., 164)를 긍정하는 것이 금지되기 때문이다. 윌리암 제임스의 급진적인 경험주의는 이미 어떤 종류의 입장도 필연적으로 한 입장이 정립될 수 있는 합리성을 따른다는 것에 주목했다. 또한 같은 맥락에서, 브라이언 마수미(2002, 8)는 어떻게 젠더, 인종 그리고 성적 지향이 나타나고 이것들이 오래된 언어에서 인식된 형태소를 제거해서 생기는 단어로 자신의 실재를 형성하는지에 대해 말하면서, 다음과 같이 논증한다. "경과(Passage)는 구성에 앞선다. 하지만 구성은 결과적으로 그 실재성의 배후를 형성한다. 구조망(Grids)이 발생한다. 따라서 사회적이고 문화적인 결정들이 그것들이 발생한 과정에 다시 반영된다. (…) 경과와 불확정성이 '최우선이다'라거나 '주요하다'라는 것은 시간적 연속의 주장이라기보다는 존재론적 우선성의 표명이다."

그와 같은 횡단하기의 전개를 긍정하는 것은 이리가라이가 '사유에서의 혁명'이라고 부른 것을 불러일으킬 수 있다. 이것은 "모든 이전 사유의 전복, 과거의 개념들과 언어로부터의 급진적 단절" 즉, 반동적 결과들을 수반하는 어떤 비판을 함축하지 않으며, 오히려 "성차가 무시되었던 장소들에 다시 던지는 어떤 종류의 성차의 암시이며, 모든 실천, 방법 그리고 인식이 다른 방식으로 수행될 수 있는 필연성에 대한 주장이다"(Grosz, 2005, 165). 페미니즘은 이제 "개념과 창조가 서로 간에 관련있는 특이점"에 집중하는 '실천철학'으로 드러난다(Deleuze and Guattari [1991] 1994, 11). 그와 같은 실천철학의 결과는 미지의 것으로 남아 있다. 왜냐하면 "오늘날 현실적인 것은 성적 대립이나 이원론 즉, 한 성의 측면에서 두 성을 규정하는 것이기 때문이다. 성차는 잠재적인 것이다. 다시 말해 이것은 다른 식으로 기능하는, 부정성 없이 기능하는, 충만한 긍정성으로 기능하는 이러한 대립의 잠재성인 것이다"(Grosz, 2005, 164). 여기서 제안되는 실천철학은 따라서 "언어적 재현들에서 담론적 실천들로 초점을 이동시키는 수행적 이해"(Barad, 2003, 807)에 의해 구조화된다.

이 장에서, 우리는 수행적 존재론으로서의 성차의 전개를 계속 시도할 것이다. 우리는 이를 '성적 차이화'(sexual differing)라고 부른다. 즉 이는 실제로 **차이화하는**(to differ) 성차를 수용하는 것이다. 그것은 이원론적 전제에 의해서가 아니라, 차이 **자체**가 존재하게 되는 실천철학에 의한 성차와 섹슈얼리티의 재기술을 포함한다. '인종'/민족, 계급, 섹슈얼리티 그리고 가장 최근의 세대나 세대성 주위를 회전하는 현대 문화이론의 다른 중요한 영역들이 비판의 한계들에 천천히 충돌하는 방식과 유사하게, 페미니즘 또한 생물학적 본질(성)과 대립하는 사회적 구성(젠더)으로서의 성차에 대한 강조 안에 갇혀 있는 것으로 보인다. 이른바 포스트-페미니즘의 대중적이며 학구적인 형상들에 둘러싸인 채로, 젠더 연구자들은 오늘날 그들의 과거가 목적론에 기반하여 제공했던 '역설들'과 부정성에 의해 구조화된 이원론에 의해 마비되어버린다. 앞서 우리는 그러한 것들에 대한 지속적인 재기술 형식으로서의 근대적 대립들을 기술해야 한다고 논증했으며, 이제 우리는 페미니즘이나 젠더 연구가 오랫동안 그 안에서 선회했던 이원론적 패러다임의 바깥이나 너머에 위치해야 할 어떤 이유도 없다고 부가할 수 있다. 그 대신에 우리가 스스로에게 부여하는 목표는 **차이나는** 페미니즘, 즉 그것이 제안하는 인식론적 유한성(메이야수의 용어를 쓰자면)을 유예하면서 이러한 대립들의 지속적이고 급진적인 재기술을 하려고 애쓰는 페미니즘을 발전시킬 수 있는 방법을 발견하는 것이다. 따라서 도래할 페미니즘은 해결되어야 할 역설이 아니라, 오히려 잠재성으로서 또는 성적 차이화에 대한 담론적 실천으로서의 성차를 연구 대상으로 삼는다. 따라서 우리는 여기서 페미니즘 이론을 재기술할 수 있는 성적 차이화의 흔적들을 발견하려고 노력한다. 이때 우리는 당대 페미니스트들, 과거의 페미니스트들, 그리고 배경은 다르지만 성차의 수행적 존재론의 생산에 함께 참여하는 학자들의 연구작업(예컨대 들뢰즈와 과타리뿐 아니라 로지 브라이도티와 카렌 바라드)에서 소수적 진술들(minor statements)을 실험한다. 페미니즘이 **비판** 주위에 생기지 않고, 불확정적(무한)이기 위해서, 실천철학이 성차를 실행하는 도발적 시도들을 수용해야 한다. 이것은 페미니즘이 역설적으로 묘사되는 성차를 **구체화**(materializes)한다는 것, 그리고 페미니즘이 정확하게 **그와 같이** 이해되어야 한다는 사실을 긍정하게 한다.

페미니즘 역사기술에서 주류 전통이 보부아르의 연구를 다른 방식으로 다룬 사실에도 불구하고, 우리는 『제2의 성』에서 그 결론이 그로스에 의해 긍정되는 이리가라이적인 미결정성을 간명하게 반영한다는 것을 보여주고자 한다. 우리는 이러한 주장을 헤이네마(Sara Heinämaa, 1997, 33-4, n. 4)를 따라 정당화한다. 그녀는 "우리는 성/젠더 구별과 보부아르 텍스트의 단서로서 사르트르의 실존주의(이 또한 부정성에 의해 구조화된 이원론에 기반하는 것이다)를 거부해야 한다"라고 제안했다. 그러나 오히려 우리는 하이네마의 작업가설을 완전히 긍정하지 않고 대신 메를로-퐁티의 현상학에 기반하여 보부아르를 바라볼 것이다.41 성차에 대한 자세한 기술을 한 다음, 보부아르([1949] 2010, 765)는 "우리가 파악할 수 없는 새로운 신체적이고 정서적인 관계가 성들 사이에서 탄생할 것이다"라고 언급한다. 달리 말해, 그녀는 성들 사이의 비대칭적인 사항들이, 가부장제 안에 자리 잡고 유지되는 와중에 횡단된다고 생각한다. 『제2의 성』이 실천철학으로 독해될 때, 따라서 근대성의 젠더화된 이원론적 논리를 재구축하고 횡단하면서, 이 책은 성적 차이화의 미결정성을 위한 길을 열어놓는다. 앞서 인용한 언급 바로 뒤에 보부아르는 "자유가 획일성을 창조했다고 (…) 결코 보지 않는다"(ibid., 765)라고 주장한다. 우리는 이 장에서 보부아르를 재독해함으로써 지배적인 페미니즘 역사기술을 개방하는 것이 현대 페미니스트들이 경험한 다양한 장애들을 돌파하는 잠재력을 가진다는 점을 증명할 것이다. 그에 덧붙여, 재-독해는 이원론적 사유 자체로부터 빠져나올 출구를 우리에게 제공할 수 있다. 이는 문화의 소수적 흐름들, 즉 '인종'/민족, 계급, 섹슈얼리티 그리고 세대 개념이 이원론 해석의 '이항성'에 의해 무력화되어 온 방식을 의미 있게 대체하기 위한 탐구에 관심이 있는 사람들에게 역시 중요하다. 따라서 페미니즘적 역사기술의 재기술은 학계 전반에 관한 유물론적 재기술이 된다.

성도 젠더도 아니라 성차

보부아르로부터 받아들인 관점42은 주디스 버틀러의 「시몬 드 보부아르의 제2의 성에서 성과 젠더Sex and Gender in Simone de Beauvoir's Second Sex」에 개괄되어 있다. 이 논문은 보부아르의 유명한 다음 진술에 대한 철학적 성찰이다. "여성은 태어나는 것이 아니라, 만들어진다"(de Beauvoir [1949] 2010, 283). 버틀러(1986, 35)는 보부아르가 어떻게 성과 젠더를 분리하고 "자연적 신체들의 근원적인 타율성을 고려하면서 여성성'임'('being' female)과 여성'임'('being' a woman)이 두 가지 매우 상이한 존재의 부류"라는 결론을 구성했는지 설명한다. 따라서 "젠더는 신체를 해석하는 또는 가능성들을 실현하는 양상, 신체에 문화적 형식을 부여하면서 해석하는 과정으로 이해되어야만 한다. 달리 말해 여성으로 존재한다는 것은 여성이 된다는 것이다. 하지만 여성이 된다는 것은 고정된 존재론적 지위를 묵인하는 문제가 아니라, 우리가 여성으로 태어날 수 있지만, 오히려 그것이 적응, 해석 그리고 문화적 가능성들을 받아들인 재해석의 능동적 과정이라는 것을 의미한다"(ibid., 36). 이 구절은 젠더 개념에 대한 버틀러 자신의 후기 연구작업을 명백하게 구조화하는 두 가지 함의로 인해 중요하다(Sönser Breen and Blümenfeld, 2005 참조).

첫째로 버틀러는 존재론에서 가정된 고정된 위상을 질적으로 전환하지는 않는다. 젠더 이론에서 자연적 신체들은, 성이 젠더를 정의한다는 전통적 가설이 역전됨에도 불구하고, 암암리에 고유한 귀속으로 취급된다. 젠더가 성을 정의할 때, 성이나 신체적 물질은 유동성이 있음에도, 여전히 수동적으로 전제된다. 버틀러(1986, 35)가 주장하기를, "여성적 신체는 '여성' 젠더의 임의적 위상이고, 젠더의 다른 구성물의 위상이 되는 신체의 가능성을 차단할 어떤 이유도 존재하지 않는다." 보부아르에 대한 버틀러의 독해 안에는, 엄격한 이원론이 자리잡고 있어서 이제 젠더에 의해서는 표현의 형식을 나타내는 것으로, 성에 의해서는 내용의 형식을 나타내는 것으로 표명된다. 내용과 표현이 형성되는 양쪽 방식에서 생기는 관계는 상대적이지 않고 절대적이다. 단어(젠더)와 사물/사태(성)로부터 기표를, 그 단어와 일치하고 단어에 종속되는 기의를 추론해낼 때, 버틀러는 언어에 대해 스스로를 과도하게 단순화된 생각으로 제한한다. 즉 그는 언제나 이미 서로 본질적으로 뒤얽혀 있고 서로 상응하는 형태발생 과정에 놓여 있는 일련의 사물의 표현과 상태를 쌓아올리는 성과 젠더에 정치학이 얼마나 적극적인지 이해하기를 거부한다는 것이다. 물질과 의미화의 늘 변화하는 흐름들은 스스로를 하나의 기호를 창출하는 기표와 기의로 결코 환원하지 않을 것이다. 들뢰즈와 과타리([1980] 1987, 67)는 표현의 '담론적 다양체들'과 내용의 '비담론적 다양체들'에 대해 말한다. 이로써 그들은 물질과 의미화의 무한한 (일대일 대응이 아니라) 주름운동하기(enfolding)**43**를 정확하게 가리키며, 바라드가 (도나 해러웨이를 따라) 개념화한바, 언제나 이미 '물질-담론'으로 이끌어가는 것이다. 버틀러의 페미니즘에 있어서, (여성적) 신체는 수행적으로 또는 비키 커비의 용어에 따르면 '말하는 육체'(telling flesh, Kirby, 1997)로 이해되지 않는다.

두번째, 그리고 하나의 (기의의) 기표로서 그것의 고정된 위치로부터 따라나오는 젠더는, 어떤 과업의 양상이나 가능성의 실현으로 제안됨으로써 역시 고정된 의미를 취한다. 그로스(2005, 106)는 베르그송의 개념 쌍들 간의 구분, 즉 잠재/현행 그리고 가능/실재를 페미니즘 이론에 도입할 필요성을 논증했다. 이 개념 쌍들은 다음과 같이 정의된다.

실재성은 그 자신의 이미지를 창조하는데, 스스로를 과거로 역투사함으로써 그 이미지에 언제나—존재해온—가능성의 위상을 부여한다. 가능성은 관념적으로 선실존하는 것이며, 물질화에 선행하는 실존이다. 가능성은, 실재성의 역투사가 아니라, 잠재성과 관련해서 더 잘 이해될 것인데, 이는 현행적이지 않은 실재성을 가지는 것이다(ibid., 107).

버틀러의 위대한 희망에도 불구하고, 가능/실재의 노선을 따르는 개넘화는 생물학적 또는 해부학적 성을 문화적으로 예측가능하고 인지되며 그리고 알려진(이는 또한 '젠더'로 제한된다) 것으로 제한한다. 그로스는 "현재가 마치 과거의 산물인 것처럼, 가능성을 선재하는 유령 같은 실재로 환원하는 것은, 새로운 것을 사유할 가능성, 현재에 얽매이지 않는 열려진 미래를 사유할 가능성을 제한한다"(ibid., 108)라고 주장한다. 따라서 보부아르에 대한 버틀러의 라캉식 재-독해는 그로스를 따라 읽는다면, 페미니즘이 차이를 만들 가능성을 심각하게 좁히게 된다. 즉 그것의 존재론과 인식론이 역사적으로 젠더화된 패턴에 의해 제한될 때, 시간의 선형적이고 인과적인 이론에 기반하게 되는 것이다. 젠더를 궁극적으로 여성적 신체 안에 위치 짓는 것, 다시 말해 말을 현재와 같은 사태에 투사하는 것은 과거로 역투사하는 것이며, 페미니즘의 미래를 어떤 기술적 역사주의로 돌리고, 미리 정해진 그것의 경로에 따라, 주류 역사학에 의해 노예화되는 것이다(들뢰즈와 과타리의 위 언급에서 나온 '항구적 불변항'으로서의 주류 역사학).

버틀러가 **역설**과 관련하여 보부아르 안에서 존재론(그리고 페미니즘 안에서 '여성', Butler, 1993, 187-222를 보라)에 대해 논하는 것은 가치가 있다.**44** 그녀는 보부아르의 사례에 대해 다음과 같이 논한다. "우리는 결코 우리 자신을 하나의 순수하고 단순한 신체로서, 즉 우리의 '성'으로서 경험하거나 알지 못한다. 왜냐하면 우리는 우리의 성을 그것의 젠더 표현 바깥에서는 결코 알지 못하기 때문이다. 살아 있거나 표현되는 '성'은 언제나 이미 젠더화된 것이다. 우리는 우리의 젠더가 되지만, 발견될 수 없는 곳에서, 그리고 엄격히 말해, 존재한다고 말할 수 없는 곳에서 젠더가 된다"(Butler, 1986, 39). 사실 여기서 우리는 성이 젠더라는

(언어적) 기표에 의해 코드화될 필요가 있는 라캉적인 기의라는 것(오직 환유와 은유들을 통해서만 일시적으로 그리고 단편적으로 스스로를 드러내는 것)을 보게 된다. 논문 후반부에서 버틀러는 "젠더는 해부학적으로 더이상 언술되지 않을 뿐 아니라 또한 해부학적 특성이 젠더의 가능성에 어떤 필연적 한계들을 두는 것으로 보이지도 않는다"(ibid., 45)라고 말하며, 따라서 궁극적으로 신체는 완연하게 유동적인 것으로 확인된다. 이 모든 것 아래에 놓여 있는 시간성에 따르면 "젠더는 과거와 미래의 문화적 규범들을 조직화하는 당대적 방식, 그러한 규범들에 관해서 스스로를 정립하는 하나의 방법, 우리의 신체를 세계 안에 살게 하는 능동적 스타일이다"(ibid., 40). 우리는 여기에서 그로스의 관찰이 확인되는 것을 본다. 즉 과거(성sex)는 현재(젠더) 안에서 구성되며, 가능성들의 실현이라는 선을 따르는 미래도 그러하다. 보부아르에 대한 버틀러의 독해에서 가능성은 실재의 역투사이다. 하지만 우리는 실재가 의미 있는 능동적 역할을 가지지 않기 때문에 실재의 바깥에 있는 가능성을 알 수 없다. 따라서 실재성은 사실상 성적 대립이거나 이항 대립이다. 이것은 과거로 역투사되는 것이다. 육체(flesh)는 말없이 현상한다. 버틀러의 보부아르에 대한 사유에서 외형적 혁명은 가능/실재 그리고 기표/기의 쌍으로 암시되는 재현주의에 의해 실패한다(cf. Colebrook, 2004). 그렇다면 그로스에 의해 긍정된, 이리가라이적인 미결정성을 그 저작에 귀인시키기 위해, 보부아르는 어떻게 독해되어야 하는가?

「보부아르와 생물학: 두번째 시선de Beauvoir and Biology: A Second Look」에서 모이라 가텐스(Moira Gatens, 2003, 274)는 "『제2의 성』에서" 보부아르의 "논점은 자연적 신체가 사회적 가치들을 함축하지 않는다거나 그것이 '전반적으로 가치하락된다'는 것이 아니다'라고 명확하게 언급한다. 가텐스는 보부아르가 "신체들과 가치들 사이의 상호작용적 고리"(ibid., 274)를 확인한다고 독해하고, 성과 젠더 간의 비선형적 인과성이 아니라, 그것들의 얽힘에 관한 두 가지 예를『제2의 성』으로부터 이끌어낸다. 하나는 보부아르가 길게 논의(폐경 후 여성에 관한 부분 [ibid., 278-9])하고 다른 하나는 지나가면서 언급(여성의 에로티시즘에 관한 부분 [ibid., 273])한다. 가텐스는 폐경 후 여성이 소위 **비-여성성**(non-feminine, 젠더)으로서, 그들의 문화적 해석에 영향을 주기 위해 자기규정적인 **여성의 신체들**(bodies, 성)을 허용함으로써 보부아르의 저작 위에 드리워진 버틀러적 구조망(grid)에 중대한 도전을 제기한다고 인정한다. 더이상 월경을 하지 않는 신체는 하나의 신체가 기표/기의 또는 가능/실재로 파악될 수 없는 방식을 보여주는 예들 중 하나다. 왜냐하면 이러한 성적 신체(sexed body)는 젠더에도 성적 이항 대립의 실현에도 일치되기를 거부하기 때문이다. 가텐스가 제기한 다른 예시인 여성의 에로티시즘도 마찬가지다. 가텐스처럼, 카렌 빈트게스(Karen Vintges [1992] 1996, 47)는『열정으로서의 철학: 시몬 드 보부아르의 사상*Philosophy as Passion: The Thinking of Simone de Beauvoir*』에서 사르트르가 그토록 그 개념을 힐난함에도 불구하고, 상호주체성이 "발생하는데, 왜냐하면 파트너의 양쪽 모두 감정적 흥분을 통과하면서 육체(chair)로의 변형을 겪고, 동시에 그들 자체와 타자를 주체성과 수동성으로 경험하기 때문이다"라고 분명하게 언급한다. 미묘하게 다른 방식으로, 사랑한다는 것은 "감정의 흥분을 통과하여 '육체'(마찬가지로 육화incarnation)가 되며, 결과적으로 신체와 의식의 통일성을 이룬다"(ibid., 48). 빈트게스는 보부아르의 반-재현주의와 그녀의 잠재/현행 개념 쌍의 활용에 대해 또 다른 설득력 있는 논증을 펼쳐 보인다. 즉 보부아르가 인정한 사랑하기 (love-making)는 어떤 특정한 양태들(이를테면 사드Marquis de Sade의 사도마조키즘이나 부부간 성관계)로 양식화되지 않으며, 예측불가능한 방식으로 두 성 모두에게 영향을 미친다(ibid., 48-9). 가텐스(2003, 283)는 사실상 보부아르에게 미래는 개방적이지만 정신에 알려질 수 없는 것이라고 본다. 이는 고정되지 않고 모호하며 본질적으로 역설적인 진리에 대한 그녀의 강한 믿음에 기인하는 것이다. 그녀는 "한 쌍에 속한 두 개념, 이를테면 자연과 문화와 같은 것 사이의 끊임없는 놀이가 우리의 상황을 언제나 모호하게 구성하는데, 이는 단순한 '있음'(being)이라기보다 언제나 자유로운 '되기'(becoming)를 포함한다"(Gatens, 2003, 282)라고 단언한다.

이로써 우리는 보부아르에 대한 급진적으로 상이한 독해에 도달하게 되었다. 그녀의 여성으로 되기라는 모델은 이제 사회구성주의(젠더가 성을 정의하는)에 포획되지 **않는** 것을 수반한다.45 또한 생물학적 본질주의(성이 젠더를 정의하는)에도 귀속되지 않음으로써, 보부아르는 존재론, 또는 더 나은 말로 하자면, **개체발생론**(ontogenesis)의 수행적 이해를 위한 길을 열어놓는다. 보부아르는 성적 차이화를 도입하는바, 이는 우리가 제안하고자 하는 기반으로서, 그녀의 '육체'(flesh) 개념에서 발견될 수 있다. 『제2의 성』에서, 육체는 개념적이고 창조적인 것이 만나는 특이점들 중 하나이다. 이것은 대체로 바타이유(Georges Bataille), 아르토(Antonin Artaud) 그리고 메를로-퐁티와 연관되는 개념이다. 이들 역시 육체라는 용어를 인간 신체의 형태발생적 본질로 가져가기 위해 사용한다. 보부아르와 더불어 이 개념은 그녀가 성차의 계속적인 재기술을 활용하는 출발점으로 기능한다. 왜냐하면 육체는 그녀가 신체에 붙어 있는 기호들, 즉 '여성의 상황'을 결정하는 그 기호들을 횡단할 수 있도록 하기 때문이다. 결과적으로—그리고 이것은 매우 중요한데—육체를 개념화하는 것은 그녀가 도래할 성들 사이의 관계에 대해 결정불가능의 상태에 있는 것을 허용한다.

우선 그녀는 남근(phallus)에 관한 정신분석학적 사유를 다루면서, 육체 또는 육화를 통해서 성차에 대한 진단을 제공한다.[46] 남근은 의미작용을, 즉 "의미화하는 대상의 유비를 통한 의미의 파악"을 수반한다 (de Beauvoir [1949] 2010, 56). 의미화는 소외의 근원이다. "그의 자유의 불안은 주체가 사물 안에서 스스로를 찾도록 이끄는데, 이것은 그 자신으로부터 도피하는 방식이다"(ibid., 57). 이러한 '나쁜 신뢰'(bad faith)의 과정은 두 성들에게 다르게 나타난다. 남성에서, "초월의 육체적 구체화"(ibid.)는 페니스의 살(flesh)을 통해 발생하지만, 반면 여성은 "잡아쥘 수 있는 사물 안에서 그녀 스스로를 소외시키지 않으며, 그녀 자신을 거기서 되찾지도 않는다. 따라서 그녀는 자기 전체를 하나의 객체로 만들도록 이끌리며, 그녀 자신을 타자(the Other)로 정립하게 된다"(ibid., 57-8). 그래서 보부아르가 즉각적으로 우리에게 "오직 그 전체성 안에서 파악된 상황에서만 해부학적 특권이 정말로 인간적 특권을 만든다"(ibid., 58)라고 상기시키는 반면, 성들 사이의 관계는, 남근을 고려할 때 이원론적이다. 남근이나 토템의 맥락에서 남성이 남근, 즉 비대칭적 중요성을 가진 이원론을 경유하여 초월을 육화할 수 있는 반면, 여성은 "육체적 실존을 영구화하는" 것 외에 아무것도 할 수 없다(ibid., 82).

여성은 가끔 '성'으로 지칭된다. 육체, 그것의 쾌락과 위험이 바로 그녀다. 여성에게 성화되는 것은 바로 남성이며, 육체적인 것(carnal)은 결코 표명되지 않았던 어떤 진실이다. 왜냐하면 누구도 진실을 증명하지 않기 때문이다. 세계 자체로서의 세계의 재현은 남성의 일이다. 그들은 그것을 그들 자신인, 그리고 그들이 절대적 진리와 혼동하는 관점에 따라 기술한다. (…) 가부장제가 시작된 이래, 남성의 눈에 비친 삶은 이중 양상을 취해왔다. 이것은 의식, 의지, 초월이며, 지성이다. 그리고 저것은 물질, 수동성, 내재성, 육체이다(ibid., 162-3).

널리 알려진 성차의 재현물은, 보부아르가 드러낸바, 과거로의 투사이다. 마치 성적 이항 대립이 선행하고 이에 따라 가부장제가 정당화되는 것처럼, 그리고 마치 여자아이들이 여성이 되도록 운명 지어진 것처럼 말이다.

두번째로 성차에서 벗어나는 길(즉 성적 차이화로 가는 길)은 육체를 통해 『제2의 성』에서도 마찬가지로 드러난다. 그리고 우리는 이미 이것을 에로티시즘에 관한 논의에서 확인했다. 오직 육체에서 시작함으로써, 보부아르는 이리가라이적인 성차의 미결정성, 즉 **진정한** 여성 되기로 향해간다. 이것의 예는 자연환경 안에서 여성들의 경험이다. 특히 여성문학에서 보부아르는 예시들을 발견했는데, 집과 도시에서 멀리 떨어져, "들판과 숲에 이른 사춘기 소녀가 편안하다는 것을 보여준다"(ibid., 376)라는 것이다. 이것은 다음과 같은 중요한 주장으로 보부아르를 이끈다.

실존은 단지 출생등록부에 기입된 추상적인 운명이 아니다. 그것은 미래이며 육체적 풍부함이다. 신체를 가진다는 것은 더이상 어떤 부끄러운 전락처럼 보이지 않는다. (…) 육체는 더이상 불결한 것이 아니다. 즉 그것은 즐거움이며 아름다움이다. 하늘과 황야에 젖어들면서, 소녀는 우주를 흔들고 불을 붙이는 어렴풋한 숨결이며, 그녀는 그 모든 히스꽃 가지들이다. 흙과 무한한 의식 안에 뿌리내린 개인, 그녀는 영혼이자 삶/생명이다. 그녀의 현존은 대지 그 자체의 현존과 마찬가지로 오만하며 의기양양하다 (ibid., 376-7).

아르토(Artaud, 1971)가 육체 개념을 사용하는 경우와 아주 유사하게, 보부아르는 매우 단순한 입장의 사유를 제안하는데, 이는 젊음과 같은 낭만화가 아니고(동일한 논증이 그녀가 폐경 이후 여성에 대해 말할 때 발견될 수 있다는 것도 생각해야 한다), 여성 되기의 과정, 주체화 과정이 우리 삶에서 작용하는 방법(어떤 아리스토파네스식의 회귀)을 무효로 하거나 잊어버릴 필요가 있다는 것도 아니다. 그 대신 그녀는 우리가 아주 실증적이거나 경험적 관점에서 성차를 **재사유**하기를 요청한다. 사실상 보부아르는 우리에게 단순한 윤리학을 소개하는데, 그것은 처음부터, 기존의 사회생물학적 또는 사회문화적 성차를 수용할 의도가 없다. 아르토의 경우처럼, 그것은 육체와 영혼에 형태를 제공하는 삶/생명의 힘이 그 안에서 작용하는 대지로부터 출발하는 윤리학이다. 페미니즘 이론 안에서 그녀가 읽히는 방식과는 반대로, 보부아르는 여기서 긍정적 태도를 취하며, 페미니즘을 **비판적**이 아니라, **생명적** 기획으로 사유하려 노력한다.

들뢰즈와 과타리([1980] 1987, 276-7)는 보부아르의 여성-되기와 '소녀'를 동일시할 때, 육체에 대한 그녀의 유물론적 페미니즘으로부터 매우 많은 영감을 얻은 것처럼 보인다. 이것은 모든 도래하는-신체에 관한 예민한 실재성을 수행하는 완전히 생기론적인 개념이다.

> 의심할 여지 없이, 소녀는 몰적(molar)으로 또는 유기적 의미에서 여성이 된다. 하지만 반대로 여성-되기 또는 분자적 여성은 소녀 자신이다. (…) 그녀는 기관 없는 신체 위를 끊임없이 돌아다닌다. (…) 따라서 소녀는 세대 그룹, 성, 질서 또는 왕국에 속해 있지 않다. 그들은 질서들, 행위들, 세대들, 성들, 그 모든 곳 사이에 슬쩍 끼어든다. 그리고 그들은 n개의 분자적 성들을 그들이 횡단하는 이원론적 장치와 관련된 탈주선 위에 생산한다. 이원론 바깥으로 나갈 수 있는 유일한 길은 중간을 지나가는 사이-존재(be-between)로 존재하는 것이다. (…) 여성이 되는 것은 소녀가 아니다. 그것은 보편적 소녀를 생산하는 여성-되기이다.**47**

몰적인 것을 분자적인 것에 맞세움으로써 그리고 이러한 분자적인 위치를 선호함으로써, 들뢰즈와 과타리는 보부아르와 똑같은 일을 한다. 그들은 존재보다 생성(becoming, 되기)을 선호하며, 기호들과 코드들 대신에 운동과 감응(affect)을 연구한다. 몰적 서사(narrative)를 좇아 가는 것으로 보이는 버틀러와는 반대로, 들뢰즈와 과타리는 공히 유물론적이고 보부아르의 육체적 미래를 탐색하는 생기론적인 페미니즘을 제안하면서 보부아르(와 아르토)를 긍정한다.

보부아르가 소녀는 여성이 된다는 식으로 말하지 않는다는 것은 결코 우연이 아니다. 거기에는 성적 이항 대립에 관련된, 여성의 소녀로의 역투사는 존재하지 않는다. 소녀의 성적(sexed) 신체는 '여성'이라는 단어로 완전히 포획되지 않는다. 보부아르는 여기서 소녀로부터 여성으로 되기가 있다고 말한다. 이것이 이리가라이적인 결정불가능성, 즉 도래할 천진성(naiveté)이다. 육체의 발견은 언제나 이미 일어나고 있다. 잠재성(소녀: 성적 차이화)은 현행적이지 않은 실재성을 가진다(왜냐하면 우리는 여성성femininity, 즉 성차sexual difference 아래에 놓이기 때문이다). 보부아르의 실천철학은 육체에서 절정에 이르며, 우리에게 가장 기초적인 기반으로부터 페미니즘을 재사유할 윤리학에 헌신하기를 요구한다.

실천철학이란 무엇인가?

인터뷰에서 과타리는 그와 들뢰즈가 언제나 그들의 분석을 '욕망'에서 시작함으로써, 특히 아르토와 보부아르의 저작에서 발견한 생명의 힘을 어떻게 다루는지 우리에게 말해준다. 아래는 그들이 여성에 대해 말하는 특별한 경우이다.

> 만약 들뢰즈와 내가 섹슈얼리티에 관해 말하지 않는 입장을 실제로 채택했다면, 그리고 그 대신에 욕망에 대해 말하고자 했다면, 그것은 우리가 삶/생명과 창조의 문제들이 결코 생리적인 기능들, 생식 기능들로, 즉 신체의 몇몇 특정 차원으로 환원되지 않는다고 생각하기 때문입니다. 그것들은 언제나 사회적 혹은 정치적 장에서 개체를 넘어서는 또는 개체적 수준 이전에 있는 요소들을 포함하지요(Guattari and Rolnik [1982] 2008, 411).

욕망으로 시작함으로써, 과타리와 들뢰즈는 보부아르에 관한 지배적 (몰적) 수용 위에 세워진 페미니즘 이론의 중심이 된 비판적 관점을 철저하게 피해 간다. 이것은 욕망으로 대체된 권력에 대한 강조 뒤에 근본적인 물음표를 찍는다. 권력은 성차의 기초가 되는 재현주의에 속한다. 반면 욕망은 성적 차이화를 향한 질적 전환이 가능하도록 한다. 미셸 푸코의 연구에 관한 짧은 논평에서, 들뢰즈(1997, 186)는 이 중대한 전환을 다음과 같은 주장으로 간결하게 설명한다.

> 요컨대, 그것[성차]은 배치를 실행하는 권력의 장치들(dispositifs)도 아니고, 구성적으로 존재하지도 않는다. 오히려 그것은 그러한 차원들 중 하나를 따르는 권력의 형성에 편재되어 있는 욕망의 배치들(agencements)이다.

또한 우리가 이제 페미니즘 이론과 성차에 주로 관심을 두지만, 이러한 주장은 젠더 연구에서 실천되어 비판적 전망을 전환할 뿐 아니라, '인종'/민족, 계급 그리고 세대와 같은 개념들이, 1980년대 이래 인문학과 사회과학에 속하는 다른 영역들에서 담론들을 지배해온 방식에 대안을 제공한다.

우선 욕망이라는 이 개념, 즉 앞서 말한 범주들을 횡단하면서 이제 오직 정신만이 관건(그리고 신체는 아닌)이라는 인상을 줄 수 있는 이 개념이 실은 들뢰즈와 과타리에게는 유물론적 개념이라는 것을 확인해야겠다. 왜냐하면 비록 과타리가 특별히 (라캉주의의) 정신분석이라는 강한 배경을 가지고 있다 하더라도, 그들의 욕망이라는 이념은 의심할 여지 없이 스피노자적이기 때문이다. 스피노자, 무엇보다 『에티카』에서의 스피노자가 최초의 (가장 앞선) 신유물론자로 간주되는 것은 당연하다. 특히 그의 공식, 즉 정신이 신체의 관념이라면, 신체는 정신의 대상이라는 공식은 논쟁의 여지 없이 모든 신유물론적 사유의 출발점이며, 그러한 이유로 그 공식은 신유물론의 연구를 통틀어 여러 가지 모습으로 등장해왔다. 욕망에 관한 스피노자의 정의는, 그것이 우리의 본성을 구성하기에, 정신과 신체의 동일성에서 출발한다. 또는 그는 다음과 같이 말한다.

> 우리의 모든 노력 또는 욕망은 우리 본성의 필연성으로부터 따라나온다. 이는 그것들의 가까운 원인으로서 단독으로, 또는 우리가 자연의 부분인 한에서 이해될 수 있다. 그런데 그 부분은 자신을 통해서, 그리고 다른 개체들 없이는 적합하게 파악될 수 없다(Spinoza [1677] 2001, E4App.1).

따라서 욕망은, 스피노자와 들뢰즈, 과타리에 따르면, 정신과 신체와 관련하여 형성되는 **본질**을 가리키는바, 감응되거나(기쁨을 부여하거나) 그것에서 멀어지도록 시도하는(슬픔을 제공하는) 여타 개체들과의 관계 안에서 창조된다. 물론 스피노자와 들뢰즈, 그리고 과타리에게서 본질은 결코 현대 학문에서 재-긍정되는 생물학적 결정론의 유형이 아니다. 그것은 그것들이 어떻게 우리의 본성이, 타자들과의 관계에서 스스로를 필연적으로 무한하게(ad infinitum) 재-창조하는 형식을 취하는지 표현하도록 허용하는 개념이다.

본질은 (아직) 성차를 모르는 욕망하는 육체와 같다. 본질은 (보부아르가 말한 것처럼) 본성적으로 파편(cut-out)으로 존재하며, (스피노자가 언급한 것처럼) 일자로서 작용하는 신 안에도 동등하게 존재한다. 하지만 이 것은 언제나 다른 것들에 속하는 방식과 관련해서 그러한 것이며, 그 역도 마찬가지다. 욕망과 본질에 대한 강조는 따라서, 남성과 여성, 즉 성차의 실존을 부정하지 않지만, 인식론이 무지로 인해 자연 안으로 유 와 종을 접어 넣고, 잘라넣은 것을 비난한다. 욕망, 본질 그리고 육체에 대한 생기론적 강조는 가장 혁명적인 방식으로 그와 같은 범주화를 재 사유하도록 허용한다. 사실상 어떤 스피노자주의적 또는 들뢰즈-과타 리적 관점은, 본질이 사물/사태를 감응하는 것에 의해 그리고 그것이 감응되는 방식에 의해 결정된다고 주장하므로, 삶/생명이 어떻게 형성 되는지, 그리고 성차와 같은 범주들이 그 안에서 정신과 신체의 작동 에 의해 어떻게 창조되는지로부터 출발한다.

이와 같은 긍정적 생기론은 여성의 '존재'를 비판함으로써가 아니 라, 오히려 분자적 방식을 긍정함으로써 페미니즘(그리고 문화이론에서 모 든 다른 소수적 장들)을 재사유하도록 한다. 이때 분자적 방식은 신체와 정신이 (하나로) 창조되는 방식 또는 그것들이 감응하고 감응되는 방식 에 따라 '여성'으로 개념화될 수 있는 것이다. 그것이 들뢰즈와 과타리 ([1980] 1987, 291)가 보부아르를 재-독해하면서, 여성-되기가 "필연적으 로 여성들과 마찬가지로 남성들을 감응시킨다"라고 주장하는 이유이 다. [또한] 그것이 소녀가 (비-유기적인 것뿐 아니라) 삶/생명의 모든 형식 들을 탈영토화하는 이유이다. 왜냐하면 유대인 되기가 유대인을 감응 하는 만큼 비-유대인을 감응하듯이, 그들이 이 마지막 인용문 앞에서 언급했던 것처럼, 남성 역시 그들의 본질에 대한 지속적인 질문을 하면 서, 사회가 조직화되는 지배적인 (몰적인) 사회-문화적 (남성-지향적) 입장에서 멀어져 '여성성'(femininity)의 궤도로 진입하기 때문이다. 신체에서 시작함으로써, 즉 신체에 일어나는 감응들(affections)과 그것들이 정신 안에서 관념들로 현전하는 방식에서 시작함으로써(그 예로 Spinoza [1677] 2001, E2P16), 이것은 보부아르가 시사한 비대칭성의 급진적인 복잡화를 허용한다. "왜냐하면 두 성들이, 여성 안의 남성과 남성 안의 여성뿐 아니라 각각의 동물, 식물 등등의 관계에서도 작동하는 분자적 조합들의 다양체를 함축하기 때문이다. 즉 천 개의 작은 성들인 것이다"(Deleuze and Guattari [1980] 1987, 213).

들뢰즈([1981] 1988, 124)는 이미 이렇게 언급했다. "(…) 만약 당신이 신체와 사유를 감응하고 감응되는 능력으로 정의한다면, 상황은 많이 달라진다." 페미니즘에 대한 그 영향력에 대해서 그로스(1994)는 이를 신체에 부과된 의미화가 아니라 신체의 표현으로서의 성차를 재사유하는 길을 위한 출발점으로 이해한다(일찍이 우리는 이것을 '물질-담론'이라고 불렀다). 달리 말해, 성적 차이화는 신체가 사회-문화적인 것 내부에서 그것이 활동하는 실천들에 따라 스스로를 침전시키거나 형성할 수 있는 방법이다.

따라서 어떤 동물, 어떤 사물은 결코 세계와의 관계에서 분리되지 않는다. 내부는 오직 선택된 외부이며, 그 외부는 투사된 내부이다. 물질대사, 지각, 행위, 그리고 반응의 빠름과 느림은 세계 안의 특정한 개체를 구성하기 위해 서로 연결된다(Deleuze [1981] 1988, 125).

요컨대 지난 반세기 동안 페미니즘을 지배해왔던 성차로부터 성적 차이화로의 이동은, 보부아르에서 우리가 이미 발견할 수 있는바, 욕망의 **배치들**(agencements)을 강조하면서, 그것이 육체가 실제 현행화되고 실현되는 방식에서 육체와 그 본성을 사유하도록 우리를 이끈다는 것을 의미한다. 따라서 권력이란 푸코가 이미 논한 바대로 행위에 대한 행위이다. 더 정확히 말하면, 클레어 콜브룩이 기술한 바와 같이, 권력이란 금지의 수단을 통해 사회-문화적인 것의 구조화에 착수하는 것이다. 그녀는 다음과 같이 주장한다. "페니스가 아니라 집단적인 기입과정을 관통하는 팔루스만이 존재한다"(Colebrook, 2002, 134). [따라서] 유물론적 태도는 집단적인 (몰적인) 기입을 비판하고자 하지 않고, 그보다 삶/생명에서 여성(그리고 남성)의 창조가 이러한 집합적 기입**반응**(inscriptionsrespond)을 하는 (말 못 하는, 육체적인, 분자적인) 감응 안에서 어떻게 발생하는지 묻는다.

성차로부터 성적 차이화로

여기서 보부아르의 실천철학이 충분한 결실을 거두도록, 『제2의 성』의 결론부를 상세하게 독해하며 정리하도록 하자. 책에서 보부아르([1949] 2010, 758)는 성차를 극단까지 밀어붙임으로써, 성적 차이화를 위해 진정한 길을 터놓는다. 왜냐하면 여성이든 남성이든 지금껏 누구도 "한 사람이 제안하고 다른 사람이 따르는 이 모든 조건의 결과들을 당연시하기"를 바라지 않았다고 그녀는 주장하기 때문이다. 우리가 성차의 모든 결과들을 당연시할 때 무슨 일이 일어나는가? 우리가 더이상 성차에 속한 집단적 기입을 비판하지 않고, 대신 긍정적 질문을 던지는 것은 언제인가?

우선 보부아르는 "오늘날의 여성은 과거와 현재 사이에서 괴롭다"(ibid., 761)라고 언급한다. 여성은 분열되어 있다. 즉 집단적 기입들, 그리고 그들이 살고 일해온 시간에 관한 선형적, 인과적 이론 사이에서 말이다. 그리고 베르그송이 말한 창조적 진화는 도래할 세계를 개방하는 지속(durée)과 더불어 잠재적인 것/현행적인 것과 함께 온다. 집단적 기입은 평등이나 포스트모던 페미니즘에서처럼 비판될 필요가 없지만, 우리는 어떤 유물론, 육체적 욕망들에 이러한 집단적 기입이 응하는지 물어야 한다. 가부장제는 그 자신의 영속가능성에 유리한 바를 이용한다. 하지만 혁명적 페미니즘은 어떤 모델을 가지지 않는다. 여성들에게 있어서, 감응들, 즉 삶/생명의 역능을 유용함으로 틀짓는 것이 과거와 현재 사이, 성차와 성적 차이화 사이에서 분열하도록 만든다고 말할 수 있다. 그리고 이것이 실제로 우리가 긍정하는 지점이다. 이 지점은 성차가 성적 차이화를 매 순간 어떻게 함축하고 있는지를 보여준다. 보부아르는 다음과 같이 이러한 상황을 기술한다.

매우 자주 그녀는 남성으로 가장한 '진짜 여성'처럼 보인다. 그리고 그녀는 남성 복장을 입은 것처럼 그녀의 여성 신체 안에서 어색함을 느낀다. 그녀는 그녀의 오래된 옷을 벗고, 그녀 자신의 의복들을 재단해야 한다. 그녀는 어떤 집단적인 변화가 있을 경우에만, 그렇게 할 수 있다. 어떤 선생도 오늘날, '남성 인간'과 정확한 유사성을 가지는 '여성 인간'을 개괄할 수 없다. 즉 만약 소년처럼 양육된다면, 어린 소녀는 그녀가 예외라고 느낄 것이고, 그것은 그녀를 새로운 종류의 부류로 자리매김시킬 것이다(ibid.).

소년처럼 양육하기 그리고 남성 의복 입기(다시 말해, 해방)는 보부아르의 여성이 멀리하길 원하는 것이며, 이는 그녀가 해방되지 않은 세계에서 떠나고자 하는 것과 유사하다. 평등주의 페미니즘의 기입이든, 남성중심 세계의 기입이든 어떤 것도 그녀의 육체에 맞지 않다. 보부아르에 따르면 여성은 자신으로부터 이러한 기입들(inscriptions)을 소거해야 한다. 이것은 긍정의 윤리학을 따르는 것, 즉 **그녀가 그녀 자신의 의복을 재단해야 한다**는 것을 의미한다. 프랑스 페미니즘에서조차 그녀의 연구에 관한 지배적 수용이 있음에도 불구하고, 보부아르는 차이의 언어를 명확하게 말하고 있다. 그녀는 다음과 같이 언급한다.

> 여성은 그녀의 호르몬으로도 신비스러운 본능으로도 정의되지 않는다. 여성은 이질적 의식, 그녀의 신체 그리고 그녀의 세계와의 관계를 통해 그녀가 파악하는 방식으로 정의된다. (…) 여성이 그녀가 만들어진 대로 존재하지 못하게 막는 것은 불가능하며, 그녀는 언제나 그녀 뒤의 이러한 과거를 끌고 다닐 것이다. 만약 이 과거의 무게가 정확히 측정된다면, 그녀의 운명이 영원성 안에 고정되지 않는다는 것은 명백하다(ibid., 761, 강조는 원문).

이 부분은, 비록 탁월하게 실존주의적인 문장으로 읽혀왔지만, 집합적 기입에 대해 명백하게 진술하는 것일 뿐만 아니라, 이전에 인용한 부분에서 보부아르가 언급했던 진화를 독해할 방법도 분명하게 해준다. 이 진화—이 글에서는 포스트모더니즘 이후 페미니즘이 전반적으로 개인화된 것으로 보이지만, 『제2의 성』 전반에 (동등하게) 집합적으로 등장한다 — 는 어떤 의미로는 우리가 보부아르의 소녀의 천진성에 관한 해석을 읽는 방식과 유사하게 읽을 수 있다. 평등주의 페미니즘은, 시간에 관한 선형적이고 인과론적 이론과 가능/실재 개념 쌍에 입각한 진보의 서사이다. 이는 성차가 최종적으로 해결되기를 원한다. 차이의 페미니즘은 다른 식으로 해방에 대해 사유한다. 즉 "여성을 해방시킨다는 것은 남성과 유지하는 관계 안에 여성을 가두는 것을 거부하는 것이지만, 그 관계를 거부하지는 않는다"(ibid., 766). 후자의 페미니즘은 평생 여성을 따라다니는 과거를 수반하는 것을 허용한다. 그러나 그것은 진보의 서사에 속한 습관을 제거했으며, 진정한 지속의 언어, 즉 천 개의 작은 성들이 되는 것, 성적 차이화의 언어를 표명한다.

　그러면 이러한 해방의 새로운 개념화는 어디에서 발견될 수 있는가? 그것은 성차가 **없는** 미래에 대한 공포스러운 상상 안에서 발견되는 것이 아니다. 그 이유는 보부아르의 다음과 같은 말에 담겨 있다. "우리의 빈곤한 상상력이 미래를 빈곤하게 만들지 않도록 조심하자. 미래는 우리에게 다만 추상일 뿐이다. 우리들 각자는 그 안에서 존재했던 것에 속하는 부재를 비밀스럽게 애도한다"(ibid., 765). 보부아르는 여성들이 성차에 의해 갇히기를 바라지 않으며, 그들이 남성들과의 관계를 거부하기를 원하지도 않는다. 비록 보부아르가 **남성들이** 그들의 특권을 포기함으로써 여성을 해방한다고 말하는 것처럼 비춰진다고 페미니즘 학자들이 자주 언급했다 해도, 보부아르에 관한 우리의 독해는 그녀의 명저를 마무리짓는, 자주 신뢰성을 잃곤 하는 다음 짧은 글에 대한 대안적 해석을 제안한다.

주어진 세계 안에서, 자유의 지배권을 성공적으로 만드는 것은 남성에게 달려 있다. 이 최고의 승리를 획득하기 위해, 남성과 여성들은, 무엇보다도 **그들의 본성적 차이를 넘어**, 그들의 형제애를 분명히 긍정해야 한다(ibid., 766; 강조는 인용자).

여기서 우리가 **성적 차이화**를 발견할 수 있는 것은 성차 **안에서**라는 것을 이해할 수 있다. 성차는 정신의 집합적 몰적(molar) 습관일 뿐이며, 결론에 이르기까지 『제2의 성』은 이 습관을 계속 기술하고 그 습관이 어디에서 멈추는지도 기술한다. 성적 차이화는 미래 속에서 발견되지는 않지만, 성차의 언어 코드들 사이에서 언제나 이미 물질적으로 그리고 생명적으로 배회하고 있다.

8장_ 남(여)성의 종말

　우리는 지금껏 인문학의 광범위한 부분을 논의해왔지만, 페미니즘 이론에 특히 집중했다. 우리는 신유물론이 어떻게 발전되고 있는지, 어떻게 페미니즘 이론이 개념들을 창조하고, 왜곡을 최소화하면서 (젠더화된) 위계들에 보다 덜 왜곡되게 기반한 통찰력을 얻기 위해 가장 일반적인 지성사를 재기술하도록 허용하는지 논증했다. 이에 따라 이러한 통찰들은 문화와 자연, 그리고 언어와 물질, 신체와 정신 사이의 틈에 덜 의존하게 된다. 이는 그것들에서 멀어지는 것이 아니라, 그것들을 극단으로 밀어붙임으로써 가능하다. 보부아르의 중요한 저작인 『제2의 성』([1949] 2010) 이래, '실체 이원론'이 젠더화 과정의 가장 탁월한 경우 (또는 원인) 중 하나로 간주되어왔다는 사실로 인해, 페미니즘 이론은 실체 이원론에 대한 비판적인 반성의 핵심 지점 중 하나이다. 그와 같은 반성은, 우리가 그렇게 부를 수 있다면, 마찬가지로 신유물론의 발전에 있어서 중요한 요소다. 하지만 페미니즘 이론은 비판에 대한 것이 아니고, 또한 반성적인 것도 아니다. 학계의 많은 다른 분야들에서처럼, 학문적인 페미니즘의 **창조적** 특성들을 정의한 것 중 하나는 주체 이론에 초점을 두는 것이다(Braidotti, 1991, 164). 이 초점이 대부분의 서구

국가들에서 19세기 후반까지 학문적인 지식 생산으로부터 여성의 노골적인 배제와 관련해서 역사적으로 쉽게 입증될 수 있다 하더라도, 그 암묵적인 **인간중심주의**(anthropocentrism)는 신유물론 형이상학에 들어맞지 않는다. 또한 실체 이원론은 인식론적으로 극복가능한지에 대해서도 의문시될 수 있다. 왜냐하면 인식론의 본질적인 의미규정에 속하는 특성은 주체와 객체 간에 전제된 위계적 균열, 또한 인식론(아는 것)과 존재론(존재하는 것) 사이의 균열로 보이기 때문이다. 그렇다면 페미니즘 이론에서 주요한 개념적 창조가 어떻게 정의될 수 있으며, 신유물론은 어떻게 충분히 구체화될 것인가? 이 장에서 우리는, 1부 인터뷰에서 이미 보았던 바대로, 모든 (페미니즘) 주체론이 인간―주체―중심적인 인식론을 함축하지는 않는다고 제안할 것이다. **이러한** 이론들을 재-기술함으로써 신유물론의 지도를 그리는 것이 이 마지막 장의 핵심이다.

페미니즘 인식론의 표준적 참고 문헌이 된 산드라 하딩(Sandra Harding)의 1986년 저서 『페미니즘에서 과학의 문제*The Science Question in Feminism*』는 인간중심주의를 수행한다. 「상황적 지식들: 『페미니즘에서 과학의 문제』와 부분적 관점의 특권Situated Knowledges: *The Science Question in Feminism* and the Privilege of Partial Perspective」에서 하딩에 대한 도나 해러웨이의 유명한 응답이 그 한계들을 논의했고, '물질-기호적 행위자'(material-semiotic actor)와 '신체적 생산 장치'(apparatus of bodily production) 같은 개념(Haraway, 1988, 595)을 통해 이미 1988년에 우리에게 새로운 페미니즘 유물론을 그녀가 제안했다 해도, 일반적 페미니즘 인식론은 언제나 휴머니즘이 사실상 대안을 필요로 하는 남성중심주의라는 것을 밝히려는 욕구에 의해 조직되었다. '페미니스트 입장론' 과 '페미니스트 포스트모더니즘'은 둘 다 이러한 움직임의 예들이다. 전 자의 경우 특정한 '여성의 앎의 방식'이 제안되었지만, 후자의 경우에 는 어떤 복수화(pluralization)의 행동을 따르면서, 자연과 여성의 문화 에 대한 광범위한 일반화를 전환하기 위해 무수한 여성적 앎의 방식 들이 주목을 받게 되었다(Harding, 1986, 1991). 페미니스트 포스트모더 니즘조차, 남성중심주의와 페미니스트 입장론 둘 모두에 대한 이원론 적 응답에 기대어 그와 같은 휴머니즘을 전환할 수는 없었으며, 결과적 으로 스스로를 인간중심주의적 언어학주의에 제한하였다고 콜브룩은 2004년에 나온 그의 논문인 「포스트모더니즘은 휴머니즘이다: 들뢰즈 와 다의성」에서 주장하였다. 이 논문은 앞 장에서 논의된 바 있다. 논 문의 핵심 주장은 다음과 같다.

> 우리는 버틀러가 이성애적 연결망(matrix)이라고 지칭한 것에 참여하기 위해 우리 자신을 이런저런 젠더화된 정체성으로 인식해야 한다. 하지만 정확히 말해서 이 연결망은 화행(speech), 행위들 그리고 수행적인 문장 들을 통해 구성되기 때문에, 마찬가지로 언제나 다른 식으로 될 가능성, 즉 새로운 관계들을 생산할 가능성이 존재한다(Colebrook, 2004, 292-3).

이것은 인간중심주의뿐 아니라 언어학주의(버틀러의 개념들을 사용하자 면, 언어, 그리고 언어로 스스로를 드러내는 '언어의 갈라진 틈들')가 동등하게 이 원론적 논증에 기댄 연역적 결과들이라는 것을 드러낸다(cf. Kirby, 1997, 2006, 2011). 우리는 이 책의 초반부에서 어떤 언어학주의를, 그리고 그

연구자들이 물질성을 본질적으로 기호학으로 사유하는 방법을 고려하고 재기술하는 데 충분한 시간을 들였다. 이제 (침묵 속에), 우리의 유물론에서 인간중심주의를 근원적으로 제거할 때가 되었다.

여기서 우리는 앞서 언급되었던 이원론적 응답에서 나타난 인간중심주의에 대한 초기의 그리고 합당한 분석을 소개하고자 한다. 이것은 포괄적이지만 사실상 근본적으로 남성중심적인 인간주의, 이를테면 주느비에브 로이드(Genevieve Lloyd)의 독창적 저술인 『이성으로서의 남자*The Man of Reason*』(초판 1984) '2판 서문'에서 발견될 수 있는 인간주의에 대한 답변이다. 데카르트적 이원론과 스피노자적 일원론에 반하는 방법론적 태도를 취하면서, 로이드([1984] 1993, xii-xiii)는 다음과 같이 주장한다.

> 정신과 신체의 관계가 남성과 여성의 상징적 내용으로, 남성 또는 여성으로서의 우리 자신의 감각적 구성 안으로 들어가는 것이 가능하려면 그 관계는 무엇이 되어야 하는가? (…) 스피노자에게서 이성과 정념 간의 조화는 (…) 남성-여성 상징성이 가진 통제력이 깨어질 법한 어떤 지점으로 보일 수 있다. 그리고 신체에 관한 관념으로서 정신을 다루는 그의 방식은 시작점으로도 제안된다. 의미화가 신체에 주어지는 방식에 대한 보다 명징한 이해가 은유적으로 그리고 정당하게 '실재적' 차이들로 경험될 수 있기 때문이다.

따라서 페미니즘 (포스트)모더니즘에 맞서, 로이드는 알퐁소 링기스(Alphonso Lingis, 1994), 아룬 살다나(Arun Saldanha, 2006), 그리고 마이

클 헤임스-가르시아(Michael Hames-García, 2008)가, 인종적 언어학주의가 일원론적 흐름으로부터 어떻게 출현하는지에 대해 묻는 것과 마찬가지로, 젠더화된 (이원론적) 조직과 언어학주의가 어떻게 일원론적 다양성**으로부터 출현하는**지 묻는다. 비록 이 책에서 우리가 신유물론의 형이상학을 스피노자주의와 동등하게 놓지 않더라도, **일원론**은 어떤 전류처럼 우리의 개념화를 관통한다. 인간중심주의를 성실하게 전환하는 것은 바로 일원론적 형이상학이며, 그것은 이 마지막 장에서 논의되는 저자들의 유물론 안에서 이런저런 방식으로 작동하고 있다.**48**

최근, 문화와 자연, 언어와 물질 그리고 신체와 정신에 대한 문화이론의 일원론적 해석은 신조어들을 풍부하게 내놓았다. 이 신조어들은 일원론적 문제제기에 대한 첫번째 통찰을 제공하며, 언제나 리오타르, 들뢰즈 그리고 라투르에 있어서 근대성의 재기술(위 6장 참조)을 내장하고 있고, 실재의 형태발생적 변화들에 관한 비-인간중심주의적인 지도 그리기를 제공한다. 두 가지 예를 들어보자. 카렌 바라드는『우주의 중간에서 만나기: 양자물리학 그리고 물질과 의미의 얽힘*Meeting the Universe Halfway: Quantum Physics and the Entanglement of Matter and Meaning*』(2007)에서 '간-행'(intra-action)이라는 신조어를 만들었다. 바라드(2007, 33; cf. Barad, 2010, 244)는 "상호작용에 선행하는 분리된 개별 행위주체를 가정하는 보통의 '상호작용'에 반해, 간-행 개념은 독특한 행위소들이 (…) 간-행을 통해 계속 출몰한다"라고 쓴다. 이러한 과정적 존재론은 선재적 실체들을 가정하는 원자론적 형이상학을 전환하고, 해러웨이(2003: 6)가 화이트헤드(Alfred North Whitehead)의 저작을 언급하면서 특성화했던 어떤 세계를 제안하는바, 이 세계에서는 "존재들이 관계맺기에 선행하지 않는다". 일원론적 다양성으로부터 젠더화된/인종화된 (이원론적) 조직의 출현 이후에 로이드, 링기스, 살다나 그리고 헤임스-가르시아가 제기한 질문과 마찬가지로, 바라드(2010, 254)는 명백하게 "간-행들은 필연적으로 구성적 배제를 초래하는데, 이는 환원불가능한 개방성을 구성한다"라고 말한다. 즉 이것은 이원론이 일원론 안에서만, 그 역방향이 아니라, 발생할 수 있다고 말할 뿐 아니라 이원론이 결코 충분하게 고정되어 있지 않다고 말하는 것이다. 이것이 바라드가 데리다를 통해 닐스 보어를 독해하면서 존재론(ontology)을 '유령학'(hauntology)이라고 부르는 이유이다. 바라드는 비키 커비(2011)와 마찬가지로, 데리다를 가능한 언어학적 해석으로부터 자유롭게 만든다. 왜냐하면 유령학은 정신(또는 비물질, 문화, 언어적인 것)에도 신체(또는 침묵하는 물질, 자연)에도 편향되지 않기 때문이다. 따라서 그것은 "세계의 근원적 생생함"(Barad, 2007, 33)에 관한 존재론으로 작동하는 한, 비-인간중심주의적이다. 물질적인 것에 "속함이 없는 구성적" 유령과 어둠에서 시작하는 것은(Kochhar-Lindgren, 2011, 25) 존재가 근원적으로 그것으로부터 분리되는 동안 세계를 충분히 파악할 가능성을, 재현을 시도하기 원하는 이원론적 욕망을 긍정하지 않는다. 반대로 유령학은 필연적으로 예측 못 한 (비-인간적인) 근원적인 힘 전체를 **포함하게** 된다.

두번째 예는 마누엘 데란다의 저작에서 발견될 수 있다. 그의 논문인 「도덕의 계보: 신유물론적 해석The Geology of Morals: A Neo-Materialist Interpretation」(1996)에 나오는 '형태발생'(morphogenesis) 개념을 우리는 이 책에 빌려왔다. 『비선형 천년사』(1997, 32)에서 데란다는 '그물망'(meshworks)에 대해 언급하는데, 이는 "공존하고 서로 섞여들 뿐 아니라, 서로 간에 생기게 하는 다양한 요소들의 자기-조직화된 **그물망들**"과 "동형적 요소들의 **위계**" 사이의 차이화를 주장하기 위한 것이다. 그물망 개념의 창조는, 브루노 라투르가 『우리는 결코 근대적이었던 적이 없다We Have Never Been Modern』([1991] 1993, 47)에서 만들어낸 '혼종'(hybrid)으로 구성된 '집합적인 것'과 같은 것으로서, 일원론적 형이상학의 일부이다. 『새로운 사회철학New Philosophy of Society』(2006, 6)에서 데란다는 "언어가 중요하지만 본질적인 역할을 하지는 않는"(ibid., 3)바, "이러한 출몰하는 것 전체를 실제로 야기하는 운동"에 초점을 맞추자고 말한다. 나아가 데란다는 "어떤 전체의 특성들은 그것의 부분으로 환원될 수 없는데, 그 이유는 그것들이 구성요소들 자체의 특성의 누적의 결과가 아니라 그 가능성들의 실제 활동의 결과이기 때문이다"(ibid., 11)라는 점을 분명히 한다. 데란다(2002, 4)는 따라서 "인간 정신으로부터 온전히 자율적인 실재성을 줄" 뿐 아니라, 바라드에 의해 시도된 신조어들에 매우 가까운 개념을 도입한다. 데란다의 연구작업은 바라드가 제안한 상호작용(inter-action)과 간-행(intra-action) 사이의 **대립**이 어떻게 방법론적인 단계인지를 논증한다. 표면적으로 암시된 이원론이 간-행을 유지하기 위해 도입되는 것이다.

재기술과 상관없이, 신조어의 도입은 세계가 '더 잘' 파악될 수 있는 전문 용어와 겉보기에 '잘못된' 학술 용어를 교환하기를 목표로 하지 않는다. 그와 같은 인식론적 태도는 객체로부터 독립적인 주체를 가정하며, 그와 같은 재현주의적 위계나 간격은 제안된 일원론적 형이상학에 맞지 않는다. 화이트헤드의 '사건'과 들뢰즈의 '의미'를 결합하면서,

마이크 헤일우드(Mike Halewood, 2009, 50)는 「언어, 주체성 그리고 개별성Language, Subjectivity and Individuality」에서 다음과 같이 언급한다. "세계는 잠재성 안에서 특이성들의 상호관계의 효과로서 의미를 창조(또는 구축)한다. 모든 주체들이 이 세계의 부분이라는 것을 고려하면, 주체는 그와 같은 창조성 안에서 마찬가지로 창조된다." 여기서 우리는 일원론적 형이상학을 따라 주체가 어떤 결과이지 인식론적 경험의 이미 완성된 출발점이 아니라는 것을 분명하게 이해한다. 비록 바라드(2010, 247, 253)가 '퀴어적 인과성'(queer causality)으로 유령론에 기인하는 선형적 인과성에 대한 어떤 손쉬운 대립을 조심하도록 경고하지만, 주체의 선행성으로부터 벗어나는 것은 인간의 본질(언어 그리고 주체성)에 관한 핵심을 형성하는 인간중심주의를 타개하여 비-인간중심주의적 이해를 제안하는 것이다. "나무는 우거진다"(1990, 21 in Halewood 2009, 51)라는 들뢰즈의 말, 그리고 "우리는 우거진 봄의 초록을 즐긴다"(1967, 251 in ibid.)라는 화이트헤드의 말은 녹색성(greenness) 자체가 어떤 현실적 표현이라는 것, 그리고 우리가 그 나무의 녹생성을 **파지한다**(prehend)는 것을 드러낸다. 언어를 가능하게 하는 것은 사태들(state of affairs)이며 이 언어나 표현이 단지 인간적이지만은 않다는 것이다. 화이트헤드는 『과정과 실재Process and Reality』([1929/1978] 1985, 52)에서 "현행적 실체가 다른 것에 대한 그 자신의 구체성을 초래하는 활동을 표현하기 위해 '파지'(prehension)라는 말을 채택"했다고 말한다. 이것은 제안된 형이상학이 여기서 인간중심적 언어학주의가 아니라는 것을 다시 한번 보여준다. 첫째로 중요한 것은 활동, 과정, 사건이며, 두번째로, 원인과 결과가 이원론적 형이상학에 대하여 "퀴어되어"(queered) 있다는 것이다.

이제 신유물론의 비-인간중심주의적인 형이상학에 집중하도록 하자. 그래서 우리는 최근에 출판된 미셸 푸코의 박사 부논문 『칸트의 인간학 서론*Introduction to Kant's Anthropology*』(2008. 1961년에 통과되었다. 이하 『서론』)의 일부에 대한 논의를 경유하여 주체의 탄생과 죽음을 읽을 것이다. 푸코는 인간중심주의가 어떻게 이원론을 형성하였고, 그것이 어떻게 사실상 우리의 실재 탐구의 (재현주의적) 전략을 왜곡했는지에 관한 질문을 다룬다. 메이야수도 또한 『유한성 이후*After Finitude*』([2006] 2008)에서 칸트를 재독해하면서 우리에게 푸코의 유명한 주제와 비교될 만한 다른 (하지만 마찬가지로 비-인간주의적이고 비-인간중심주의적인) 출구를 제공한다. 우리는 이것을 이미 그와의 인터뷰가 실린 이 책의 1부 4장에서 보았다. 신유물론의 반-인간중심주의가 우리를 이끄는 방향이 어디인지를 보여주기 위해, 그 중심에 푸코와 메이야수 사이의 (비)연결을 놓으면서, 우리는 비로소 유물론적 사유로 수학을 읽어내고, 이로써 주체성의 개념을 개방할 것이다. 메이야수, 브래시어 그리고 하만 (Bryant et al, eds. 2011)에 의해 발전되어온 사변적 실재론, 또는 사변적 유물론은 오늘날 과학 연구에서 탁월한 신유물론 학자들과 더불어 회절적으로(diffractively) 읽힌다. 이들 중 몇몇에 대해서(데란다, 바라드, 커비와 마수미)는 우리가 이미 앞 장에서 논의했다. 이들이 인식론과 존재론의 칸트적 정의들을 깨어 열어젖힐 수단으로서 수학(집합론, 기하, 위상학)을 포함함으로써, 우리는 중대한 신유물론적 주장들을 지원받는다. 이 주장들은 그러한 근본적인 인간주의적 대립들—남(여)성과 같은—을 (함축적으로) 극단으로 밀어붙인다. 결국, 과학 연구는 객체들(Mol, 2002, 32)에 대한/과 더불어 인간학으로 존재하도록 특성화되며, 따라서 그것은, 재현주의적 실천으로서 인식론으로부터 이원론적으로 멀어지려고 애쓰는 동안, 칸트적 (주체성의) 문제에 지속적으로 집중한 것에 대해 암시적으로 비판받아왔다(ibid., vii).

주체의 탄생 = 주체의 죽음

푸코의 기획(의 일부)은 인간[남성] 과학의 출현을 이해하기 위한 것이었다(Foucault [1966/1970] 1994). 즉 푸코의 저작에서 칸트는 철학에서 인간학적 전회를 시작했다고 재기술된다. 푸코에 따르면, 주체의 탄생은 주체의 죽음과 **일치한다**. 또는 니체풍으로 이야기하자면, 신의 죽음은 인간[남성]의 죽음과 같다. 푸코는 완성되지 않아 미출간된 칸트의 (이전) 학생 야콥 지기스문트 벡(Jakob Sigismund Beck)과의 서신에 대해 『서론』에서 언급한다. 이것은 칸트의 『실용적 관점에서 본 인간학 *Anthropology from a Pragmatic Point of View*』(1798)의 기출간된 판본과 연관되는데, 여기서 칸트는

일반적으로 인간학이 점령할 수 있는 공간을 정의하려고 노력한다. 이 공간에서 내적 성찰(self-observation)은 보통 말하는 주체와 관련되지 않으며, 또한 종합으로서의 순수한 '나'와 연관되지도 않는다. 하지만 이는 "어떤 '나'", 그것의 **특유한** 현상적 진리 안에서만 **유일하게** 대상이자 현재인 그러한 '나'와 연관된다. 하지만 이 "'나'-대상"은 (…) 결정하는 주체에 낯선 것이 아니다. 왜냐하면 그것은 궁극적으로 주체가 스스로 감응시키는 주체에 지나지 않기 때문이다. [인간학의 공간은] 들으려 하지 않고, 풀려나서 종종 방황하는 자유에 의해 완전히 장악된다. 그리고 이 자유는 원초

적인 수동성의 영역에서 작동한다(Foucault, 2008, 39).

푸코는 『인간학』에 대한 서론이, 칸트의 대상이란 "인간이 스스로 자유-행위의 존재로 만들어낼 수 있는—또는 스스로 할 수 있고 해야 하는—것"이며(Foucault, 2008, 44) 이에 따라 인간학을 실용적으로 만든다고 언급하는 점에 주목한다. 인간학은 "인간이 '세계 시민', 즉 구체적 보편의 영역에 속한다고 고려되며, 여기서 사법적 주체가 특정한 법률에 복종하고 그에 따라 결정되"는 갈등 조정을 다룬다. "하지만 이 주체는 동시에 그의 또는 그녀의 자유 안에서 보편적 도덕의 규약에 따라 행위하는 인간 존재이기도 하다"(ibid., 42). 그리고 이것은 "소유의 질서에 속한 법률 관계, 다시 말해 재산권(jus rerum)이 어떻게 하나의 자유로운 주체로 해석된 사람의 도덕적 중핵을 보존해내는지"를 보여준다(ibid.). 이때 화용론은 인간적 본성이나 본질을 다루지 않으며, "자연과 자유가 어떤 관습(Gebrauch)—'용법'(usage)이라는 단어 안에 주어진 의미들 중 하나—안에 결속되어진 운동"(ibid., 51)을 취급한다. 보다 정확히 말하자면, "『인간학』에서 인간은 자연적 인간(homo natura)도 아니고, 그렇다고 순수하게 자유로운 주체도 아니다. 그는 이미 그의 세계와의 관계에 따라 작동되는 종합에 구속되어 있다"(ibid., 54-5). 일련의 상이한 개념들(심성Gemüt과 정신Geist)을 연구하는 것은 푸코가 『인간학』에서 "현상적 결정들의 수동성에 결속된 존재"(ibid., 63)에 주어진 공간이 없다고 주장할 수 있도록 한다. 왜냐하면,

정신(The Geist)은 (…) 심성(Gemüt) 안에서, 탈변증법화의 원리이며, 즉 비

초월론적인 변증법은 경험의 영역을 지향하며, 현상 자체의 작동에서 총계적 부분으로 활동한다. 가능성의 자유를 심성에 부여하는 것은 바로 정신이다. 이때 정신은 자유의 결정들을 드러내며, 그것에 오직 그 자신에게만 의무가 있는 미래를 부여한다(ibid.).

이를 기반으로, 푸코는 원인과 결과의 교환보다 더 복잡한 방식으로 "나"/비판(Kritik)의 주체는 『인간학』 안에서 총체적으로 역전된다고 주장하게 된다. 그것은 어느 면에서는 원인과 결과를 바꾸는 것보다 더 복잡하다. 다시 말해 "그 역전은 생성의 밀도 안에서 나타나는데, 거기서 역전의 갑작스러운 출현은 이미 그곳의 구성된 의미를 소급적으로 확실하게 추인한다"(ibid., 67).

1800년에 간행된 『논리학』의 서문(그의 첫번째 『비판』이 나온 지 거의 20년 후)에서 칸트는 세 개가 아니라 네 개의 질문으로 그의 비판적 기획을 훌륭하게 요약한다. 그는 자신의 세 비판들을 다음과 같은 질문으로 요약했다. "나는 무엇을 알 수 있는가?", "나는 무엇을 해야 하는가?", 그리고 "나는 무엇을 희망해도 좋은가?"가 그것이다. 여기에 그는 네번째 질문을 목록에 추가하는데, "인간이란 무엇인가?"가 그것이다. 오직 그의 후기 노트(『노트와 단편들Notes and Fragments』, 2005)에서만, 그는 이 문장이 사실상 사상적으로 주요한 기여를 담아낸다는 것을 깨닫는다. 왜냐하면 사유의 가장 이른 시작점이 신의 총괄적인 개념화로부터이고, 이로부터 자연에 관한 사유 그리고 인간에 관한 사유가 나중에 발생한다는 것이 당시의 상식이었기 때문이다. 칸트는 그의 철학을 인간으로부터 시작했고, 더 잘 표현한다면 인간의 사유와 그것의 자연과의 관계로부터 시작한 것이다. 다시 말해 칸트는 (신학적) 형이상학에서 초월적 인간학으로 전환한 것이다. 칸트의 두번째 코페르니쿠스적 혁명은 그것이 주체, 정신 그리고 심성(Gemüt)과 같은 개념 주위를 돌 때, 물론 인간주의적 혁명이었는데 그것이 세 개의 언급된 축들 사이의 관계를 전환했기 때문이다. 이것이 푸코에 의해 분명히 주목된 바다 (2008, 78).

> 마침내 보편적 종합으로서 인간이 출현한다. 여기서 인간은 신의 위격과 세계의 객체성, 즉 감각적 원리와 감각 **위에 있는** 것이 재결합하는 어떤 실재적인 통일성을 구성한다. 그리고 인간은 "하나의 절대적 전체"가 그로부터 틀을 갖추는 중재자가 된다. 절대자가 사유될 수 있는 것은 바로 인간이라는 출발지점으로부터다.

푸코는 칸트와 함께 인간이 사유의 기원으로뿐 아니라, 신과 세계(자연) 둘 모두가 뒤이어 발생하는 기원으로 전환되었다고 주장한다. 더불어 "(…) 즉각적으로 인간이 그 자신을 '세계 시민'(Weltbewohner)으로 스스로를 정의하는 것이다. 다시 말해 '인간은 세계에 속해 있다'(Der Mensch gehört zwar mit zur Welt.). 그리고 순환이 완성되면 인간에 관한 모든 반성은 세계에 대한 반성을 포함하게 되는 것이다"(ibid., 78-9). 하지만 푸코는 이것이 어떤 자연주의를 함축하지 않는다는 점을 분명히 한다("인간 과학은 어디서 자연에 관한 지식을 함축하는지." ibid., 79). 마찬가지로 "현상의 수준에서"(ibid.) 결정론도 함축하지 않는다. 그보다 "이것은 '내가 있다'는 것과 자각의 발전이다. 즉 주체가 객체로서 스스로를 깨

달아가는 운동에 의해 자기-감응(self-affecting)하는 것이다"(ibid.). 칸트에 관한 이러한 긍정적 재기술은, 메이야수가 칸트를 읽는 방식(이를 우리는 뒤에 볼 것이다)과 반대로, 우리가 바라드와 더불어 주체와 (사회) 세계 간의 '간-행'이라고 부르는 것으로 수렴된다. 푸코는 심지어 "세계, 하나의 전체(Ganz)로서의 세계"는 언어와는 격절된 것처럼 보이지만, 구조나 의미는 가지고 있다고 말한다(ibid., 80). 그래서 그가 세계를 설명하는 방식은 데란다의 실재에 대한 내재적 형태발생적 변화들에 근접한다. 여기서 세계는 원천, 영역이자 한계이다(ibid., 80-1). 다시 말해, 푸코가 칸트에 대해 재-기술할 때 따르는 형이상학은 전적으로 일원론이다. "존재의 총체성은 필연적으로 그리고 본래 그것에 속한 것을 정의한다"(ibid., 84). 주체의 죽음은 주체의 칸트적 탄생 안에서 요약된다.

(미)해결된 인간중심주의 또는: 비판을 비판하기

『유한성 이후』에서 메이야수는 푸코와 유사한 기획에 착수하는데, 여기서 우리는 인간(주체)과 객체에 관련된 칸트적 패러다임의 재기술로 이것을 요약할 수 있다. 하지만 메이야수는 상이한 개방적 질문으로 그것을 수행한다. 푸코는 우리가 포스트-니체적이라고 부를 수 있는 관점에서 칸트에게 흥미를 가진다. 역사가로서이지만 인간의 종말을 청하는 푸코의 소환은 [칸트의] 전-비판 시기에서 비롯되는 전능한 힘에 대한 저항에 관한 것이다. 그러한 힘은 인간과 새로 발견된 이성적 능력을 개념화하는 방식을 계속 따라다니기 때문이다. 푸코는, 그가 일찍이 화용론이라고 했던 것, 즉 **경험적 이성**의 발견을 위해 노력하며 칸트의 이원론적 사유를 한계에 이르기까지 밀어붙이길 원한다. 이미 푸코

(2008, 63)는 칸트의 마지막 단계들을 요약하면서, 이러한 경험론에 대한 강조를 칸트 자신으로부터 발견한다. "『비판』에서 초월적 가상을 일으키는 운동은 『인간학』에서 경험적인 것의 형식, 즉 심성(Gemüt)의 구체적 삶으로 확장되고 연장된다."

『유한성 이후』의 서문에서, 알랭 바디우는 칸트의 『비판』들을 개괄하는 세 가지 질문들에 대한 메이야수의 접근이 경험적인 역동성을 재독해한다기보다, 그것들을 '비판의 비판'("critique of Critique")이라는 지점으로 밀어붙인다고 주장한다(Badiou in Meillassoux [2006] 2008, vii). 이것은 칸트의 인간중심주의가 푸코나 그의 제자들에 의해 조금도 '해결'되지 못했다는 것을 말하는 것이다. 왜냐하면 첫번째이자 가장 주요한 칸트의 질문("나는 무엇을 알 수 있는가?")이 "나는"의 용법으로 (예컨대 푸코에 의해) 또는 그에 수반되는 주체성("나는 생각한다")의 구성으로 인해 우선적으로 공격받는 반면, 메이야수의 비판의 비판은 '인식/지식'의 필연성에 주목하고 칸트의 인식/지식 개념이 이상한 종류의 이원론 위에 건설되는 방법에 집중하기 때문이다. 푸코(2008, 78)는 이미 명확하게 "절대적인 것이 사유될 수 있는 출발점은 바로 인간"이라는 것을 알았으며, 메이야수가 오류라고 여긴 것도 특히 이 생각이다. 따라서 주체와 객체(그는 실제로 그것을 엄격하게 긍정한다)를 떠나지 않으면서, 메이야수는 이러한 입장이 인식/지식과 관련해서 서로 간에 어떻게 관련되는지에 대한 재사유에 전념한다.

메이야수는 칸트에게서 그가 '상관주의'라고 지칭한 발전된 형이상학을 발견한다. 그는 상관주의를 다음과 같이 정의한다. "상관주의는 주체성과 객체성의 영역을 서로 간에 독립적으로 사유하는 것이 가능하다는 주장을 기각하는 데 있다."(Meillassoux [2006] 2008, 5) 메이야수는 상관주의 그 자체를 부정하지는 않는다. 나중에 메이야수가 저작에서 사변적 유물론(speculative materialism)의 필연성을 수립하는 것이 사실상 '약한 상관주의'를 **통해서**이다. 하지만 칸트가 1781년의 『순수이성비판』에서 상관주의를 도입하는 방식은 메이야수가 일컫는 바대로([2006] 2008, 124), 철학에 있어서 '파국'이었다.

칸트의 상관주의에서 관건은 세계 안의 객체들이, 어떠한 관찰로부터도 독립적으로, 스스로 이루어진다는 것, 그리고 동시에 그것이 **관찰 안에서**(in an observation) 정체를 밝히도록 하는 주체적 특성들을 가진다는 생각이다(ibid., 31). 따라서 인간에게 사물 자체는 알 수 없는 것이지만, 우리는 그것을 생각할 수 있다. 반면 우리는 오직 관찰 안에서, (사물에 대한) 합리적 지식을 획득할 수 있고, 그 안에서 객체가 어떻게 재현되는지 알 수 있다. 그러므로 하나의 전체(das Ganz)로서의 세계는 "나는 존재한다"의 관점으로부터, 주체적으로 존재하게 된다. 이러한 주체와 객체 간의 칸트적 관계에 대한 메이야수의 비판은 이중적이다. 첫째, 그는 칸트가 이성적 인식에 둔 **한계들**에 의문을 제기한다. 객체는 왜 그 자체가 인식될 수 없는가? 어째서 사유는 객체에 대해 '제한된 접근'만 주어지는가(따라서 현전에 있어서, 객체는 스스로 사유될 수 있을 뿐, 인식되지 않는다)? 두번째, 그는 왜 칸트가, 사유되도록 하기 위해 객체가 표현되기를 요청하는지 자문한다. 이 주어짐(giveness)의 개념(객체는 세계의 일부가 되기 위해서는 주체와 마주해야 한다)은 심각하게 인간중심적이기 때문에, 역시 의심스럽다.

그의 의심을 명확하게 하기 위해, 메이야수는 우리에게 그가 '원화석'(arche-fossil, 인간과 인간의 사유가 실존하기 이전에 존재하기를 멈춘 생명)이라고 부르는 예 또는 선조성(the ancestral)에 관한 질문을 제시한다. 그는 칸트의 사유가 가정하는 듯 보이는 바, "과학은 모든 주어짐의 다양성에 앞서는 시공간 안에서 그 시공간적 주어짐 자체가 존재하게 되는 세계를 사유할 수 있다"(ibid., 22)라는 것이 가능한지 생각한다. 아니면 상관주의가 선조적 진술을 해석하기란 얼마나 쉬운가라고 묻는다. 그 대답은 물론 (철학적으로) 그럴 수 없다는 것이다. 메이야수는 칸트가 전제하는 인간중심주의에 대한 심각한 비판을 제기하는 것이다. 원-화석에 반대하는 고생물학자는 그에게 결코 '현상하지'(appeared) 않고 그래서 그가 전혀 접근할 수 없는 선조적 시공간을 사유하는 데 곤란을 겪는다(왜냐하면 그러한 일은 일어나지 않기 때문이다). 메이야수의 (상관주의적) 비판에 관한 비판적 사유는 주체의 **존재**(being)에 속하지 않고 주체의 앎(knowing)에 속한 비판이다. 그의 대안은 주체적이지 않은 사변적 형이상학으로, 이것은 철학이 다시 한번 객체로 돌아서야 함을 요청한다. 비판의 비판은 따라서 우리에게 익숙한 인식론에 대한 비판이다.

이렇게 하면서 그는 또한 신 그리고 일찍이 논의된 사유의 3항 분류론으로 돌아간다. 우리가 포스트-니체주의라고 부른 푸코에 반대하여, 메이야수는 어쨌든 반-니체주의자이다. 왜냐하면 니체가 19세기 말엽에, (특히 칸트에 의해 우리에게 소개된) 이성의 시대가 우리에게 신을 죽이게 했다고 주장했기 때문이다. 메이야수는 정확히 그 반대 주장을 한다. 그는 칸트적 사유란 그 안에 절대적인 것이 사유로부터 영원히 고립되었으며, 형이상학으로부터 추방되었고, 오늘날 종교적 근본주의의 놀랄 만한 **귀환**을 초래했다고 주장한다. 그것은 절대성이 앎으로부터 제거되고 신앙의 형태 안에서 재생하도록 두었기 때문이다(ibid., 45).

물론 푸코와 니체의 언급들은 둘 다 메이야수의 견해로는 상관주의가 아니다. 특히 칸트적인 "나는 존재한다"를 경험적으로 재사유하면서, 그들은 주체-객체 대립 전체를 극단으로 밀어붙인다. 이렇게 함으로써 이들은 우리에게 상관주의를 엄격하게 재기술할 수 있는 새로운 종류의 사유를 소개한다. 메이야수는 이 사유를 "주체적 형이상학"이라고 부르는데, 이것은 **상관성 자체**를 완전히 절대화하는 것이다.

이런 유의 형이상학은 주체성의 여러 형식들 가운데에서 선택할 것이다. 하지만 이는 몇몇 정신의, 지각 있는 또는 생명 유지에 관계있는 용어를 실체화하는 사실에 의해 일정하게 특성화된다. 이는 라이프니츠의 모나드, 셸링의 자연 또는 객체적 주관-객관 같은 것이다. 또는 헤겔적 정신, 쇼펜하우어의 의지, 니체의 힘에의 의지, 베르그송에게서 기억을 수반하는 지각, 들뢰즈의 생명 등이다(ibid., 37).

메이야수는 이러한 주체적 형이상학을, 우리가 이 책의 6장에서 논의했던 그리고 보어의 상보성(complementarity)을 통해 긍정되는 바라드의 유령학에 관한 독해(Barad, 2010, 253)를 특성화하는 대립적 논리학과 유사한 방식으로 계속 정의한다.

상관성의 생기론적 실체화(들뢰즈의 니체처럼)가 명백하게 '주체'나 '형이상학'의 비판과 동일시되는 곳에서조차, 이는 소박한 실재론이나 몇몇 초월론적 관념론의 변형으로의 환원불가능성을 보증하는 동일한 이중적 판단을 사변적 실재론과 공유한다.

오늘날 문화이론에서 점차 대중화되고 있는 것으로서, 주체적 형이상학에 의해 창조된 개념들은 우리가 또한 사건의 형이상학(화이트헤드를 참조)이라고 부를 수 있을 형이상학을 창조한다. 이 형이상학은 개별적 객체들을 알아보는 안목이 없거나, 적어도 이러한 개별적 객체들은 그 전체성 안에 존재하지 않는다. 하지만 그것들은 사건 안에 현실화되는 한에서 존재한다. 그리고 그것은 결국 라이프니츠가 쓴 대로, 유일한 가능세계인 그런 현실화이다. 푸코는 객체를 망각한다는 의미에서 비난받을 수 있지만, 우리는 이에 대해 후에 고찰할 것이다.

메이야수가 주장하는 대로, 주체적 형이상학에 관한 이 이중의 정의가 어떤 유물론도 불가능하게 만든다는 점을 이해하는 것이 중요하다. 그가 우리 앞에 이러한 (언급했던 바대로) 에피쿠로스적인 원자를 생각할 수 없는 주체적 형이상학에 관한 정의를 들이대기 바로 전에, 그는 에피쿠로스주의가 사실상 모든 유물론의 패러다임이라고 말한다. 에피쿠로스주의에서,

(…) 사유는 원자와 허공 개념을 통해 모든 사물의 절대적 본성에 접근할 수 있으며, **이러한 자연은 필연적으로 사유의 활동과 상관되지는 않는다**고 주장한다. 왜냐하면 사유란, 우연적인 원자적 복합물에 내재함으로써 (신들 자신이 분해가능하다), 우발적(aleatory) 방식으로만 존재하기 때문이다. 즉 사유란 원소적인 자연물들의 실존에 대해 비-본질적이다(ibid., 36, 강조는 인용자).

메이야수가 제안한 사변적 유물론은 지금껏 논의된 유물론과는 매우 상이해 보인다. 왜냐하면 사실 그것은 우리가 위에서 지금까지 전개해 왔던 스피노자적 일원론을 지지하지 않는 것으로 보이기 때문이다.

절대적 실재가 사유 없는 실체들(entities)로 구성된다고 언급할 때, 또는 심지어 필연적으로 사유에 앞선 실체들로 구성된다고 말할 때 (우리는 이제 왜 그가 그의 논증을 원-화석으로 시작했는지, 그리고 그것이 사실상 인간 사유에 앞서는 사건의 완벽한 예로 변하는지 이해하게 될 것이다), 그는 스피노자의 범신론을 근본적으로 포기한다. 메이야수에 따르면, 신과 자연이 동등하다는 스피노자의 주장(둘 모두 한계가 없기 때문에, 하나여야만 한다)은 신에 관한 주체적 형이상학의 정의이다. 이때 신은 절대적인 것과 동등한 보다 큰 완전체를 창조한다. 신을 자연과 동등한 것으로 사고하는 것은 자연이 합리적이라는 의미이며(물론 고생물학자도, 그들이 자연의 독해를 '실재'로 여기는 경우에, 객체적 물질성과 같은 것으로 믿는다), 이것 역시 메이야수에게는 어떤 불가능한 인간중심주의이다. 그에게 자연은 우발적이다. 왜냐하면 특히 그것이 사유에 앞서기 때문에, 더 낫게는, 그것이 우리가 생각할 수 있는 **모든 논리적 체계**에 앞서기 때문에 그러하다(그의 '공간-시간적 주어짐'에 관한 논증을 보라. ibid., 22). 다시 스피노자주의에 반하여, 메이야수는 충족이유율(Principle of Sufficient Reason) 같은 것은 존재하지 않는다고 주장한다. 모든 원인은 끝없는 결과들을 가질 수 있고, 이 결과들은 결코 사유 안에 '주어지지' 않는다. 결과적으로 그는 어떠한 종합 명제에 관한 인식도 결코 선험적일 수 없다는 칸트의 상관주의보다 흄에 훨씬 더 가깝다고 느낀다. 메이야수는 이 카오스의 안정성이, "(…) 우리를 실재 필연성으로부터 전달된 시간성의 본성에 더 깊이 파고들도록 만들 것"이라고 논증한다(ibid., 101).

칸트의 약한 상관주의를 극단으로 밀어붙임으로써, 메이야수는 푸코적이고 포스트-니체적인 사유와 현격하게 다르지만, 그럼에도 불구하고 신유물론 프로젝트에 있어서 가장 탁월한 중요성을 가진 사변적 유물론을 구성한다. 왜냐하면 철학사에 관한 그의 날카로운 논증적 재기술이 이전 장들에서 우리가 수행한 개괄과 비교해서 많이 다른 지도 그리기를 제안한다 할지라도―그의 데카르트에 대한 상찬은 특히나 위에서 언급된 바와는 결합하기 힘들다―그의 인간중심주의로부터의 격절은 푸코에 의해 알려진 기획에 아주 커다란 공헌을 한다.

그러므로 그가 선조성(ancestrality)을 논하는 그의 책 첫번째 장의 마무리(그리고 2장의 도입부)를 자세히 보도록 하자. 여기서 메이야수는 우리에게 두 가지 주요한 사변적 유물론의 주제들을 소개한다. 첫째, 객체들(물질)과 그 뒤를 따르는 사유 간에 어떤 급진적인 단절이 존재한다. 하지만 이러한 주장을 하면서, 그는 ('따른다'라는 단어가 암시하는) 선형적 공간-시간을 수용하지는 않는다. 그는 다음과 같이 말하면서 선형적 공간-시간을 버린다. "시간 안에 이러한 조건들을 기입하는 것은 그것들을 객체들로 전환하고, 이에 따라 인간화하는 것이다"(ibid., 23). 따라서 이 주장은 물질(자연, 객체)의 우발성을 강조하고 사유가 어떻게 비상관적인 것, 주어지지 않은 세계에 접근할 수 있는지에 대해 관심을 가지는 것이다. 두번째, 『유한성 이후』에서 상술되지 않고, 사변적 유물론의 미래와 관련해 반복적 지시대상으로 쓰이지만, 메이야수는 "커다란 외부(the great outdoors)에 대해 논할 수 있고 인간성과 생명 둘 모두가 부재하는 어떤 과거에 대해 논할 수 있는 수학적 능력"을 계속 강조한다(ibid., 26).

이 두 가지 '주장들'은 다시 한번 우리에게 스피노자를 주목하게 하면서 실제로 보다 유사한 접근을 드러낸다. 『에티카』의 1부가 단 하나의 실체의 존재에 대해 탐구한다 해도(이것은 필연적으로 절대적이고 무한한 신과 자연 둘 다이다), 그 안에서 실체는 속성들(이를테면 인간존재)을 담고 있다는 것과 상이한 양태(예를 들어 사유와 연장)들로 조직화된다는 것이 즉각적으로 부연된다. 인간에 관련해서, 정신 그리고 신체는 '동일한 것'이다. 왜냐하면 그것들은 개체의 본질이기 때문이다(또한 신의 한 속성을 구성한다). 이것은 때로 스피노자의 평행론으로 불린다(비록 이 용어는 라이프니츠에서 왔지만). 하지만 이 용어는 다분히 '모호하다.' 왜냐하면 관찰불가능한 일종의 유사성을 가정하는 것으로 보이기 때문이다. 일의성을 위한 중요한 논증은 비록 스피노자가 신체에서 작용하는 모든 것이 마찬가지로 정신에도 일어난다고 주장할지라도, 하나의 관념(정신의 작동)은 신체의 결과이다. 이것은 신체가 정신을 사유하도록 결정할 수 있다는 의미가 아니라(정신도 신체가 움직이도록 결정할 수 없는 것처럼)([1677] 2001, E3P2), 신체(연장 실체, res extensa)란 브라이언 마수미(2002, 8)가 언급한 대로, 정신에 대한 **존재론적인 선행**(ontologically prior)을 의미한다. 왜냐하면 신체는 "(…) 창발성(emergence)의 장을 구성한다는 의미에서 존재론적 특권을 가지기" 때문이다. 메이야수와 매우 유사하게, 이것은 시간적 구분이 아니며, 따라서 인간중심주의를 거부한다.

이것은 이제 어떤 형식적인 표현주의를 요청하는바, 브라이언 로트만(Brian Rotman)이 구상한 것처럼, 분명 우리를 "기호(the sign)의 영역 바깥으로" 밀어낼 것이다. 메이야수가 그의 철학은 **수학**을 통해 객체 그 자체(절대적인 것)를 이해할 수 있다고 주장하는 반면, 스피노자의 『에티카』의 부제목(기하학의 질서에 따른 증명*Ordine Geometrico Demonstrata*)은 **기하학**이 절대성의 이해를 성취하기 위해 유용하다는 것을 보여 준다. 이제 이에 관한 궤적들을 개괄해보자.

수학, 기하학, 위상학

수학(기하학과 위상학을 포함하여)과 신체 간의 관계는 지금 매우 중요하다. 물론 스피노자와 메이야수는 환원적이지도 않고, 이들이 언어학주의를 실행하는 것도 아니다. 하지만 "수학이 할 수 있는 것"에 대해서는 좀더 생각해볼 필요가 있다.

스피노자와 메이야수 둘 모두에 반대하여, 수학이나 기하학적 질서가 보편적 주장을 할 수 있을 것이라고 보지 않는 학자들이 있다. 예컨대 조지 라코프와 라파엘 누네즈(George Lakoff and Rafael E. Núñez, 2000)는 "인간적인 수학, 즉 인간이 알고 있는 유일한 종류의 수학은 추상적 초월 수학의 아류종일 수 없다. 대신, 우리가 알고 있는 수학은 우리 두뇌와 우리의 체화된 경험으로부터 발생하는 것이 명백하다"라고 주장한다. 이들의 책인 『수학은 어디서부터 오는가: 체화된 정신은 어떻게 수학을 출현시키는가*Where Mathematics Comes From: How the Embodied Mind Brings Mathematics into Being*』는 모든 사유, 따라서 수학까지 **포함하는** 모든 사유가 우리의 신체적인 동적 실존(유일하게 인간에게만 존재하는 것으로 추정하는)으로부터 나온다는 것을 보여주려고 한다. 이들의 논증은 리카르도 네미로프스키(Ricardo Nemirovsky)와 프란체스카 페라라

(Francesca Ferrara)와 일치한다. 이들은 "사유란 신체적 활동 '뒤에' 또는 '아래에' 놓여 있는 과정이 아니라, 신체적 활동 그 자체다"(in Rotman 2008, 33)라고 주장한다. 이와 같은 주장들은, 수학을 신체적 내부성으로 제한하는 것이므로, 명백하게 인간중심주의이다. 왜냐하면 계산의 모든 형식들, 모든 공식과 기하학적 형태들(직선, 곡선 등)을 우리 신체적 존재의 결과로 여기기 때문이다. 수학적 형태들이 필연적으로 (인간) 신체로부터 나온다고 제안함으로써, 우리의 바깥에서 발견되는 형태들은 단지 우리 내면의 투사에 불과한 것으로 생각된다. 이것은 메이야수가 "그 내용으로부터 사유 활동의 본질적 불가분성의 테제를" 뒷받침하고, "우리가 연루되는 모든 것이 사유에-주어진-것이며, 결코 그 자체로 존속하는 독립체가 아닌" 강한 상관주의를 지칭한다(Meillassoux [2006] 2008, 36).

하지만 브라이언 로트만의 저작을 읽게 되면, 수학과 인간 신체의 관계가 우리 피부 경계에 의해 덜 제한되는 것으로 보인다. 『우리 자신과 나란히 생성하기: 알파벳, 유령 그리고 분배된 인간Becoming Beside Ourselves: The Alphabet, Ghosts, and Distributed Human Being』(2008)에서 로트만은 어떻게 수학과 신체가 하나의 비-언어적인 물질적 형태발생 과정인지를 보여주기 위해 '몸짓'(gesture) 개념을 도입한다. 이때 그는 수학에서 일반적인 고려사항이지만 여전히 인정받지 못한 합의 사항 즉, "플라톤주의가 오늘날의 정설이다"(Rotman 1997, 18 in Kirby 2003, 422)라는 것에 반박한다.

(⋯) 몸짓이란 기호들이 코드화되고 해석학을 요청하는 한에서, 즉 의미

화 작용에서부터 선재적으로 분리되는 어떤 해석적 기제를 요청하는 한, 기호의 영역 바깥에 있다. 오히려 몸짓 행위의 양태는 활성적이며, 자신의 수행에 앞서는 그 어떤 것에도 외재적이다. 그것은 신체적으로 수행된 사건들을 통해, '우리가 그것을 알기 이전에' 의미와 수학적 의의를 창조하면서, 작동한다(2008, 36).

바라드, 데란다, 마수미, 로이드 그리고 메이야수와 같이, 로트만은 존재론적으로 선행하는 것의 열쇠로 수학을 요청한다. 그리고 일찍이 제기된 수학적 인간중심주의에 반해, 로트만은 신체로 향하는 논증을 걸어 잠그지 않는다. 몸짓은 언제나 이미, 그것이 필연적으로 바깥의 객체(도래할)**와 함께** 움직이고 그런 경우는 다수로 움직이기에 일종의 리듬을 제안한다. 따라서 로트만은 수학적 추상과 관련해서 중요한 것이 "더불어 작동하는 것"(Deleuze and Guattari [1980] 1987, 5)이라고 주장한다. 따라서 추상의(또는 책의) 주체와 객체에 반대하기보다, 어떻게 "그것이 세계와 더불어 하나의 리좀을 형성하는가"를 묻는다(ibid., 11).**49**

이것은 필연적으로 언어 '너머로' 우리를 데려가는가? 사실상 커비는 「나열하는 언어: '수학의 비합리적 효과Enumerating Language: 'The Unreasonable Effectiveness of Mathematics'」(2003)에서 수학을 하나의 언어로서 접근하기 위한 강한 논증을 전개한다. 이것은 자동적으로 커비를 언어학주의로 이끌지도 않으며 존재론적 선행성으로부터 떼어놓지 않는다. 수학을 "자기 지칭적인 관계적 배치의 체계"로 정의하면서, 커비(2003, 418)는 그녀의 시도가 문화이론의 상당 부분에서 두드러지는 '언어'의 위축된 재현적 개념을 재기술하려는 시도라고 넌지시 밝힌다. 그 과정에서

"자연의 언어[로] (…) 신성하게 저술된 수학"은 재기술된다. 따라서 커비는, 버틀러를 비판하는 그녀와 다른 신유물론자의 비판과 유사한 방식으로 로트만 역시 비판한다(이 책 5장을 보라). 그럼에도 불구하고 자연/신에 의해 창조되는 수학의 단순한 전도에 기반한 로트만의 인간중심주의에 대한 커비의 부정적 독해에 찬성하지 않는 것은 가능하다(ibid., 426-427). 즉 우리는 커비와 로트만 둘 모두에게서 존재론적 선행성을 읽을 수 있다는 것이다.

잘 알려진 바대로, 데리다적 우회로를 따라 반직관적으로, 커비(2006, 84)는 "데리다가 말한 것처럼 '텍스트 바깥은 없다'면 그때 쓰고, 읽고 그리고 조형하는 것은 '자연의 본성' 안에서이다"라고 말한다. 따라서 "물질은 보다 흥미로운 주체로 우리 탐구의 지평 **내부에** 나타난다. 그리고 중요하게도 그것의 외양은 어떤 문화적 인공물로서 대체 형태 안에 감춰질 필요가 없다"(ibid., 85). 『말하는 육체: 신체적인 것의 본질Telling Flesh: The Substance of the Corporeal』(1997)에서의 소쉬르에 관한 그녀의 재기술을 반복하며, 커비는 데리다의 말, 즉 "텍스트 바깥은 없다"가 "자연 바깥은 없다"로 재기술되어야 한다고 말한다(Kirby, 2008b, 229). 이에 따라 다음으로 스피노자에 동의하면서, 커비는 어떤 일의성(Colebrook, 2004)**50**을 선언한다. 이런 방식으로 로트만의 '몸짓'과 같은, 존재론적으로 선행하는 입장은 커비의 저작 속에서 그녀가 데리다를 경유하여 다음과 같이 말할 때에도 발견된다.

(…) 어떤 '단위'도 그것이 도움을 받은 상태로 남은 더 큰 전체로부터 제대로 분리된 부분이 아니다. 그것은 오히려 체계 자신의 자체 재발명(또는 재

기술)의 특유한 예화이다. 따라서 모든 "예시"는 "전체"이다. 그리고 이 동일성(identity)에 대한 내파된, 홀로그램적인 감각은 선형성을 일련의 분리된 연속적 순간들의 펼침(unfolding)으로 혼동한다(Kirby, 2003, 425).

우리는 이 책 5장의 데란다와의 인터뷰에 나오는 그의 저작에서부터 시작해서, 여러 번 그와 같은 이론화에 맞닥뜨렸다. 로트만의 '몸짓'에 따르면, '활기찬 신체적 연결들'은 '수학적 실천**이다**(ibid., 428). 커비의 기획은 "수학화하거나, 재현하거나 또는 지성적으로 그 자체를 측정하는 신체성의 본성 안에 그것이 존재하는" 방식과 "가동적 미분소들의 '통합된 장'으로서, 즉 하나의 자연학(mathesis naturalis)으로 생물학을 사유하는"(ibid., 438) 방식이 정확히 같은 것이라는 점을 보여준다. 두 경우 모두, 신체적 힘은 존재론적으로 선행하는 것이다.

따라서 커비가 언어학주의를 차단하면서 언어의 개념을 재기술하는 방식을 유념하면서, 우리는 (다른 누구보다 로트만과 들뢰즈, 과타리 등과 더불어) '수학주의'를 차단하고 수학을 재기술해야 한다. 어떤 종류의 유물론을 지지하는 수학적 인간중심주의의 필연적인 몰락은 아마도, 우선 오늘날 수학에서의 지배적인 이론인 집합론으로부터 멀어진다는 의미일 것이다(곧 언급될 잘라미아Fernando Zalamea 역시 주장하는 것처럼). 적어도 이것은 우리가 신유물론이라고 칭하는 것에 관심을 가지는 학자들에 의한 일반적인 움직임이다. 스텐저스(Stengers, 2000, 157)는 두 가지 경로를 제안한다.

(···) 르네 톰(René Thom)은 어떤 '유목적' 수학 형식을 변호한다. 그의 소명

은 감각 현상의 다양성을 수학적 기술의 통일성으로 환원하는 것이 아니다. 그러한 통일성은 유사성의 질서로 그 다양성을 종속시킬 것이다. 대신 그는 감각 현상의 질적 차이에 관한 수학적 가해성(intelligibility)을 구축하고자 한다. 따라서 나뭇잎의 낙하는 더이상 갈릴레이 이론의 어떤 매우 복잡다기한 사례가 될 수는 없고 그 자신의 수학을 도출해야만 할 것이다. 우리는 또한 브누아 만델브로(Benoit Mandelbrot)의 프랙탈 수학 또한 인용할 수 있다. 여기서도 마찬가지로 '이해한다'는 것은 상이한 감각 형식들의 '조우'의 가능성, 그것들을 재생산할 가능성을 개방하는 언어를 창조함을 의미한다. 그것들에 '근거들'을 제공하고 교묘하게 조종하는 어떤 일반 법칙에 종속시키는 그 모든 것 없이 말이다.

스텐저스가 제안하는 첫번째 선택지는 흥미로운데, 왜냐하면 집합론에 대한 가치 있는 대안으로 차이화(이 책 7장을 보라)에 집중하면서, '신유물론'적 수학의 전개를 요청하기 때문이다. 두번째도 흥미롭다. 이 경로가 로트만, 데란다 그리고 마수미를 포함해서 실제로 가장 일반적으로 따르는 것이기 때문이다. 만델브로의 비-유클리드 기하학을 따라, 특히 **위상학**이 유물론적 수학의 형이상학을 위한 비옥한 토지로 여겨진다. 위상학은 집합론의 '종적 차이'에 대립하는 어떤 급진적인 '정도 차이'를 실행함으로써, 집합론의 정확한 대립자로 고려되기도 한다. 이것을 유념하면서, 데란다(2002, 24)는 위상학을 다음과 같이 정의한다. "(…) **최소미분**(least differentiated) 기하학, 구별되는 동등한 등급들의 최소 숫자를 가진 것, 많은 불연속적 형식들이 일체 연속되는 하나로 뒤섞여 있는 것." 마수미는 2002년 저서 『잠재성을 위한 우화: 운동, 감응, 감정*Parables for the Virtual: Movement, Affect, Sensation*』[51]에서 위상학이 어떻게 과학 가운데 가장 매끈한 것으로 이해돼야 하는지 아주 잘 설명한다. 또는 엘리 아야케(Elie Ayache 2010, 147)가 아름답게 언급한 것처럼, "수학은 하나의 사유(단지 계산만이 아니라)이며, 그것의 담론적 지향을 관통하여 현존을 확언하는 것은 바로 이 사유이다." 마수미(2003, 135)는 커비를 재소환하면서 다음과 같이 덧붙인다.

> 위상학은 질적인 과학이 아니다. 만약 경험적 탐구가 기술에서 예견으로 진보하는 것을 의미한다면, 그것은 경험적이지 않다. 그것은 어떤 예견적 가치도 가지지 않는다. 그 자신의 변분들(variations) 외에 어떤 것도 직접적으로 지칭할 수 없으므로, 기술적이라기보다 보다 유비적(analogical)이다. 하지만 그것은 특별히 어떤 것의 상사(analog)는 아니다. 그것은 어떤 모델의 변형이라는 평범한 의미에서 상사가 아니다. 여기에는 어떤 모델도 존재하지 않는다. 오직 접힘(infolding)과 펼침(outfolding), 즉 자기-지칭적 변형만이 있다. 상사는 과정, 즉 그 자신의 변분들에 대해 자기-지칭적인 과정이다.

메이야수가 『유한성 이후』에서 물리학에 가장 많은 관심을 가지는 것으로 보이는데도, 그리고 가끔 칸토르의 정리와 같은 집합론적 문제들에 이끌리는 것으로 보일지라도(그의 스승인 바디우가 언제나 그와 같은 수학 모델들을 좋아했던 식으로), 그의 사변적 유물론은 마수미가 과거 몇 년에 걸쳐 작업해왔던 사변적 실용주의에 실제로 매우 근접하고, 이러한 유형의 사유에서 위상학이 맡은 역할에 가까운 어떤 수학을 필요로 하는 것으로 보인다. 그 반대도 같은데, 초한수에 대한 탐구에서, 절대성에 대한 메이야수의 관심 또는 "무한한 질들의 완결되지 않는 복수화"(Meillassoux [2006] 2008, 142)는 마수미가 위상학이 할 수 있는 것을 탐구할 때 필요로 하는 것이다. 잠재성 개념(마수미가 이것을 베르그송과 들뢰즈로부터 취하는 것처럼)은 특히 그에게 가장 중요해 보인다. 메이야수는 이를 「잠세성과 잠재성Potentiality and Virtuality」(2011)에서 확언했다. 마수미(2002, 135)는 다음과 같이 논한다.

> 위상학적 이미지의 중심은 문자 그대로 사유의 깊은 곳에서 잠재적인 것을 나타나게 만든다. 그것은 경험적이라기보다 유령 같다. 감각은 언제나 바깥에 관한 변형의 느낌이 도달하는 지점으로서, 어떤 사유의 느낌이며, 유비적인 것의 존재이다. 그것은 유비적 양태의 문제이다.

위상학에서 매끈함[매끈한 공간]은 오늘날 대개 (수학에서) 소위 '점 없는 위상학'(pointless topology) 안에서 발전되었다. 이것은 화이트헤드([1929/1978] 1985)를 따르는 존스톤(Peter T. Johnstone, 1977)의 특성을 이어가며 '부분전체 위상학'(mereotopology)이 된다. 여기서 우리는 어째서 들뢰즈와 과타리가 수학(더불어 음악)이 매끈한 공간들의 평탄성을 생산할 수 있다고 여겼는지 그리고 이에 따라 우리를 계속 따라붙는 이원론에 관한 재기술에 수학이 가장 적합한지도 확실히 알게 된다. 예컨대 존스톤의 '장소(locales) 개념은 '틀'(frames)과 대립되는 것으로서, 그가 칭하는 대로 '연속 함수'(continuous maps, Johnstone, 1982, 39)와 관련하여 형태론(morphology)을 재사유할 수 있게 한다. 더이상 객체들에 관련되지 않으면서, '장소'는 물리적 자연과 **동등한** 신체들의 다양성을 이미 언제나 포함하는 순수 형태론을 수행할 수 있게 한다. 따라서 수학(점 없는 위상학)은 카취(Cache, 1995, 75)가 말한 것처럼, 우리의 벡터적(동형적) 상태를 "표면 위에 흩뿌림을 위해" 제거하게 하는 경로(예측되지 않는 많은 경로들 중 하나)이다. 우리의 분명한 입장은, 카취가 이어 말하듯이, 현실화되는 연속적인 추상 지도(또는 평면)에서 작용하는 형태론의 결과일 뿐이다.

예를 들며 마무리하자면, 우리는 마수미(2002, 75)가 축구 경기에 대한 셰르(Michel Serres)의 분석을 재독해하는 방식을 생각할 수 있을 것이다. 이것은 다음과 같다. "선수의 주체성은 그가 잠재성의 장 안에 들어설 때, 그 감각에 따라 분리된다. 경기 동안, 선수는 그 감각으로 **존재한다.** 이 감각은 국지적 행위 안으로 장의 잠재성을 통과시키는 것이며, 이로부터 그것은 다시 잠재성의 장의 보편적 재형상화 안으로 변환된다. 감각은 잠재적인 것이 지각하는 신체에 현전하는 양태이다." 마수미가 인간 ─ 또는 신체조차 ─ 을 분석의 출발점으로 삼지 않고, 물질적 실행을 관통하면서 실현되는 힘과 표면을 취하는 것은 존스톤과 당대의 화이트헤드주의자들이 했던 방식과 유사하게, 점 없는 위상학으로의 길을 열어놓는다. 마수미의 경우는 형태발생이 표면의 창조와 **함께** 발생한다고 강조할 때, 존스톤이 '연속 사상'(continuous mapping)과 같은 개념을 도입하는 것이 옳았다는 것을 증명한다. 점과 선, 심지어 운동(이것은 메이야수가 언급했듯이, 결국 상관주의적 논증을 구성한다)으로부터 자유로워짐으로써 잠재적 절대성이 현행화된다. 이때 점 없는 위상학은 앙리 미쇼([1972] 2002, 70)가 발견한 '무한 메커니즘들' 중

하나이다. 즉 하나의 무한 메커니즘이 모든 것이다. 이것이 신유물론을
해방시킨다.

감사의 말

이 책은 두 저자와 다른 많은 사람들 간의 강렬한 상호작용의 결과이다. 이 집단을 형성하는 개별 구성원들을 일일이 지정하는 것은 불가능하지만 꼭 필요하다. 확실히 책을 만드는 데 있어서 표지에 있는 두 이름만이 힘을 쏟은 것은 아니기 때문이다. 무엇보다 현명하고 관대한 정신을 가진 사람이 네 명이 있는데, 이들은 이 책의 1부에 목소리를 부여했고, 그 목소리는 2부에서 재기술된다. 로지 브라이도티 교수, 마누엘 데란다 교수, 카렌 바라드 교수 그리고 퀑탱 메이야수 교수가 그들이다. 우리는 이들에게 감사해야 한다. 바라드 교수와의 원거리 인터뷰는 '제7회 유럽 페미니스트 연구 컨퍼런스'(위트레흐트대학, 2009년 6월)에서 제안되었다. 우리는 바라드 교수와의 만남을 녹취한 헬렌 클롬프(Heleen Klomp)에게 감사를 전하고 싶다. 그리고 볼프강 쉬마허(Wolfgang Schirmacher) 교수(유럽대학원European Graduate School)에게도 감사를 드리고 싶다. 그는 우리가 마누엘 데란다 교수와 접촉하도록 주선해주었다. 퀑탱 메이야수 교수와의 인터뷰를 번역해준 마리-피에르 부쉐(Marie-Pier Boucher) 박사에게 감사드린다. 스테르 라스(Sterre Ras)는 책의 전체 구성을 잡아주었다. 또한 우리는 '개방 인문학 출판사'(Open Humanities Press)에서 '신유물론' 시리즈를 간행중인 편집자들에게도 감사드린다. 여기에는 그레함 하만(Graham Harman) 교수와 브루노 라투르 교수가 있다. 이들의 열정, 지원 그리고 보살핌에 감사드린다. 이 책에 그들의 영감 넘치는 학술 저작이 지대한 영향을 미쳤음은 물론이다.

우리의 본거지인 위트레흐트대학 인문학부의 '미디어문화연구학과', 특히 로즈마리 뷰이케마(Rosemarie Buikema) 교수가 이끄는 젠더 프로그램 대학원 과정, 주스트 라센스(Joost Raessens) 교수가 지도하는 미디어 이론 그룹에게도 감사드린다. 전에는 마르텐 프라크(Maarten Prak) 교수가 지도했고, 지금은 프랑크 케슬러(Frank Kessler) 교수가 지도하고 있으며, 프란스 루이터 박사가 운영하는 '역사문화연구소'도 언급되어야만 하겠다. 마지막으로 우리는 로지 브라이도티 교수가 이끄는 위트레흐트의 인문학센터에 대해 감사드린다. 이 센터는 우리에게 제2의 집이며, 우리가 세미나와 컨퍼런스들을 조직하도록 도왔다.

이 전체 기획을 시작하고, 앞으로 나아가도록 한 신선한 바람은 과거 우리가 4년간 조직한 '현대문화이론'(CCT) 세미나들이다. 백 회 이상의 세미나를 거치면서, 우리는 엄청나게 풍부한 생태환경을 조성했고, 이로써 이 책은 풍부해질 수 있었다. 우리 둘의 독서 그룹으로 시작된 이후, 세미나는 여러 연구소 직원들, 대학원생들 그리고 위트레흐트대학 외부로부터 관심을 가진 사람들을 사로잡았고, 인문학센터와 미디어와 문화 연구소, 그리고 이후에 역사와 문화 연구소의 관대한 지원을 받게 되었다. 지난 몇 해 동안 세미나에서 우리와 함께 가치 있는 생각들을 공유한 사람들 모두를 적는 것은 불가능하지만, 대략 몇몇은 호명할 필요가 있다(무작위 순서). 마리안 반 덴 부멘(Marianne van den Boomen), 비르지트 마라 카이저 박사(Dr. Birgit Mara Kaiser), 카트린 틸레 박사(Dr. Kathrin Thiele), 니코스 오베홀(Nikos Overheul), 브람 레벤 박사(Dr. Bram Ieven), 베아트리즈 레벨레스 베나벤트(Beatriz Revelles Benavente), 프랑크 케슬러 교수(Prof. Frank Kessler), 파울리나 볼레크(Paulina Bolek), 마리에타 라돔스카(Marietta Radomska), 자니 프란저(Jannie Pranger), 라차드 반 모어스(Richard van Meurs), 난나 뵈르회프 박사(Dr. Nanna Verhoeff), 폴 비즐 박사(Dr. Paul Bijl), 아딘다 벨트롭(Adinda Veltrop), 프레야 드 밍크(Freya de Mink), 알렉스 헤빙(Alex Hebing), 키스 뷰직 박사(Dr. Kees Vuijk), 폴 지케 교수(Prof. Paul Ziche), 키엔 브릴렌부르그 부르트 박사(Dr. Kiene Brillenburg Wurth), 에드 존커 교수(Prof. Ed Jonker), '위트레흐트대학 신유물론' 세미나에서 중요한 역할을 한 로지 브라이도티 교수, 마이케 블리커 교수, 주스트 라센스 교수, 카트린 틸레 박사 그리고 비르지트 마라 카이저 박사도 있다.

현대문화이론(CCT) 세미나의 구성원으로서 우리는 국내와 해외의 연사들을 만나는 즐거움을 누렸고(마르셀 코부센 박사Dr. Marcel Cobussen, 존 프로테비 교수Prof. John Protevi, 로즈마리 뷰이케마 교수, 글로리아 베커 교수Prof. Gloria Wekker, 비키 커비 박사), 컨퍼런스를 조직했다. 2010년 11월 19일 우리는 로지 브라이도티 교수, 비르지트 마라 카이저 박사, 자니 프란저, 피터 갈리슨 교수(Prof. Peter Galison), 포코 얀 디예크스테루이스 박사(Dr. Fokko Jan Dijksterhuis), 카테린 틸레 박사, 그리고 비비 스트라트만 박사(Dr. Bibi Straatman)와 더불어 '인문학과 과학의 간-행(Intra-action)' 컨퍼런스를 개최했다. 2011년 4월 7일 우리는 '신유

물론: 자연문화들'을 도나 해러웨이 교수, 세실리아 아스버그 박사(Dr. Cecilia Åsberg), 비키 커비 박사, 로즈마리 부이케마 교수, 레인느로에바나(LeineRoebana, 헤더 웨어와 팀 퍼센트 그리고 안드레아 레인느 그리고 하리조노 로에바나가 속한 그룹), 아드리안 맥켄지 박사(Dr. Adrian MacKenzie), 주시 파리카 박사(Dr. Jussi Parikka), 밀라 티아이넨 박사(Dr. Milla Tiainen), 멜라니 세갈 박사(Dr. Melanie Sehgal)와 로지 브라이도티 교수와 더불어 개최했다. 첫번째 '신유물론' 컨퍼런스는 주시 파리카 박사와 밀라 티아이넨 박사가 조직했는데, 2010년 6월에 영국 캠브리지의 앙글리아 러스킨대학/CoDE에서 개최되었다. 우리의 두번째 컨퍼런스는 '네덜란드 과학연구기구, 포스트인문학 허브'(테마 게누스, 린셰핑대학Tema Genus, Linköping University), '디지털 게임과 놀이 연구센터', '대학원 젠더 프로그램', '인문학센터' 그리고 '역사문화연구소'(위트레흐트대학)의 후원이 있었다. 2011년 11월 17일, 우리는 아인트호벤에 있는 반 아베 박물관(Van Abbe Museum)에서 존디 케아네 박사(Dr. Jondi Kean), 린다 보어스마 박사(Dr. Linda Boersma), 레슬리 카바노프 박사(Dr. Leslie Kavanaugh), 윌리암 잔 렌더스(Willem Jan Renders), 애니 플레처(Annie Fletcher) 그리고 피에트 반 데 카(Piet van de Kar)와 함께 '리시츠키 공간: 신유물론 실험'(Lissitzky Space: New Materialist Experiments)을 조직했다.

마지막으로 우리가 사랑하는 사람들에게도 감사드린다.

위트레흐트, 2011년 12월

릭 돌피언과 이리스 반 데어 튠

참고 문헌

Ahmed, S. 2008. "Open Forum Imaginary Prohibitions: Some Preliminary Remarks on the Founding Gestures of the 'New Materialism.'" *European Journal of Women's Studies* 15(1): 23–39.

Alaimo, S and S. Hekman, eds. 2008. *Material Feminisms*. Bloomington and Indianapolis: Indiana University Press.

Alcoff, L. 2000. "Philosophy Matters: A Review of Recent Work in Feminist Philosophy." *Signs: Journal of Women in Culture and Society* 25(3): 841–82.

Artaud, A. 1971. "Notes sur les Cultures Orientales." *Oeuvres Completes*, Tome VIII. Paris: Gallimard.

Ayache, E. 2010. *The Blank Swan: The End of Probability*. Melbourne: re.press.

Badiou, A. 1999. *Deleuze: The Clamor of Being*. Translated by L. Burchill. Minneapolis and London: University of Minnesota Press; 알랭 바디우 지음, 박정태 옮김, 『들뢰즈-존재의 함성』, 이학사, 2001.

──────. 2007. *The Concept of Model: An Introduction to the Materialist Epistemology of Mathematics*. Translated by Z. L. Fraser. Melbourne: re.press.

Balibar, É. [1989] 1998. "Politics and Communication," in *Spinoza and Politics*. London and New York: Verso, 99–124; 에티엔 발리바르 지음, 진태원 옮김, 『스피노자와 정치』, 그린비, 2014.

Barad, K. 2001. "Re(con)figuring Space, Time, and Matter," in *Feminist Locations: Global and Local, Theory and Practice*. Edited by M. DeKoven. New Brunswick: Rutgers University Press, 75–109.

──────. 2003. "Posthumanist Performativity: Toward an Understanding of How Matter Comes to Matter." *Signs: Journal of Women in Culture and Society* 28(3): 801–31.

──────. 2007. *Meeting the Universe Halfway: Quantum Physics and the Entanglement of Matter and Meaning*. Durham and London: Duke University Press.

──────. 2010. "Quantum Entanglements and Hauntological Relations of Inheritance: Dis/continuities, SpaceTime Enfoldings, and Justice-to-Come." *Derrida Today* 3(2): 240–68.

Baudrillard, J. [1981] 1995. *Simulacra and Simulation*. Translated by S. F. Glaser. Ann Arbor: University of Michigan Press; 장 보드리야르 지음, 하태환 옮김, 『시뮬라시옹』, 민음사, 2001.

─────. [1995] 1996. *The Perfect Crime*. Translated by Ch. Turner. London and New York: Verso.

Benjamin, W. [1982] 2002. *The Arcades Project*. Translated by H. Eiland and K. McLaughlin. Cambridge and London: Belknap/Harvard University Press; 발터 벤야민 지음, 조형준 옮김, 『아케이드 프로젝트』 1~2, 새물결, 2005.

Bergson, H. [1896] 2004. *Matter and Memory*. 5th ed., translated by N. M. Paul and W. Scott Palmer. Mineola, NY: Dover; 앙리 베르그송 지음, 박종원 옮김, 『물질과 기억』, 아카넷, 2005.

─────. [1907] 1998. *Creative Evolution*. Translated by A. Mitchell. Mineola, NY: Dover Publications; 앙리 베르그송 지음, 황수영 옮김, 『창조적 진화』, 아카넷, 2005.

─────. [1934] 2007. *The Creative Mind: An Introduction to Metaphysics*. Translated by M. L. Andison. Mineola, NY: Dover Publications.

Bleeker, M. 2008. "Passages in Post-Modern Theory: Mapping the Apparatus." *Parallax* 14(1): 55–67.

Bolt, B. and E. Barrett eds. Forthcoming. *Carnal Knowledge: Towards a New Materialism Through the Arts. London*: IBTauris.

Braidotti, R. 1991. *Patterns of Dissonance: A Study of Women and Contemporary Philosophy*. Cambridge: Polity Press.

─────. 1994. *Nomadic Subjects: Embodiment and Sexual Difference in Contemporary Feminist Theory*. New York: Columbia University Press; 로지 브라이도티 지음, 박미선 옮김, 『유목적 주체-우리시대 페미니즘 이론에서 체현과 성차의 문제』, 여성문화이론연구소(여이연), 2004.

─────. 2000. "Teratologies," in *Deleuze and Feminist Theory*, edited by I. Buchanan and C. Colebrook, 156–72. Edinburgh: Edinburgh University Press.

─────. 2002a. *Metamorphoses: Towards a Materialist Theory of Becoming*. Cambridge: Polity Press; 로지 브라이도티 지음, 김은주 옮김, 『변신-되기의 유물론을 향해』, 꿈꾼문고, 2020.

─────. 2002b. "Identity, Subjectivity, Difference: A Critical Genealogy," in *Thinking Differently: A Reader in European Women's Studies*, edited by G. Griffin and R. Braidotti, 158–80. London and New York: Zed Books.

─────. 2006. *Transpositions: On Nomadic Ethics*. Cambridge: Polity Press; 로지 브라이도티 지음, 김은주, 박미선, 이현재, 황주영 옮김, 『트랜스포지션: 유목적 윤리학』, 문화과학사, 2011

─────. 2008. "In Spite of the Times: The Postsecular Turn in Feminism." *Theory, Culture and Society* 25(6): 1–24.

─────. 2011a. *Nomadic Theory: The Portable Rosi Braidotti*. New York: Columbia University Press.

─────. 2011b. *Nomadic Subjects: Embodiment and Sexual Difference in Contempo-*

rary Feminist Theory. Second edition. New York: Columbia University Press

————. ed. 2010. *The History of Continental Philosophy.* Vol. 7. Durham: Acumen.

Bryant, L., N. Srnicek and G. Harman eds. 2011. *The Speculative Turn: Continental Materialism and Realism.* Melbourne: re.press.

Butler, J. 1986. "Sex and Gender in Simone de Beauvoir's Second Sex." *Yale French Studies* 72: 35–49.

————. [1987] 1999. *Subjects of Desire: Hegelian Reflections in Twentieth Century France.* New York: Columbia University Press.

————. 1993. *Bodies that Matter: On the Discursive Limits of 'Sex.'* New York and London: Routledge.

————. 2009. *Frames of War: When is Life Grievable?* London and New York: Verso.

Butler, J. and J. W. Scott eds. 1992. *Feminists Theorize the Political.* New York: Routledge.

Cache, B. 1995. *Earth Moves, the Furnishing of Territories.* Edited by M. Speaks Translated by A. Boyman. Cambridge and London: The MIT Press.

Changfoot, N. 2009a. "The Second Sex's Continued Relevance for Equality and Difference Feminisms." *European Journal of Women's Studies* 16(1): 11–31.

————. 2009b. "Transcendence in Simone De Beauvoir's The Second Sex: Revisiting Masculinist Ontology." *Philosophy and Social Criticism* 35(4): 391–410.

Cheah, P. 1996. "Mattering." *Diacritics* 26(1): 108–39.

Cixous, H. [1975] 1976. "The Laugh of the Medusa." Translated by K. Cohen & P. Cohen. *Signs: Journal of Women in Culture and Society*, 1(4): 875–93.

Colebrook, C. 2002. *Understanding Deleuze.* Sydney: Allen and Unwin.

————. 2004. "Postmodernism is a Humanism: Deleuze and Equivocity." *Women: A Cultural Review* 15(3): 283–307.

————. 2008. "On Not Becoming Man: The Materialist Politics of Unactualized Potential," in *Material Feminisms.* Edited by S. Alaimo and S. Hekman, 52–84. Bloomington and Indianapolis: Indiana University Press.

Connolly, W. 1999. *Why am I not a secularist?* Minneapolis: University of Minnesota Press.

Coole, D. and S. Frost, eds. (2010). *New Materialisms: Ontology, Agency, and Politics.* Durham and London: Duke University Press.

Culler, J. [1982] 2008. *On Deconstruction: Theory and Criticism after Structuralism.* 25th Anniversary Edition. London and New York: Routledge.

Davis, N. 2009. "New Materialism and Feminism's Anti-Biologism: A Response to Sara Ahmed." *European Journal of Women's Studies* 16(1): 67–80.

de Beauvoir, S. [1949] 2010. *The Second Sex.* Translated by C. Borde and S. Malovany-Chevallier. New York: Alfred A. Knopf; 시몬 드 보부아르 지음, 이희영 옮김, 『제2의 성』 동서문화사, 2009

de Beistegui, M. 2004. *Truth and Genesis: Philosophy as Differential Ontology.* Bloomington: Indiana University Press.

De Boever, A, A. Murray, and J. Roffe. 2009. "'Technical Mentality' Revisited: Brian Massumi on Gilbert Simondon." *Parrhesia: A Journal of Critical Philosophy* 7: 36–45.

DeLanda, M. 1996. "The Geology of Morals: A Neo-Materialist Interpretation." http://www.t0.or.at/delanda/geology.htm (accessed June 12, 2009).

———. 1997. *A Thousand Years of Nonlinear History*. New York: Zone Books.

———. 2002. *Intensive Science & Virtual Philosophy*. London and New York: Continuum; 마누엘 데란다 지음, 김영범, 이정우 옮김, 『강도의 과학과 잠재성의 철학-잠재성에서 현실성으로』, 그린비, 2009.

———. 2006. *A New Philosophy of Society: Assemblage Theory and Social Complexity*. London and New York: Continuum; 마누엘 데란다 지음, 김영범 옮김, 『새로운 사회철학-배치 이론과 사회적 복합성』, 그린비, 2019

Deleuze, G. [1956/2002] 2004. "Bergson's Conception of Difference," in *Desert Islands and Other Texts 1953–1974*, edited by D. Lapoujade, 32–51. Translated by M. Taormina. Semiotext(e) Foreign Agents Series. Cambridge and London: The MIT Press.

———. [1966] 1991. *Bergsonism*. Translated by H. Tomlinson and B. Habberjam. New York: Zone Books; 질 들뢰즈 지음, 김재인 옮김, 『베르그송주의』, 문학과지성사, 1996

———. [1968] 1994. *Difference and Repetition*. Translated by P. Patton. New York: Columbia University Press; 질 들뢰즈 지음, 김상환 옮김, 『차이와 반복』, 민음사, 2004

———. [1969] 1990. *The Logic of Sense*. Edited by C. V. Boundas. Translated by M. Lester and Ch. Stivale. New York: Columbia University Press; 질 들뢰즈 지음, 이정우 옮김, 『의미의 논리』, 한길사, 1999.

———. [1981] 1988. *Spinoza, Practical Philosophy*. Translated by R. Hurley. San Francisco: City Lights; 질 들뢰즈 지음, 박기순 옮김, 『스피노자의 철학』, 민음사, 2001.

———. [1985] 2000. *Cinema 2: The Time-Image*. Translated by H. Tomlinson and R. Galeta. Minneapolis: University of Minnesota Press; 질 들뢰즈 지음, 이정하 옮김, 『시네마 2- 시간-이미지』, 시각과언어, 2005

———. [1988] 1995. "On Philosophy," in *Negotiations 1972–1990*, 135–55. Translated by M. Joughin. New York: Columbia University Press.

———. 1997. "Desire and Pleasure," in *Foucault and his Interlocutors*, edited by A.I. Davidson, 183–92. Chicago and London: University of Chicago Press.

———. 2006. *Two Regimes of Madness: Texts and Interviews 1975–1995*. Edited by D. Lapoujade. Translated by A. Hodges and M. Taormina. New York: Semiotext(e).

Deleuze, G. and F. Guattari. [1972] 1983. *Anti-Oedipus: Capitalism and Schizophrenia*. Translated by R. Hurley, M. Seem and H. R. Lane. Minneapolis: University of Minnesota Press; 질 들뢰즈, 펠릭스 과타리 지음, 김재인 옮김, 『안티 오이디푸스-자본주의와 분열증』, 민음사, 2014

———. [1980] 1987. *A Thousand Plateaus: Capitalism and Schizophrenia*. Translated by B. Massumi. Minneapolis: University of Minnesota Press; 질 들뢰즈, 펠릭스 과타리 지음, 김재인 옮김, 『천 개의 고원-자본주의와 분열증 2』, 새물결, 2001

———. [1991] 1994. *What is Philosophy?* Translated by H. Tomlinson and G. Burchell.

New York: Columbia University Press 질 들뢰즈 지음, 이정임, 윤정임 옮김, 『철학이란 무엇인가』, 현대미학사, 1995

Derrida, J. [1968] 1982. *Différance. Margins of Philosophy*. Translated by A. Bass. Chicago: The University of Chicago Press.

───. [1985] 1988. "Letter to a Japanese Friend," in *Derrida and Difference*, edited by D. Wood and R. Bernasconi, 270–76. Evanston: Northwestern University Press.

───. [1993] 2006. *Specters of Marx: The State of the Debt, the Work of Mourning and the New International*. Translated by P. Kamuf. New York and London: Routledge; 자크 데리다 지음, 진태원 옮김, 『마르크스의 유령들』, 그린비, 2014

Dolphijn, R. 2004. *Foodscapes: Towards a Deleuzian Ethics of Consumption*. Delft: Eburon.

───. 2010. "Cultural Studies," in *The Sage Encyclopedia of Identity*, Vol. 2, edited by R. L. Jackson, 173–80. London: Sage.

───. 2011. "'Man is Ill Because He is Badly Constructed': Artaud, Klossowski and Deleuze in Search for the Earth Inside." *Deleuze Studies* 5(1): 18–34

Foucault, M. [1966/1970] 1994. *The Order of Things: An Archaeology of the Human Sciences*. New York: Vintage; 미셸 푸코 지음, 이규현 옮김, 『말과 사물』, 민음사, 2012

───. [1970] 1998. "Theatrum Philosophicum," in *Essential Works of Foucault, 1954–1984*, Vol 2: Aesthetics, Method, and Epistemology, edited by J. D. Faubion, M. Foucault and P. Rabinow, 343–68. New York: New Press.

───. 1980. *Power-Knowledge: Selected Interviews and Other Writings, 1972–1977*. Brighton: Harvester Press.

───. 2008. *Introduction to Kant's Anthropology*. Edited by R. Nigro. Translated by R. Nogro and K. Briggs. Los Angeles: Semiotext(e); 미셸 푸코 지음, 김광철 옮김, 『칸트의 인간학에 관하여-〈실용적 관점에서 본 인간학〉 서설』, 문학과지성사, 2012

───. 2003. "Society Must Be Defended": *Lectures at the College De France, 1975–76*. Edited by M. Bertani and A. Fontana. Translated by D. Macey. New York: Picador; 미셸 푸코 지음, 박정자 옮김, 『사회를 보호해야 한다』, 동문선, 1998

Fraser, M. 2002. "What is the Matter of Feminist Criticism?" *Economy and Society* 31(4): 606–25.

Fukuyama, F. 2002. *Our Posthuman Future: Consequences of the BioTechnological Revolution*. London: Profile Books; 프랜시스 후쿠야마 지음, 송정화 옮김, 『Human Future-부자의 유전자 가난한 자의 유전자』, 한국경제신문, 2003

Gallagher, S. 2005. *How the Body Shapes the Mind*. Oxford: Clarendon Press.

Gatens, M. 2003. "Beauvoir and Biology: A Second Look," in *The Cambridge Companion to Simone de Beauvoir*, edited by C. Card. 266–85. Cambridge: Cambridge University Press.

Gatens, M. and G. Lloyd. 1999. *Collective Imaginings: Spinoza, Past and Present*. London and New York: Routledge.

Genosko, G. 1996. *The Guattari Reader*. Oxford and Cambridge: Blackwell.

Grosz, E. [1993] 1994. "A Thousand Tiny Sexes: Feminism and Rhizomatics."In *Gilles*

Deleuze and the Theatre of Philosophy, edited by C.V. Boundas and D. Olkowski, 187–210. London and New York: Routledge.

―――. 1994. *Volatile Bodies: Toward a Corporeal Feminism*. Sydney: Allen and Unwin; 엘리자베스 그로스 지음, 임옥희, 채세진 옮김, 『몸 페미니즘을 향해-무한히 변화하는 몸』, 꿈꾼문고, 2019

―――. 2000. "Histories of a Feminist Future." *Signs: Journal of Women in Culture and Society* 25(4): 1017–21.

―――. 2005. *Time Travels: Feminism, Nature, Power*. Durham and London: Duke University Press.

Guattari, F. [1964] 1984. *Transversality. Molecular Revolution: Psychiatry and Politics*. Translated by R. Sheed. Harmondsworth: Penguin Books; 펠릭스 과타리 지음, 윤수종 옮김, 『분자혁명-자유의 공간을 향한 욕망의 미시정치학』, 푸른숲, 1998

Guattari, F. and S. Rolnik. [1982] 2008. "Emotion, Energy, Body, Sex," in *Molecular Revolution in Brazil*. Translated by K. Clapshow and B. Holmes. Los Angeles, Semiotext(e): 403–12.

Habermas, J. 2003. *The Future of Human Nature*. Cambridge: Polity Press.

Halewood, M. 2009. "Language, Subjectivity and Individuality," in *Deleuze, Whitehead, Bergson: Rhizomatic Connections*, edited by K. Robinson. London: Palgrave Macmillan, 45–60.

Hames-García, M. 2008. "How Real is Race?," in *Material Feminisms*, edited by S. Alaimo and S. Hekman, 308–39. Bloomington: Indiana University Press.

Hansell, M. (2007). *Built by Animals: The Natural History of Animal Architecture*. Oxford and New York: Oxford University Press.

Haraway, D. 1988. "Situated Knowledges: The Science Question in Feminism and the Privilege of Partial Perspective." *Feminist Studies* 14(3): 575–99.

―――. 1997. *Modest_Witness@Second_Millennium. FemaleMan©_Meets_OncoMouse™*. London and New York: Routledge. 도나 J. 해러웨이 지음, 민경숙 옮김, 『겸손한_목격자@제2의_천년.여성인간©_앙코마우스TM를_만나다-페미니즘과 기술과학』, 갈무리, 2007

―――. 2003. *The Companion Species Manifesto: Dogs, People, and Significant Otherness*. Chicago: Prickly Paradigm Press. 도나 해러웨이 지음, 황희선 옮김, 『해러웨이 선언문-인간과 동물과 사이보그에 관한 전복적 사유』, 책세상, 2019

―――. 2008. *When Species Meet*. Minneapolis: The University of Minnesota Press.

Harding, S. 1986. *The Science Question in Feminism*. Milton Keynes: Open University Press; 샌드라 하딩 지음, 이박혜경, 이재경 옮김, 『페미니즘과 과학』, 이화여자대학교출판문화원, 2002

―――. 1991. *Whose Science? Whose Knowledge?* Milton Keynes: Open University Press; 샌드라 하딩 지음, 조주현 옮김, 『누구의 과학이며 누구의 지식인가-여성들의 삶에서 생각하기』, 나남출판, 2009

Harding, S. and U. Narayan. 2000. *Decentering the Center: Philosophy for a Multicultural, Postcolonial, and Feminist World*. Bloomington: Indiana University Press.

Harman, G. 2008. "DeLanda's Ontology: Assemblage and Realism." *Continental Philosophy Review* 41 (3): 367–83.

———. 2010. "Objects, Matter, Sleep, and Death," in *Towards Speculative Realism: Essays and Lectures*. Winchester, UK: Zero Books.

———. 2011a. "On the Undermining of Objects: Grant, Bruno, and Radical Philosophy," in *The Speculative Turn: Continental Materialism and Realism*, edited by L. Bryant, N. Srnicek, and G. Harman. Melbourne: re.press, 21–40.

———. 2011b. *Quentin Meillassoux: Philosophy in the Making*. Edinburgh: Edinburgh University Press.

Harris, G. J. 2003. "Afterword: Walk Like an Egyptian," in *Performing Transversally: Reimagining Shakespeare and the Critical Future*. Edited by B. Reynolds. New York and Baskingstoke: Palgrave Macmillan, 271–86.

Hartsock, N. 1987. "Re-thinking Modernism: Minority vs. Majority Theories." *Cultural Critique* 7: 187–206.

Hegel, G.W.F. [1807] 1977. *Phenomenology of Spirit*. Translated by A.V. Miller. Oxford: Oxford University Press; 게오르그 빌헬름 프리드리히 헤겔 지음, 임석진 옮김, 『정신현상학』1~2, 한길사, 2005

Heidegger, M. [1959] 1971. "A Dialogue on Language between a Japanese and an Inquirer," in *On the Way to Language*, 1–56. Translated by P.D. Hertz. New York: Harper & Row.

———. 1954. "Die Frage nach Technik," in *Vorträge und Aufsätze*. Pfullingen: Verlag Günther Neske.

———. 1960. *Der Ursprung des Kunstwerkes*. Stuttgart: Reclam.

———. [1980] 1994. *Hegel's Phenomenology of Spirit*. Translated by P. Emad and K. Maly. Bloomington and Indianapolis: Indiana University Press.

Heinämaa, S. 1997. "What is a Woman? Butler and Beauvoir on the Foundations of the Sexual Difference." *Hypatia: A Journal of Feminist Philosophy* 12(1): 20–39.

Hekman, S. 2010. *The Material of Knowledge: Feminist Disclosures*. Bloomington and Indianapolis: Indiana University Press.

Hill, R. 2008. "Phallocentrism in Bergson: Life and Matter." *Deleuze Studies* 2 (supplement Deleuze and Gender. Edited by C. Colebrook and J. Weinstein): 123–36.

Hird, M.J. 2004. "Feminist Matters: New Materialist Considerations of Sexual Difference." *Feminist Theory* (5)2: 223–32.

———. 2006. "Animal Transex." *Australian Feminist Studies* 21(49): 35–50.

Holland, E. 1999. *Deleuze and Guattari's Anti-Oedipus: Introduction to Schizoanalysis*. London and New York: Routledge.

Hughes, A. and Witz, A. 1997. "Feminism and the Matter of Bodies: From de Beauvoir to Butler." *Body & Society* 3(1): 47–60.

Johnstone, P.T. 1977. *Topos Theory*. London, New York and San Francisco: Academic Press.

———. 1982. *Stone Spaces*. Cambridge, New York and Victoria: The Press Syndicate of the University of Cambridge.

Kant, I. [1781, 1787] 1998. *Critique of Pure Reason*. Second edition. Translated by P. Guyer and A. W. Wood. Cambridge: Cambridge University Press.

——. [1790] 2000. *Critique of Judgment*. Translated by P. Guyer and E. Matthews. Cambridge: Cambridge University Press; 임마누엘 칸트 지음, 백종현 옮김, 『순수이성비판』 1~2, 아카넷, 2006

——. [1788] 1996. *Critique of Practical Reason*. Translated and edited by M. J. Gregor. Practical Philosophy. M. J. Gregor. Cambridge: Cambridge University Press, 139–271; 임마누엘 칸트 지음, 백종현 옮김, 『실천이성비판』, 아카넷 | 2019

——. [1800] 1988. *Logic*. New York, Dover Publications.

——. 2005. *Notes and Fragments*. Translated by P. Guyer, C. Bowman and F. Rauscher. Cambridge: Cambridge University Press.

Kelly, J. 1979. "The Doubled Vision of Feminist Theory: A Postscript to the 'Women and Power' Conference." *Feminist Studies* 5(1): 216–27.

Kirby, V. 1997. *Telling Flesh: The Substance of the Corporeal*. New York and London: Routledge.

——. 2003. "Enumerating Language: 'The Unreasonable Effectiveness of Mathematics'." *Configurations* 11(3): 417–39.

——. 2006. *Judith Butler: Live Theory*. London and New York: Continuum.

——. 2008a. "Subject to Natural Law: A Meditation on the 'Two Cultures' Problem." *Australian Feminist Studies* 23(55): 5–17.

——. 2008b. "Natural Convers(at)ions: or, what if Culture was really Nature all along?," in *Material Feminisms*, edited by S. Alaimo and S. Hekman. Bloomington: Indiana University Press, 214–36

——. 2010. "Original Science: Nature Deconstructing Itself." *Derrida Today* 3,2: 201–20.

——. 2011. *Quantum Anthropologies: Life at Large*. Durham and London: Duke University Press.

Kochhar-Lindgren, G. 2011. *Philosophy, Art and the Specters of Marx*. Amherst, New York: Cambria Press.

Kruks, S. 2005. "Beauvoir's Time/ Our Time: The Renaissance in Simone de Beauvoir Studies." *Feminist Studies* 31(2): 286–309.

Lakoff, G. and R.E. Núñez. 2000. *Where Mathematics Comes From: How the Embodied Mind Brings Mathematics into Being*. New York: Basic Books.

Latour, B. [1991] 1993. *We Have Never Been Modern*. Translated by C. Porter. London: Prentice Hall; 브뤼노 라투르 지음, 홍철기 옮김, 『우리는 결코 근대인이었던 적이 없다』, 갈무리, 2009

——. 2004. "Why Has Critique Run Out of Steam? From Matters of Fact to Matters of Concern." *Critical Inquiry* 30: 225–48.

Lauretis, T. de. 1986. *Feminist Studies, Critical Studies*. Bloomington: Indiana University Press.

——. 1994. *The Practice of Love: Lesbian Sexuality and Perverse Desire*. Bloomington:

Indiana University Press.

Leibniz, G. [1714] 1962. "The Monadology," in *Discourse on Metaphysics, Correspondence with Arnauld and Monadology*, 251-72. Translated by G. R. Montgomery. La Salle, IL: The Open Court Publishing House.

Lingis, A. 1994. *The Community of Those who have Nothing In Common*. Bloomington: Indiana University Press.

Lischka, C. 2007. "Mechano Poïia," in *Mechanics as Agency: Artistic Perspectives*, edited by C. Lischka and A. Sick, 36-47. Bielefeld: Transscript Verlag.

Lloyd, G. [1984] 1993. *The Man of Reason: 'Male' and 'Female' in Western Philosophy*. New York: Routledge.

Lyon, J. 1999. *Manifestoes: Provocations of the Modern*. Ithaca and London: Cornell University Press.

Lyotard, J-F. [1988] 1991. *The Inhuman: Reflections on Time*. Translated by G. Bennington and R. Bowlby. Stanford, CA: Stanford University Press.

Mahmood, S. 2005. *Politics of Piety: The Islamic Revival and the Feminist Subject*. Princeton: Princeton University Press.

Massumi, B. 2002. *Parables for the Virtual: Movement, Affect, Sensation*. Durham and London: Duke University Press; 브라이언 마수미 지음, 조성훈 옮김, 『가상계 - 운동, 정동, 감각의 아쌍블라주』, 갈무리, 2011

Meillassoux, Q. [2006] 2008. *After Finitude: An Essay on the Necessity of Contingency*. Translated by R. Brassier. New York: Continuum; 퀭탱 메이야수 지음, 정지은 옮김, 『유한성 이후-우연성의 필연성에 관한 시론』, 비(도서출판b), 2010

————. 2010. "Que peut dire la métaphysique sur ces temps de crise?" *L'Annuel des Idees* February 5, 2010. http://www.annuel-idees.fr/2-Que-peut-dire-lametaphysique.html (accessed June 1, 2011).

————. 2011. "Potentiality and Virtuality," translated by R. Mackay, in *The Speculative Turn: Continental Materialism and Realism*, edited by L. Bryant, N. Srnicek, and G. Harman, Melbourne: re.press, 224-36.

Michaux, H. [1972] 2002. *Miserable Miracle*. New York: New York Review Books.

Mol, A. 2002. *The Body Multiple: Ontology in Medical Practice*. Durham and London: Duke University Press.

Mullarkey, J. 2006. *Post-Continental Philosophy: An Outline*. London and New York: Continuum.

Nelson, L. H. 1993. "Epistemological Communities," in *Feminist Epistemologies*, edited by L. Alcoff and E. Potter. New York: Routledge, 121-59.

Nietzsche, F.W. [1883-1885] 1967. *Also Sprach Zarathustra*. Edited by G. Colli and M. Montinari. Berlin: Walter de Gruyter & Co; 프리드리히 니체 지음, 정동호 옮김, 『차라투스트라는 이렇게 말했다』, 책세상, 2000.

Rahman, M. and A. Witz. 2003. "What Really Matters? The Elusive Quality of the Material in Feminist Thought." *Feminist Theory* 4(3): 243-61.

Rich, A. 1976. *Of Woman Born: Motherhood as Experience and Institution*. New York:

Norton; 에이드리언 리치 지음, 김인성 옮김, 『더이상 어머니는 없다-모성의 신화에 대한 반성』, 평민사, 2018

──────. 1985. *Blood, Bread and Poetry: Selected Prose, 1979–1985.* New York: Norton.

Rossini, M. 2006. "To the Dogs: Companion Speciesism and the New Feminist Materialism." *Kritikos: An International and Interdisciplinary Journal of Postmodern Cultural Sound, Text and Image* 3. http://intertheory.org/rossini Last accessed: April 8, 2008.

Rotman, B. 2008. *Becoming Beside Ourselves: The Alphabet, Ghosts, and Distributed Human Being.* Durham and London: Duke University Press.

Saldanha, A. 2006. "Reontologising Race: The Machinic Geography of Phenotype." *Environment and Planning D: Society and Space* 24(1): 9–24.

Schrader, A. (2010). "Responding to Pfiesteria piscicida (the Fish Killer): Phantomatic Ontologies, Indeterminacy, and Responsibility in Toxic Microbiology." *Social Studies of Science* 40(2): 275–306.

Scott, J. W. 1996. *Only Paradoxes to Offer: French Feminists and the Rights of Man.* Cambridge and London: Harvard University Press.

──────. 2007. *The Politics of the Veil.* Princeton: Princeton University Press. Serres, M. with B. Latour. 1995. "Third Conversation: Demonstration and Interpretation," in *Conversations on Science, Culture, and Time*, 77–123. Ann Arbor: The University of Michigan Press.

Shaviro, S. 2009. *Without Criteria; Kant, Whitehead, Deleuze and Aesthetics.* Cambridge, Mass. and London: The MIT Press.

Sheridan, S. 2002. "Words and Things: Some Feminist Debates on Culture and Materialism." *Australian Feminist Studies* 17(37): 23–30.

Simondon, G. [1958] 1980. *On the Mode of Existence of Technical Objects.* Translated by N. Mellamphy. University of Western Ontario. http://dephasage.ocular-witness.com/pdf/SimondonGilbert.OnTheModeOfExistence.pdf(accessed March 13, 2011); 질베르 시몽동 지음, 김재희 옮김, 『기술적 대상들의 존재 양식에 대하여』, 그린비, 2011

──────. 2009. "The Position of the Problem of Ontogenesis." Translated by G. Flanders. *Parrhesia* 7: 4–16.

Snow, C.P. [1959] 1965. *The Two Cultures: and A Second Look.* London: Cambridge University Press.

Sönser Breen, M. and W.J. Blumenfeld eds. 2005. *Butler Matters: Judith Butler's Impact on Feminist and Queer Studies.* Hampshire and Burlington: Ashgate.

Spinoza [1677] 2001. *Ethics.* Translated by W.H. White. Revised by A. H. Stirling. With an Introduction by Don Garrett. Ware: Hertfordshire; 베네딕트 데 스피노자 지음, 황태연 옮김, 『에티카』, 비홍, 2014

Squier, S. and M. M. Littlefield. 2004. *Feminist Theory and/of Science: Feminist Theory Special Issue. Feminist Theory* 5(2): 123–6.

Stengers, I. 2000. *The Invention of Modern Science.* Minneapolis: Minnesota University

Press.

Thornham, S. 2000. *Feminist Theory and Cultural Studies: Stories of Unsettled Relations*. London: Arnold.

Tiedemann, R. 2005. "Historical Materialism or Political Messianism? An interpretation of the thesis "On the Concept of History," in *Walter Benjamin: Critical Evaluations in Cultural Theory*, edited by P. Osborne. New York: Routledge, 137–69.

Turing, A.M. 1950. "Computing Machinery and Intelligence." *Mind* 59: 433–60.

van der Tuin, I. 2008. "Deflationary Logic: Response to Sara Ahmed's 'Imaginary Prohibitions: Some Preliminary Remarks on the Founding Gestures of the 'New Materialism.'" *European Journal of Women's Studies* 15(4): 411–6.

——————. 2009. "'Jumping Generations:' On Second- and Third-Wave Feminist Epistemology." *Australian Feminist Studies* (special issue: Generation: On Feminist Time-Lines. C. Colebrook and R. Braidotti) 24(59): 17–31.

——————. 2011. "'A Different Starting Point, a Different Metaphysics': Reading Bergson and Barad Diffractively." *Hypatia: A Journal of Feminist Philosophy* 26(1): 22–42.

Vintges, K. [1992] 1996. *Philosophy as Passion: The Thinking of Simone de Beauvoir*. Translated by A. Lavelle. Bloomington and Indianapolis: Indiana University Press.

Ware, V. 1992. *Beyond the Pale: White Women, Racism and History*. London and New York: Verso.

Welchman, A. 2005. "Materialism," in *The Edinburgh Dictionary of Continental Philosophy*, edited by J. Protevi, 388–91. Edinburgh: Edinburgh University Press.

Whitehead, A.N. [1925] 1997. *Science and the Modern World*. New York: Free Press; 알프레드 노스 화이트헤드 지음, 오영환 옮김, 『과학과 근대세계』, 서광사, 2008

——————. [1929/1978] 1985. *Process and Reality*. New York: Free Press; 알프레드 노스 화이트헤드 지음, 오영환 옮김, 『과정과 실재-유기체적 세계관의 구상』, 민음사, 2003

Wiegman, R. 2002. *Women's Studies On Its Own: A Next Wave Reader in Institutional Change*. Durham: Duke University Press.

Wilbert, C. 2006. "Profit, Plague and Poultry: The Intra-active Worlds of Highly Pathogenic Avian Flu." *Radical Philosophy* (September/ October 2006). http://www.radicalphilosophy.com/default.asp?channel_id=2187&editorial_id=22192 (accessed June 11, 2009).

Zalamea, F. Forthcoming. *Synthetic Philosophy of Contemporary Mathematics*. Urbanomic. Translated by Z. L. Fraser. London: Urbanomic.

신유물론: 들뢰즈'의/이후' 유물론

1. 신유물론의 현재

'신유물론'(New Materialism)은 매우 넓은 스펙트럼을 가진 현대사상이다. 이 사상은 페미니즘, 철학적 존재론, 기술과학철학 등의 분야에서 '물질'(matter)에 대한 새로운 개념을 정립하면서 20세기 말에 등장했다. 이를 보통 '물질적 전회'(material turn)라고 부른다. 이 사상의 최초 세대에는 카렌 바라드, 로지 브라이도티, 엘리자베스 그로스, 제인 베넷(Jane Bennett), 비키 커비 그리고 마누엘 데란다가 속한다. 또한 다이아나 쿨(Diana Coole), 사만다 프로스트(Samantha Frost), 스테이시 알라이모(Stacy Alaimo)와 수잔 헤크만(Susan J. Hekman)도 중요한 인물들이다.[52] 주디스 버틀러는 그녀의 '수행성'(performativity)[53] 개념으로 신유물론에 강력한 영향을 미쳤다. 또한 도나 해러웨이도 이 그룹으로부터 예외가 될 수 없다. 해러웨이는 (그녀가 부인함에도 불구하고) 신유물론 사상의 원류인 들뢰즈와 상당히 친연성을 가진 개념들과 사유를 펼친다.[54] 이 외에도 많은 학자들이 물질성의 새로운 개념을 탐색하면서 여러 논문들과 책들을 내고 있다. 최근에 두드러지는 연구자들에는 토마스 네일(Thomas Nail)과 크리스토퍼 갬블(Christopher N. Gamble), 조수아 하난(Joshua S. Hanan)이 있다. 이들은 최근에 낸 공동 논문[55]에서 '수행적 신유물론'(performative new materialism)을 옹호하고 있다.[56]

특기해야 할 점은 초기부터 신유물론은 간학제성을 표방했기 때문에 굳이 철학에만 국한된다고 볼 수 없다는 것이다. 이 분야에서는 인문학과 사회과학 그리고 자연과학 전반이 학제 간의 개념적 소통을 통해 조우한다.[57] 또한 다른 방면의 철학사조와도 접속한다. 예컨대 초기 학자들을 이어 최근에는 퀑탱 메이야수와 일군의 소위 '사변적 실재론자'들(그레이엄 하먼Graham Harman, 레이 브래시어Ray Brassier, 이안 해밀턴 그란트Ian Hamilton Grant)이 신유물론과 근접한 논지를 펼치기도 한다. 그러나 신유물론과 사변적 실재론 사이에는 많은 차이점이 있으며[58], 사변적 실재론자들 사이에도 일정한 이론적 거리가 존재한다.[59]

이와 같이 최근 활발하게 전개되고 있는 신유물론의 논의에 있어서 들뢰즈(와 과타리) 철학은 지대한 영향을 미쳤다.[60] 탁월한 철학자들이 늘 그렇듯이 분과적인 잣대로 들뢰즈 사상을 재단하기는 어렵다. 그렇다 해도 그가 존재론의 분야에서 어떤 식으로든 혁신을 일으켰다는 것은 분명하다. 그 자신도 말했다시피, 그는 '형이상학자'였고, 이는 존재론에서 가장 잘 드러난다.[61] 이와 마찬가지로 신유물론자들은 자신들의 철학사상을 "새로운 형이상학"이라고 부른다(Dolphijn/Tuin 2012, 13).

그의 대표서인 『차이와 반복Différence et Répétition』(1968. 박사논문) 그리고 『스피노자와 표현의 문제Spinoza et le problème de l'expression』(1968. 박사 부논문)는 그의 전 저작에 걸쳐 작동하는 존재론적 기계장치다. 이 글에서는 이러한 주요 저작들의 어떤 개념들과 장치들이 지금의 신유물론에 영향을 미쳤는지 살펴보고자 한다. 그리고 결론에서 신유물론에서 '물질적 전회'란 어떤 의미인지 알아볼 것이다.

2. 존재론의 갱신

(1) 신자연주의

신유물론에 대한 들뢰즈의 영향은 그 용어의 유래에서부터 드러난다. 신유물론자들은 그 용어의 연원에 들뢰즈의 텍스트 『스피노자와 표현의 문제』를 놓는 것에 동의한다. 그 구절은 다음과 같다.

> 표현 개념은 스피노자와 라이프니츠 두 저자에 의해 두 가지 매우 다른 관점에서 주도된 반(反)데카르트적 반발의 힘을 떠맡는다. 그것은 '자연'과 그 역능의 재발견, 논리학과 존재론의 재창조, 즉 신 '유물론'(nouveau matérialisme)과 신 '형식주의'(nouveau formalisme)를 함축한다. (…) 그 결과 세 가지 기본 규정인 '존재하다', '인식하다', '작용 혹은 생산하다'라는 표현 개념 아래에서 측정되고 체계화된다.[62]

여기서 보다시피 들뢰즈적 의미에서 '신유물론'은 자연에 대한 새로운 관점을 통해 존재론을 일신하고, 새로운 논리를 발명하는 것에 놓인다. 이것은 들뢰즈의 스피노자주의와 밀접한 연관하에 제시되는 것이기도 하다. 이를 피어슨(Keith Ansell Pearson)은 "신자연주의"(new naturalism)라고 칭한다.[63] 들뢰즈의 신자연주의는 라이프니츠와 스피노자의 존재론에 대한 그의 연구에서부터 주로 유래하는데, 보다 유력한 영향을 미친 쪽은 스피노자다. 이를 '표현주의'로서의 '자연주의'라고도 할 수 있을 것이다. 이것은 자연 자체가 존재하는 것의 근원으로서, 모든 존재자가 가진 긍정적 역능의 터전이 되는 의미에서 자연주의라고 할 수 있다.

하지만 이것은 고전적 의미의 자연주의, 즉 자연과 인공을 가르고 자연을 취사선택하는 자연'중심'주의가 아니다. 들뢰즈의 신자연주의는 '자연과 인공 사이의 구별'이 사라지는 지점에서 존재와 사유 사이에 존재하는 외견상의 분리 너머에 위치함으로써 그것들을 식별불가능하게 만드는 것이다.**64** 이렇게 자연과 인공 양자에서 일어나는 이념적 사건을 들뢰즈는 '탈신비화'(démystification)라고 부른다. 이는 뒤에서 논할 '횡단성'(transversality)의 이론적 실행의 한 예라고 할 수 있다.

이러한 신자연주의적 의미의 신유물론의 함축은 최초로 '신유물론'이라는 개념을 본격적으로 사용한 데란다의 짧은 에세이에 그대로 전승된다. 데란다는 여기서 지질학적 의미의 지층과 생물학적인 종들 그리고 사회적 위계를 모두 통틀어 횡단하는 어떤 물질적이면서 체계적인 구도를 "유물론 철학의 새로운 형태"(a new form of materialist philosophy)라고 칭한다.**65** "이 철학은 자기-조직화하는 과정과 형태발생의 강도적 힘의 다양성을 통해 날것 그대로의 물질-에너지가 우리를 둘러싼 모든 구조들을 발생시킨다고 주장한다"(DeLanda, 1996). 이때 발생된 구조들은 구조주의나 후기구조주의에서처럼 근본적인 실재가 아니라 파생된 것으로 드러나며, 보다 근본적인 실재성은 '물질-에너지 흐름'이다. 따라서 이 근본적인 물질-에너지의 흐름은 인간 역사와 자연사를 구분하지 않는 일종의 '피진화'(pidginization)를 만들어낸다. 데란다는 이와 같은 것을 바로 들뢰즈(와 과타리)의 실재에 대한 "신유물론적 해석"(Neo-Materialist interpretation)이라고 부른다(DeLanda, 1996).

브라이도티의 경우 들뢰즈의 신자연주의, 즉 신유물론은 신체성의 되기(becoming, 생성)와 관련하여 이해된다. 들뢰즈의 "신유물론"(neo-materialism)은 현대의 기술적 지향 안에서 신체성에 대한 새로운 이해를 가져온다는 것이다.[66] 그녀는 주체화의 과정에서 "감응들의 배치와 구성요소들의 선별"이 관건이라고 보고, 이때 인공적인 기술적 대상과 신체들의 배치가 이루어지며, 주체의 특이성이 발생한다고 본다 (Braidotti, 2000, 160-61). 여기서 중요한 것은 주체성의 발생 장소로서 신체가 내면적인 것도 아니고 순수하게 사회적인 구성물도 아니라는 점을 이해하는 것이다. 감응은 신체라는 표면에서 활성화된다. 그것은 일종의 "사이에 있음"(in-between)이다(Braidotti, 2000, 159).

브라이도티는 이보다 이른 1991년에 이미 '신유물론'의 들뢰즈적 함축을 간파하고 있었다. 그녀는 "주체의 구체화된 본성"이란 "물질의 한 가운데에서 대안적으로 성적 차이나 젠더의 문제를 정립"하는 것을 통해 밝혀진다고 논한다. 이것은 "유물론의 급진적인 재독해"로 이어지면서 전통적인 마르크스주의 해석, 즉 의식에 대한 물질의 선차성과 반영 이론으로부터 떨어져 나아가, 어떤 횡단성을 성취해낸다. 이것이 바로 들뢰즈에 의해 제안된 "새로운 물질성"이다.[67] 이것은 1994년의 텍스트에서도 발견된다.[68]

따라서 신유물론의 자연주의는 고대에서부터 근대에 이르기까지 인위와 자연을 가르던 이분법을 넘어서서 그것을 하나의 일의적 평면에 배치하게 된다. 이 평면은 '물질'의 평면이다. 즉 신유물론은 물질 일원론에 근거한 신자연주의라고 할 수 있다.[69]

(2) '개체-극-미/분화'와 잠재성의 철학

들뢰즈의 존재론에서 신유물론의 함축은 또다른 중요한 텍스트인 『차이와 반복』에서 잘 드러난다. 여기서 그는 'différent/ciation'이라는 신조어를 만들어내는데, 이것은 '미/분화'정도로 번역할 수 있다. 그리고 여기에 '개체'의 생성과정을 드러내기 위해 'indi-'를 덧붙이고, 그 생성과정의 강도적 특징을 드러내기 위해 'drama'를 부가하여, 'indi-drama-différent/ciation'라는 최종적인 조어가 완성된다. 이 말은 '개체-극-미/분화'로 번역될 수 있을 것이다. 이것은 어떻게 보면 단어라기보다 오히려 '도상'(圖像, icon)에 가까워 보인다. 왜냐하면 각각의 분절들이 어떤 생성의 과정을 '그려주기' 때문이다.[70]

이 도상에서 중요한 것은 잠재적인 차원에서 현실적 또는 현행적 차원으로 이루어지는 개체화 또는 분화 과정이다. 이 개체화 과정은 두 가지 특성을 가지는데 하나는 '본질의 개체화'라고 불리고, 다른 하나는 '존재의 개체화'라고 일컬어진다. 전자의 경우 그 개체가 가진 능력의 내포에 해당되고 후자는 운동과 정지라는 시공간적 외연에 해당된다.[71] 이 개체는 "무한히 많은 외연적 부분들로 구성"(Deleuze, 2001, 123)되어 있는 것으로서, '외적인 결정론'에 따르는 양태의 본질을 가진다. 그런데 이 양태는 하나의 코나투스, 즉 '능력'이다. 자신의 힘을 결정하고 확장할 수 있는 능력이라는 뜻에서, 이 개체들은 분명 신유물론에서 말하는 '물질'이라고 할 수 있다. 기본적으로 신유물론에서 '물질'은 능동적인 자기-조직화의 과정을 통해 창발하고, 창발되기 때문이다.

들뢰즈에 따르면 이것은 "현실화 과정과 분리할 수 없는 이념의 운동"이며(Deleuze, 2004, 522), "잠재적으로 감싸고 있던 것을 설명하고 발전"시키는 "물질로 향해 가는 이완의 운동" 즉 분화(différentiation, 分化)이다.**72** 다른 방면에서 이것은 미분화(différentiation, 微分化)가 함께 이루어지는 과정이기도 하다(Deleuze, 1996, 134; 141 참조). 이것은 베르그송의 '지속'과 관련된 '긴장의 운동'이다. 이를 들뢰즈는 문제와 해의 관계라고 칭하기도 한다(Deleuze, 2004, 446 참조). 하지만 이 분화와 미분화라는 물질화, 잠재화의 과정은 동시적이며 이질적이다. 저 도상에서 보이는 '/'는 바로 이것을 의미한다. 수학적으로 미분과정과 적분과정은 서로 대응 관계로 발생하지만, 결코 동일할 수 없는 것과 마찬가지다. 이 둘은 오로지 '비율적 관계'로서만 드러난다. 이렇게 되는 이유는 잠재성이 미분화되어(différentiée) 있으면서 "동시에 분화되어(différenciée) 있기" 때문이다(Deleuze, 1999, 532, 번역수정). "하나는 잠재적 이미지이고 다른 한쪽은 현실적 이미지"이다(Deleuze, 2004, 451). 잠재적 이미지는 앞서 말한 비율적 관계들의 변화양상을 드러내는 역동적 활력 또는 에너지이며, 현실적 이미지란 이 변화양상에 의존하여 표현되는 '값'에 해당되는 '특이점'이다(Deleuze, 2004, 452 참조). 여기에는 항상 '비대칭성'이 작동한다. 잠재적인 것에서 현실적인 것으로의 분화과정은 하나의 물질적 개체라는 '해'를 얻는 과정이며, 잠재성은 언제나 현실성보다 무한하게 풍부하기 때문이다.

위에서 언급한 것과 같은 들뢰즈의 철학을 '잠재성의 철학'이라고 부른다. 이것은 철학사에서 새로운 존재론의 출현을 알리는 말이기도 하다.**73** 이 존재론에는 이전의 철학적 성과는 물론 현대 과학과 수학의 성과들이 집약된 개념들이 배치된다. 마누엘 데란다의 신유물론은 여기서 등장한다. 그에게 위에서 말한 '개체-극-미/분화'의 과정은 지금까지 철학과 과학에서 등장했던 본질주의, 즉 범주, 그리고 법칙우선성을 파괴하는 힘을 가진다. 즉 여기에는 어떤 우발적 도약과 범주를 벗어나는 모호함, 본질을 특정할 수 없는 특이성이 모든 것에 앞선다는 것이다.

그런데 여기서 잠재성은 "초시간적 본질들을 위한 새로운 이름label이 되어서는 곤란"하다.**74** 데란다에 따르면 들뢰즈는 본질주의적 실재론자가 결코 아니며, 초월적 실재론자는 더더욱 아니다. 그럼에도 시간 속에서 지속되는 사물/사태들의 동일성 또는 정체성을 보증해주는 무언가가 있다면 일종의 '역동적인 과정'(dynamical process)이라고 할 수 있다. 이 '과정'이야말로 물질적, 또는 같은 말이지만 '에너지적'이다. 그렇다면이 물질적, 에너지적 과정에서 관건은 무엇인가? 바로 "온도, 압력, 속도, 화학적 농도에서의 차이들 같은 **강도적 차이들**"이다(DeLanda, 2009, 8). 따라서 이 강도적 차이들이 들뢰즈적 의미에서 물질을 형성한다.

이러한 특이한 물질은 개체화 과정에서 표현되는 세 가지 요소들 중 하나다. 세 가지 요소란 "강도 혹은 역능의 정도인 특이적 본질essence; 언제나 무한히 많은 외연적 부분들로 합성되는 특수한 **실존**existence; 개체적 형식form, 다시 말해 (한편으로는 양태의 본질에 영원히 대응하는 것이지만, 다른 한편으로는 무한히 많은 부분들이 그 본질에 일시적으로 관계되는 장소이기도 한) 특징적 혹은 표현적 관계"를 말한다.**75** 여기서 '실존'이라는 요소가 사라지면 그 표현적 관계인 형식도 현행화의 가능성이 사라진다. 하지만 "신체의 실존 또는 외연을 상실하고서도 '존속하는' 것은 바로 강도들"이다(Deleuze, 1999, 467).

주의해야 할 것은 이 강도들의 과정으로서의 물질이 결코 "일자의 동일성이나 전체의 통일성"이 아니라 "강렬한 복수성과 형태변이의 능력"에 기여한다는 점이다(Deleuze, 1999, 467). 즉 앞서 말한 그 동일성과 전체성의 보증이라는 물질의 기능은 다만 변화 자체의 동일성, 즉 차이나는 것들의 소통 즉 감응의 동일성일 뿐이다. 이 차이나는 것들이 출현할 때 그것들을 연결하는 어떤 전조, 섬광, 불꽃이 이 강도적 물질이다. 그러고서 이 물질은 소멸한다. "강도로서의 차이는 연장 안에서 밖-주름운동을 펼치면서 소멸"된다(Deleuze, 2004, 489). 하지만 이 강도적 물질은 잠재성의 차원에서 여전히 **존속한다.** "차이는 자신의 주름을 바깥으로 펼칠 때조차 끊임없이 그 자체 안에서 존재하고 그 자체 안으로 함축되기 때문이다"(Deleuze, 2004, 489). 이 함축된 존재, 이것은 들뢰즈에게 바로 '다양체'(mutiplicité)이다. 요컨대 물질은 다양체이며, 이것은 수학적이기도 하고 생물학적이기도 하며 당연히 물리학적이기도 하다.

이 부분이 중요하다. 잠재적인 양상으로서의 n차원 또는 무한한 차원의 다양체는 실재 과정과 매우 깊은 연관을 가진다. 위상공간에 놓인 수학적 다양체와 상태공간의 물리적 다양체는 특이성이 형성하는 끌개(attracter)에 의해 연결되는 것으로 보인다.**76** 이 특이성의 끌개가 형성하는 '최종 상태'는 안정된 물리적 실재이다(그렇다 하더라도 이 끌개가 현행화를 완수하는 것은 아니다. 즉 이 실재는 여전히 개체'화' 과정 안에 있다). 즉 **"하나의 위상학적 형식**(한 수학적 다양체에서의 단일한 한 점)이, 각각 상이한 기하학적 성질들을 가진 구들이나 입방체들을 포함해, 상이한 물리적 형식들을 낳는 하나의 과정을 이끈다"(DeLanda, 2009 40). 마찬가지로 생물학적인 배아 상태는 분화과정을 통해 생장하면서 유기체로 전개된다. 우리는 이 생물학적 '분화'과정이 수학적으로 규정될 수 있다는 것을 알고 있다(수리 생물학). 이것은 '개체화'에서 작동하는 물리-생물학적, 그리고 수학적 과정이며, 따라서 어떤 물질적 개체가 창발하는 이 모든 과정들은 저 도상적 문자인 '개체-극-미/분화'로 다시 수렴된다.[77]

따라서 이 도상에서 표현되는 '개체화'는 바로 '물질'의 능동적 특성을 드러내는 것이며, 고대 유물론에서부터 근대 유물론에 이르기까지 견지되었던 '물질-수동성 대 인간-능동성'이라는 이분법과 분할을 넘어선다.

(3) 횡단성

들뢰즈-과타리의 '횡단성'(transversality)은 앞선 논의들에서도 얼핏 도입되었거니와 신유물론과 관련하여 매우 중요하다. 들뢰즈의 철학에서 이 개념은 『프루스트와 기호들』의 2판에서 등장한다.[78]

> 『찾기』의 두 방향인 메제글리즈 쪽과 게르망트 쪽은 (⋯) 서로 상관없이 나란히 놓여 있다. (⋯) 되찾은 시간의 최종적 계시조차도 두 방향을 합쳐 버리거나 한 곳으로 수렴시키지는 않는다. 오히려 서로 소통되지 않는 '횡단선들'(transversales) 자체를 증가시킨다(『되찾은 시간』, III, 1029). [79]

여기서 들뢰즈는 메제글리즈와 게르망트라는 공간적 방향성을 "소통되지 않는 횡단선들"의 누증으로 규정하는 것으로 보인다. 다시 말해 '횡단성'이란 수렴되지 않고, 소통되지 않는 방향성을 가로지르는 불균형한 또다른 '선들'의 중첩을 의미한다. 이 선은 이질적인 **방향과 공간**

을 방행적으로(pedetically)[80] 연결접속시키는 운동적인(kinetic) 탈주선이다.

그런데 신유물론적 횡단성이라는 차원에서 보다 중요한 구절은 그 뒤에 나온다.

마찬가지로 사람들의 얼굴에는 '서로 전혀 통하지 않을 정반대의 두 길'처럼 불균형한 측면이 적어도 두 개는 있다. (…) 그러므로 두 개의 길이나 두 개의 방향이란 통계적 방향(directions statistiques)일 뿐이다. (…) 주인공이 키스하려고 알베르틴의 얼굴을 품 안에 끌어안았다고 생각할 때, 알베르틴의 얼굴은 주인공의 입술이 그녀의 뺨에까지 다가가는 동안 하나의 모습에서 다른 모습으로 건너뛴다. 그러면서 (…) '열 개의 알베르틴'이 보이게 된다. (…) 살아가고, 지각하고, 욕망하고 추억하며, 밤을 새우거나 잠을 자고, 죽고 자살하고 단번에 부활하는 [알베르틴의] 자아 (…) 다시 말해 '분산'(émiettement), '분열'(fractionnement)되는 알베르틴에 대응하여 자아들은 증식된다(une multiplication du moi)(Deleuze, 1964, 150-1: Deleuze, 2004, 189-91).

여기서 들뢰즈는 마르셀의 시점에서 알베르틴과의 키스라는 상황을 완연하게 '물질적으로' 분석한다. 마르셀이 키스하기 위해 알베르틴에게 다가가는 그 시공간적 운동 상황에서 알베르틴의 얼굴은 피부 위에서 조각나면서 확대된다. "하나의 모습에서 다른 모습으로 건너"뛰는 표면의 이동을 통해 마르셀은 '열 개의 알베르틴'을 횡단하면서 종합에 이르지만, 그 모습은 하나의 뭉그러진 형상, 다른 모든 피부와 구분불가능한 알베르틴의 피부가 된다("특유한 통일성과 전체성"l'unité et la totalité singulières; Deleuze, 1964, 202). 이 구분불가능의 지점에서 들뢰즈는 그것이 '일반적인 통일성'이 아니라 '분산'이며 '분열'이고, 이를 통해 자아가 증식한다는 것을 깨닫는 것이다. 이 '자아의 증식'은 횡단선들의 누증 외에 다른 것이 아니다.

일종의 물리적인 운동 분석(kinetic analysis)에 해당되는 프루스트의 분석 바로 다음에 들뢰즈는 "횡단적 곤충인 꿀벌"(le bourdon, l'insecte transversal)이라는 생물적인 대상의 예시를 든다(Deleuze, 1964, 202). 꿀벌이 꽃들의 수정을 도와주면서 격리된 성 사이를 돌아다니듯이 횡단성이란 이렇게 서로 다른 세계를 연접시킨다. 이 세계는 문학이 가지고 있는 구조이자 언어적 규약이다. 이렇게 해서 이 개념은 문학기계의 생산성과 관련하여 사용되는데, 이때 '횡단적 차원'이란 거기 적합한 일련의 소통을 함축한다. 이 차원은 초월적이고 변증법적인 플라톤적인 '상기' 모델을 벗어나는 현대적인 글쓰기 모델에 해당된다. 즉 '횡단성'이란 내재적으로 특이성을 산출하는 것으로 여겨진다.

신유물론은 들뢰즈-과타리의 이 '횡단성' 개념을 존재인식론적 맥락과 사회정치적 맥락 모두에서 수용한다. 이 개념은 이분법을 돌파하고자 하는 신유물론의 이론적 욕망에 맞닿아 있다. 그렇게 함으로써 사유의 '소수 전통'(들뢰즈)을 복권하고, 주류이자 왕립적 사유인 "플라톤주의, 기독교 그리고 근대적 규율로부터 해방되고자" 한다(Dolphijn/Tuin, 2012, 95). 이들 사유들은 모두 횡단적 활동과 사유에 위계와 중심(수직성)을 설정함으로써 삶/생명을 파국으로 몰아붙인다. 두 개의 대립항이라는 사유의 관습이자 존재에 잘못 투사된 욕망은 근본적으로 환원에 대한 욕망이다. 즉 이것은 이분법이 인간중심주의적 이원론의 포악한 적자라는 것을 알려준다.

데란다는 이러한 이원론이 언어성에서부터 비롯된다는 것을 강조한다. 그는 세계에 언어성(Linguisticality)이 부과되는 순간 범주적 사고가 작동하게 되고 그것은 곧 본질주의에 이르게 된다고 경고한다.[81] 사회구성주의의 맹점이 여기에 놓여 있다. 사회구성주의는 우리가 생각하는 일반 범주(예컨대, 남성과 여성)가 편향된 관념임을 폭로함으로써 본질주의를 예방하지만, 그 스스로 언어적 구성주의에 기대자마자 다시 본질주의로 회귀한다. 신유물론은 언어성을 결코 거부하지는 않는다. 하지만 그것이 어떤 대표성, 다시 말해 재현성(representationality)을 띠면 그때부터 신유물론은 그것을 거부한다(하지만 재현 자체를 부정하는 것은 아니다). 이러한 반재현주의는 실재론적 본질주의와 사회구성주의적 본질주의 둘 모두를 논파하는 힘이 된다. 데란다에게 이러한 반재현주의는 언어성을 '표현성'으로 대체하는데, 이것은 "언어나 상징으로 환원될 수 없"는 배치의 이론이 된다(DeLanda, 2019, 29).

들뢰즈와 과타리가 말하는 '표현성'은 의미가 탈영토화되는 것을 말하는데, 이는 정확히 데란다의 직관과 통한다. 두 사람에 따르면 사실상 언어는 본래적으로 재현으로써 영토화된 것은 아니었다. 하지만 글쓰기의 출현은 본래 음성적이고 물질적인 언어를 탈영토화하는 동시에 영토화했다. 매체의 발달이 여기서 결정적이라는 것이 드러난다. 라디오와 텔레비전, 그리고 인터넷의 발달은 선형적 역사 안에서 언어의 탈영토화와 영토화 모두를 작동시킨다. 들뢰즈는 이 영토화된 언어를 어떻게 재전유할 것인지에 대해 말하는데, 이때 중요한 계기가 되는 언어요소들이 부정사, 고유명사, 부정관사이다. 이것들은 모두 '사건'을 표현하는 언어 요소들이다("부정관사+고유명사+부정사 동사는 표현의 기본적인 연결을 구성한다").[82]

이에 따라 신유물론은 사회구성주의와 실재론적 본질주의를 그저 극복하고자 하거나 그것을 무화하고자 하는 것이 아니다. 중요한 것은 그것들을 구성하는 언어성, 즉 재현성을 부차화하는 것이다. 그리고 그 자리에 신유물론적인 '운동'과 '표현'의 요소를 수혈해야 한다. 그렇게 했을 때 사회구성주의는 끊임없이 변용되는 섹슈얼리티와 문화적 요항들을 마주하게 되고, 실재론적 본질주의는 비로소 해체되고 변모할 것이다.[83]

따라서 신유물론적 맥락에서 횡단성은 비범주적이고 비결정적인 의미를 담고 있다. 예컨대 이것은 어떤 학제적 구분을 가로지르는 간-학제성을 의미하기도 하고, 아카데미와 비아카데미의 구분을 중첩시킴으로써 구분불가능성의 생성지대로 만드는 실천을 의미하기도 하는 것이다. 이와 같은 시도는 페미니즘에도 마찬가지로 적용된다. 해러웨이는 다음과 같이 말한다.

젠더 범주, 젠더 연구 범주는 결코 홀로 있지 않아요. 젠더는 언제나 그것을 반대로 밀어붙이는 많은 다른 범주들의 부분으로 복잡하게 존재하지요. 그 모든 이슈들은 페미니즘 이론가들을 모든 종류의 것들에 대해 쓰도록 이끌어갑니다. 처음에는 페미니즘 안의 주제처럼 보이지 않아 황당했다 해도 이제는 아닙니다. 페미니즘 이론의 감수성은 그러한 다른 주제들로 이끌려 들어갑니다. 그리고 그런 다른 주제들은 입장짓기(positioning), 젠더 지속성, 섹슈얼리티, 종적 존재와 관련된 사물/사태의 심장부로 밝혀지지요(Haraway; Schneider, 2005[84], 131-32).

때문에 해러웨이의 사유는 결코 어떤 한 분야나 분과, 학제에 머물지 않고 거의 모든 것들에 대해 말한다. 그래서 그녀의 책은 하나의 논조나, 그것으로 수렴되는 논리적 일관성을 요구하기보다, 여러 층위의 배치와 충돌을 고스란히 드러내는 쪽으로 쓰이는 것이다. 이것은 학문적 담론으로서의 이론보다, 일종의 구술적 측면까지 포괄하는 "구체적인 세계(상)화[85]하는 예시들"(concrete worldly examples)로 이루어진다 (Haraway; Goodeve, 2000[86], 108).

이렇게 봤을 때 이론과 실천, 학제 간에 그리는 횡단선과 같이, 이전의 평평하고 평행한 선들에 그리는 긴 대각선, 또는 클리나멘의 선, 양식화된 물질들의 응고를 관통하는 우발성이 바로 횡단성이다. 따라서 과타리가 수직성과 수평성 모두를 건너가고자 할 때 말한 선은 따라서 어떤 '사선', '편위', 클리나멘이다. 과타리에서 해러웨이까지 살펴보면서, 우리가 간파할 수 있는 것은 이 횡단성이 바라드가 말한 그 '존재인식론'(ontoepistemology)[87]의 개념이라는 점이다. 해러웨이의 그 세계(상)화하는 예시들은 바로 존재론적 측면의 변형을 가져오는 것으로서, 이론과 실천 간의 간극을 횡단하며, 과타리의 임상적 실천들도 그러하다. 결정적으로 횡단성은 이 모든 이분법적 구별들을 가로지름으로써 생겨날 수 있는 또다른 이분법적 응결조차 피해가고자 하는 것이다. 그렇다면 횡단성은 언제나 횡단선 자체를 가로질러가야 한다. 그것은 언제나 자기 자신보다 더 빨리, 먼저, 도래해야 한다. 여기에 횡단성의 우월함이 있다. 달리 말하면 이것은 이분법의 '자기포획성'을 회피하는 것이기도 하다.

결론적으로 횡단성은 이분법을 비껴가면서 그것을 (파괴하는 것이 아니라) **무력**하게 만든다. 다시 말해 이분법을 죽이지 않고, 그것을 표면에서 확장시키면서 이분법을 **n분하되, 거기서 이분법을 빼는 것**이다(n-1). 이분법을 극단으로 밀어붙인다는 것은 이와 같이 이분법 자신의 결정론적인 범주적 권력을 매번 빼서 더 멀리 던져두고, 그 빈 자리에 늘 미분적 차이를 새겨 넣는 과정을 의미한다(이것은 'n/n-1'과 같이 쓸 수 있다). 이것은 들뢰즈의 용어법에 따르면 '미분화하는 차이생성' 외에 다른 것이 아니다. 이때 n분과 n-1은 선후관계가 아니라 갈마들고 뒤얽히는 관계다. 즉 수행적인 것이다. n분이 계속해서 이루어지기 위해서는 n-1이 요구되고, 그 역도 타당하다. 횡단성은 이렇게 함으로써 어떤 것을 '죽이거나' 소멸시킨다기보다, 그것의 역능을 자기화하면서, 거기서 새로운 것을 생성시킨다. 그러므로 신유물론과 관련하여 이 개념은 그 실천적 역량을 확장하기 위한 조건을 교육하고, 정치적으로 고무하는 기능을 하게 된다.[88]

따라서 신유물론은 '**횡단-유물론**'(transversal-materialism)이다. 첫째로 신유물론은 학제들 간의 횡단이다. 그것은 페미니즘과 과학, 기술, 미디어, 문화연구들을 가로지른다. 둘째, 신유물론은 아카데믹한 주류 인식론을 존재론과 횡단시킴으로써 새로운 소수전통을 복원한다(존재인식론). 주류 학계의 권위를 탈영토화함으로써 신유물론은 초월론과 이원론 둘 모두를 탈구시킨다. 셋째, 신유물론은 과타리의 횡단성이 함축하고 있는 미시정치적 방법론을 수용한다. 이것은 '비판'이라는 방법보다

더 근원적인 것으로서, 계보학적인 지식에 근거하는 실천철학이다.[89]

3. '물질적 전회'

이제 서론에서 말한 '물질적 전회'의 모습이 무엇인지, 그것이 들뢰즈-과타리와 어떤 관련성이 있는지를 종합적으로 논할 때가 되었다. 대체 들뢰즈는 신유물론의 '물질' 개념에 어떤 기여를 한 것인가? 또는 신유물론은 들뢰즈로부터 어떤 '물질' 개념의 요소들을 도입한 것인가? 그것이 '전회'라는 사상사적 의미를 가진다면 왜 그런가?

우선 신유물론은 '물질'을 고대로부터 근대에 이르기까지 무비판적으로 통용된 수동성으로 정의하지 않는다. 이와 반대로 물질은 자기-조직화와 형태발생적 힘을 가진 능동적 '주체'이다. 여기서 들뢰즈는 '강도'(intensity)와 '잠재성'(virtuality)이라는 개념으로 기여한다. 물질이 '강도적'이라는 것은 개체화하는 흐름이라는 것이다. 유기적이든 무기적이든 간에, 세포든 입자든 간에 거기에는 이러한 흐름으로서의 강도적 생성의 과정이 물질의 핵심에 자리잡게 된다. 이 강도적 과정, 흐름은 물질의 잠재적 차원을 개방함으로써, 개체화를 개시하는 형태발생적 차원과 연결된다.

이를 이어 둘째로 형태발생적이며, 개체적인 과정은 들뢰즈가 '개체-극-미/분화' 개념을 통해 드러낸 것처럼 자연과 인위의 이분법을 구분 불가능하게 한다. 물질은 이 구분불가능성의 영역에 본질적으로 스스로를 놓는다. 이렇게 함으로써 인간중심주의를 해체하고, 포스트휴먼의 가능성을 선취하는 것이다. 그런데 이때 포스트휴먼의 '포스트'는 인간 '이후'의 어떤 단일한 형상으로 수렴되지 않는다. 그것은 단적으로 복수성이며 다양체이다. 달리 말해 포스트휴먼은 혼종성으로 발산하는 물질성 그 자체다. 이는 아리스토텔레스 이후 이어져온 존재론의 명제인 '존재인 한에서의 존재'(ens in quantum ens)로서의 그 단일성을 해체한다. 그러므로 '물질적 전회'란 다른 말로 '존재론적 전회'라고 할 수 있다. 이러한 전회를 의미하는 형이상학은 이제 포스트-메타퓌직스 (post-metaphysics), 들뢰즈의 용어로 '순수 형이상학'(métaphysique pur)이다.

셋째로 이러한 포스트-메타퓌직스는 그 자체의 특유한 통일성의 원리를 가지고 있는데, 그것이 바로 '횡단성'이다. 횡단성은 단순히 무언가 선재하는 항들을 건너뛰어 간다거나, 그 항들의 놀이라는 의미가 아니다. 그것은 규율적이고, 규칙적인 범주들이 부재한 '운동'이며, '관계항 없는 관계'90의 놀이, 'n/n-1'의 놀이다. 포스트-메타퓌직스는 방행적인 (pedetic) 운동의 탈주선으로 이루어지는 수행적이면서, 실천적인 과정으로서의 유물론이다. 여기서 '포스트'(post)란 라틴어 'postis'의 원뜻 그대로, '서 있는'(-stare) 곳으로부터 '밖으로'(por-) 나아가는 과정으로만 존재하는 어떤 **경계지대**를 의미한다. 이 경계지대는 늘 움직이면서 사물이나 사태의 배치를 바꾼다. 그러므로 포스트-메타퓌직스는 결코 범주적인 이분법의 그물에 걸리지 않으며, 그렇기 때문에 횡단적이다.

요컨대 '물질적 전회'란 '포스트-메타퓌직스'로의 전회이며, 이것이 '신유물론'이다.91 이런 의미에서 "유물론은 언제나 '신'유물론"이다.92 왜냐하면 유물론은 언제나 물질성에 대한 이해를 매 시기마다 경계지대로 끌고 가서 새롭게 하기 때문이다. 이런 의미에서 신유물론은 그 자신의 생성하는 학문적 담론 안에서 항구적이지만 이론 자체의 보편성이나 개념들의 영원성을 주장하지 않는다. 그것은 언제나 당대의 과학과 교전(encounter, engagement)하면서, 그로부터 나오는 개념을 통해 새로워지며 발전해나가는 것이다.

퓌직스(자연학)는 언제나 **제일철학**으로서의 형이상학, 또는 '순수 형이상학'과 함께 가며 그 역도 마찬가지다. 그러므로 이 둘은 늘 횡단적인 관계에 놓여 있다.93 우리는 자연(physis), 즉 물질에 대한 이해가 어떻게 되는가에 따라 형이상학이 창발해 가는 그 과정이 신유물론의 개념작업을 조형한다는 것을 알고 있다. 마찬가지로 이 신유물론의 개념들은 자연에 대한 총체적이고 유일한 이해를 가능하게 한다.

메이야수의 '베르그송'

메이야수의 '잠재성'(the virtual) 개념의 사용은 베르그송에 의해 도입된 20세기 프랑스 사상의 맥락에서 이해되어야만 한다. 이 개념은 현행성(the actual)과 잠세성(the potential) 둘 모두와도 구별되어야 한다. 우선적으로 '잠재적 실재'(virtual reality)라는 말에서처럼, 잠재성은 실재성과 대립하지 않지만, 현행성과 대립된다. 잠재성과 현행성은 논리적으로 그리고 필연적으로 대립한다. 반면에 이 둘은 필연적으로 연결되며 동시발생적으로 나타난다. 잠재성은 현행성만큼이나 실재적이고 우리에게 현행화의 가능성들이 속하는 섬광(glimps)을 가져다준다. 베르그송에 있어서 잠재성의 원형적인 사례는 기억이다. 이것은 실재적이지만 현행적이지 않은 것이며, '마치' 그것이 현행적인 양, 이미 우리를 감응시키는 것이기도 하다. 기억은 베르그송에 따르면 어떤 물질적인 능력, 즉 시간이 유동성을 전개하는 능력이다.

몇몇 경우에 베르그송에게 잠재성이란 현행성이 출현하는 잠세성의 저수지인 것처럼 이야기되고, 잠재성과 현행성이 과정과 생산에서 동의어라고 논증되지만, 그럼에도 불구하고 잠재성은 현행성에 선재하지 않는다. 마찬가지로 우리는 잠재성이 '진정한' 존재론의 목표라고도 믿지 않는다. 반면 현행성은 일단 그것의 제약성(conditionality)이 파악되면, 환영이나 다소간 그릇된 것으로 규정될 것이다. 잠재성은 관찰자가 생성의 힘과 가능성들을 통찰하도록 허용하는바, 현행성의 어떤 우발적 생산물이다. 메이야수에게 잠재성은, 『유한성 이후』의 초-카오스(hyper-chaos)라는 인식론적 무기처럼, 그리고 『신성한 비실존』의 도래(advent)와 같이, 이러한 인식을 위한 능력을 유지하도록 한다. 잠세성이 간-세계적 사태들(intra-worldly affairs)과 관련된 가능성들의 영역, 다시 말해 주어진 일련의 법칙들 아래에 놓인 가능성들의 영역을 정의하는 반면, 잠재성은 모든 법칙들이나 부분적 법칙들이 가능한 영역이다. 예컨대 어떤 행위들은 기존의 중력의 법칙에 따라 가능하지만, 메이야수는 존재하게 될 새로운 세계(World)에서 발생하는 새로운 법칙의 가능성을 내세운다. 메이야수가 「잠세성과 잠재성Potentiality and Virtuality」이라는 논문에서 제시한 하나의 예가 도움을 줄 것이다. 즉 주사위 굴리기는 6개의 간-세계적 가능성들을 우리에게 현시한다. 즉 표준적인 주사위에 속해 있는 주어진 6개의 면의 본성은 그 확률에 있어서 동등하지만, 주사위의 잠재적 본성은 무한하다. 주사위는 불 속으로 던져져 타버리거나, 충격으로 녹아버리거나, 또는 『두 도시 이야기』를 우리에게 들려줄 수도 있다. 이러한 결과들 중 어떤 것도 주사위의 수적인 면과 마찬가지의 가능성을 가지고 있으며, 모든 것이 실재성의 우발적 본성에 비추어 가능하다. 잠재성은 가능성의 지표다. 잠재성은 총체적인 우주적 근거붕괴(ungrounding)의 가능성, 시간 자체의 핵심에서 창조와 절멸의 힘과 잠세성이다.**94**

메이야수의 '칸트'

임마누엘 칸트는 메이야수가 상관주의(correlationism)라고 부르는 것의 발명자가 아니지만, 상관주의에 있어서 가장 중심적이고 중요한 인물이다. 왜냐하면 메이야수가 논하는 바에 따르면 "우리는 오직 사유와 존재 간의 상관성에 접근할 수 있을 따름이며, 결코 다른 것과 떨어트려 고려될 수 없다"(AF, 5)라고 최종적으로 선언한 것은 칸트의 『순수이성비판』(1781)이기 때문이다. 또는 칸트 자신의 말에서, "내용 없는 사유는 공허하며, 개념 없는 직관은 맹목이다"라고 했다.

칸트는 당대의 위대한 철학적 난국을 타개하려고 했다. 그것은 한편으로 라이프니츠로부터 비롯된 합리주의 철학과 다른 한편으로 데이비드 흄의 회의주의, 경험주의적 사유 간의 대립이었다. 또한 한편으로 거기에는 세계란 이성 단독으로 이해될 수 있다는 교조적 주장이 있었고, 다른 한편으로는 우리가 감각에 의해 우리에게 제공되는 제한된 자료들 너머의 어떤 것을 알 수 있다는 것에 대한 의심이 있었다. 칸트는 사유 단독으로 또는 직관만으로 인식을 충족시킬 수 없다는 주장을 함으로써 난국을 헤쳐나갔다. 나아가 칸트는 그 두 가지가 언제나 함께해야만 한다고 말한다. 그는 이성적 필연성과 실존적 우발성 간의 어떤 타협, 또는 맹약을 제안한 것이다.

칸트에게 현상(경험의 사실들)은 우발적이며, 경험을 통해서 습득할 수 있을 뿐이다. 이런 한에서, 경험주의자들은 옳다. 그러나 이러한 경험의 사실들은 그럼에도 경험주의 자체로는 고려할 수 없는 것에 있어서는 합리적으로 그리고 교정적으로 채택되어야 한다. 예컨대 현상은 언제나 시간과 공간 안에 어떤 위치를 가지며, 그것들은 언제나 인과 법칙을 따른다. 흄이 지적한 바에 따르면, 우리는 결코 직접적으로 인과성을 그 자체로 경험하지 않는다. 그보다 공간적이고 시간적인 위치와 같이 인과성은 언제나 이미 우리가 진정 겪고 있는 경험이 무엇이든 간에 그것에 의해 전제되는 것이다. 칸트는 이러한 전제들이 물자체에 존재하지 않기 때문에, 그것들은 우리 자신의 정신의 활동에 의해 경험에 부과되어야만 한다. 이런 의미에서 라이프니츠의 합리주의 추종자들은 마찬가지로 부분적으로 옳다. 세계에는 우리가 경험하는 어떤 합리적 질서가 존재하는 것이다. 그러나 합리주의 철학자들이 세계 자체에 귀속시키는 질서는 사실상 오직 **우리가 그것을 경험하는** 바로서의 세계에 적용될 뿐이다. 우리의 경험과 동떨어져 있는 물자체는 근원적으로 알려질 수 없다. 우리는 그것들이 존재하지만, 우리는 그것에 대해 특정한 어떤 것을 말할 수 없다. 메이야수가 논하는 바에 따르면, 칸트 이후 필연성은 결코 절대적이지 않고, 오로지 우리에게만 해당될 뿐이다.

따라서 칸트의 위대한 타협의 결과는 이중적이다. 우리는 그것들이 우리를 위해 존재하기 때문에 현상이나 사물에 대한 합리적 확실성을 가질 수 있다. 하지만 이러한 확실성의 대가는 그 물자체에 또는 우리로부터 독립적으로 존재하는 사물들에 어떤 식으로든 접근할 수 없다는 것이다. 메이야수가 말하길, 칸트적 사상가가 세계 자체에 대한 어떤 진술을 들을 때면 언제나, 그는 어떤 간단한 추가조항 같은 것을 부가할 것이다. 이것은 아마도 오직 그 자신에게 그러나 그가 원하는 바에 따라 그렇게 한다. 이 조항은 언제나 동일한데, 그는 진술의 말미에 분리하여 덧붙인다. 즉 사건 Y는 인간의 출현 수년 전에 x를 발생시켰다, 인간을 위해. 이 추가사항으로부터 탈출할 길은 없을 것이다. 칸트 이후 우리는 영원히 상관주의적 순환의 덫에 붙잡힌 것이다.

칸트는 철학에서의 코페르니쿠스적 혁명으로 스스로의 사유를 묘사한다. 이것은 우주에 관한 우리의 바로 그 이해를 재조직한다는 의미이다. 하지만 메이야수는 칸트의 비판철학이 오히려 프톨레마이우스적인 반-혁명이라고 주장한다. 마치 지구를 중심으로 우주가 돌아가는 것처럼 인간 정신 주위를 우주가 돌아가게 만들었기 때문이다. 칸트는 물리과학의 객체성과 합리성을 그와 같은 과학이 제공할 법한 그 모든 '비-상관주의적 지식'을 폐기함으로써만 보증한 것이다. 따라서 메이야수는 칸트적인 비판을 사유의 어떤 "파국"으로 바라보면서, 그것이 형이상학의 모든 다양성에 따르는 모든 종류의 절대성을 기각하는 것에 놓인다고 본다. 그럼에도 메이야수는 우리가 단순히 칸트를 간과하거나 무시할 수 있다고 생각하지는 않는다. 마치 칸트적 혁명 이전 철학이 그랬던 것처럼, 단순하게 교조적인 입장으로 퇴행하는 것은 가능하지 않은 것이다. 칸트는 사실상 최종적으로 모든 논증의 실패가 개별실체의 절대적인 필연성을 수립하려는 시도라고 내세웠다. 이것이 바로 메이야수가 그의 새로운 종류의 절대적 지식을 발견하려는 탐구작업에서 우리가 오로지 그것을 계속해나감으로써, 그리고 그 시도를 최후의 결론에까지 밀어붙임으로써 상관주의적 순환을 탈출할 수 있다고 주장하는 이유이다. 그러한 과정을 통해서만 메이야수는 비-교조적인 사변, 즉 사실로 존재함에 틀림없는 모든 것의 필연성, 따라서 모든 것이 우발적이라는 것이 부합하는 유일한 절대적 필연성을 세울 수 있다고 본다. 메이야수는 칸트의 상관주의 논증 또는 그것이 수립하는 상관주의적 순환을 반박하지 않으며, 오히려 그 논증이 그 자체로 필연적으로 우발

적이라고 주장한다.**95**

배치(Agencement; Assemblage)

1960년대 중반에 이르기까지 과타리는 정치적 전위들과 심리치료 시설에 적용하기 위해 집단적 환상이라는 개념을 발전시켰다. 하지만 그는 '집단'(group)의 사회-심리학적 구축이 너무 실증적이며, 개인 중심적이고, 그 이해가 과도하게 언표들에 의존적이며, 역사와 연결되어 투쟁하는 상상력과 욕망에 무지하다는 사실을 발견했다. 그러나 1970년대 후반에 그는 보다 추상적인 '배치'(가끔 'arrangement'로 번역되기도 함)라는 개념을 내세우고, 집단이라는 개념을 포기했다. 이는 비인간(non-human) 즉 집합적 혼합체에 속하는 기계적 요소를 부가하기 위해, 집단과 개체들 간의 차이를 혼동하는 것을 피하려는 것이었다. 어떤 고도로 기술적인 묘사는 '기계적 무의식'이라는 개념 안에서 전개되는데, 이 개념은 상이한 종류의 공속성들(consistencies)과 핵들(nuclei)에 기반하는 것으로서, 『천의 고원』에서 여러 맥락에 등장하며, 이때 영토성에 관한 집중적 논의에서, 그리고 그것을 개방하는 '선'들에 대해 논의하면서 나타난다. 여기에는 기호론적이며 지리학적인 요소가 있는데, 이것은 두 가지 특성을 공유한다. 하나는 기계적 성격이며, 다른 하나는 언표적 역능이다. 『카오스모제』가 출간된 이래, 이 개념은 무한속도의 카오스적 층위를 포함하는 것이 되며, 이는 잠재적이고 현행적인 기능들 사이의 관계들을 재도입하는 네 가지 존재론적 틀거리들에 관한 분석에 속한다. 두 가지 기능들의 절합은 더 오랫동안 강조되고 있다. 그것은 표현과 내용이다. 이 항목이 과타리의 연구로부터 도출된 정의들, 즉 들뢰즈와 더불어 과타리가 연구한 것으로부터 유래하는 정의들과 들뢰즈 자신이 푸코에 관한 연구에서 사용한 그 자신의 것 사이를 나눈다는 점에 주목하라.

과타리의 집단적 환영과 욕망에 관한 설명에서, 이질적(혼합된) 요소들의 집합은, 그것으로부터 주체화가 창조되며, 언표행위(enuniation)의 기호론적이고 기계적인 과정의 다양성에 포함된다. 언표행위적 요소들은 집합적인 것이지, 인간적인 것도 아니고 몰적인 본질도 아니다.

발생적이고 변형적인 정신분석을 위한 상호작용하는 실증적 장들은 공속하는 몰, 분자 그리고 추상적인 것들이 상호작용하는 어떤 핵 또는 핵들을 전개하며, 이 공속요소들은 상이한 기호론적 요소들과 언표행위적 초점들과 함께 강하게 그리고 약하게 상호작용한다. 그러는 동안 기계적 '잠재력'은 여전히 보존된다.

들뢰즈와 과타리의 연구에서, 이 개념은 고원(mileu, 장소)에 외적인 어떤 기능을 위한 고원의 배열(arrangement)이나 특성을 말한다. 애초에 이것은 영토의 기능(또는 궁극적으로 어떤 탈영토화된 코스모스의 기능)을 말하는 것이었다.

들뢰즈와 과타리의 카프카 독해와 그들의 욕망의 탈주선에 대한 설명에서, 추상기계에 의한 탈영토화의 적절한 대상, 이것은 그것의 탈영토화를 수행하기 위한 역능이나 힘 외에 어떤 실재성도 지니지 않는다(추상적으로 존재하는 것).

기호에 관한 들뢰즈와 과타리의 이론에서, 배치는 어떤 수평축 위에서 신체적 복합물들과 내용과 표현의 비신체적 형식들을 동시에 생산하는 것이다. 이러한 생산은 신체들의 배열, 집합적 언표행위들, 그리

고/또는 고원들에 따른다. 또한 수직축 위에서 이것은 거의 (탈)영토화
될 것이다. 이때 이것은 생물학적, 사회적, 역사적 또는 정치적 환경에
따른다.

들뢰즈와 과타리의 철학에 관한 설명에서, 이 개념('배치')은 공속면
을 (구체적인 배치물들 안에서) 변형을 통해 지배(또는 영토화)한다. 개념들
은 구체적인 배치물들이다. 이것은 기계의 형상화와 같은 것이지만, 평
면은 이러한 배치물이 부분으로 활동하는 추상기계이다.**96**

본사실성(factualité)

본사실성의 원리(principe de factualité)는 상관적인 것의 현사실성
(facticity)을 절대화하는 마지막 단계를 표시한다. 이것은 필연성 또는
현사실성의 비-현사실성이다. 이것은 또한 비이성의 원리(the principle
of unreason)로 지칭되기도 한다. 메이야수가 사용하는 현사실성에 관
한 전형적인 정의는 하이데거의 저작에서 발견된다. 우리는 현사실성
을 거칠게나마, 무언가의 실존의 우발적 사실로 이해한다. 그것은 그 유
한성과 관련해서 기술될 수 있을 뿐이며, 사례나 필연적인 것이 되어
야 하는 어떤 것으로 연역되지 않는다. 메이야수는 상관자의 우발적 실
존에 관한 현사실성에 가장 관심이 많다. 즉 그 실존은 다른 방식으로
도 될 수 있다는 것이다. 나아가 그는 특별히 반-절대주의적 태도로서
그것의 현사실성을 중시하는데, 이는 상관적인 것을 위한 우발적 가능
성들에 국한할 뿐이다. 즉 만약 현사실성이 오로지 '나의 것'이나 '나
를 위한 것'이라면, 거기에 어떤 절대적인 것도 존재할 수 없다는 것이
다. 따라서 『유한성 이후』의 3장에 나오는 중추적 논증은 강한 상관주

의 입장의 모순적 본성을 수립하여 드러내고, 그것의 현사실성을, 절대적 관념론으로부터 결정적으로 구분하면서, 사변적 유물론을 위한 절대적인 것으로 전환한다. 사변적 유물론의 테제는, 절대적 관념론이 '현사실성의 그물'을 통과해갈 수 없는 한에서 관념론의 위험을 무릅쓰며 그것을 기꺼워한다. 관념론의 절대주의는 존재와 사유 자체의 상관성이 절대적이며 필연적이라고 주장한다. 관념론이 오직 상관주의적 순환의 필연성을 절대화하면서, 자체적인 것(in-iteslf)이 필연적으로 주체적 특성들에 의해 구성됨을 도출하는 와중에, 본사실성은 상관적인 것의 '절대적 타자'의 현사실성을 절대화하려고 탐색하면서, 우발적인 절대적 타자가 스스로 연역될 수 있다는 것을 이끌어낸다. 나는 어떤 절대적 가능성, 즉 무언가가 사유의 바깥에서 발생할 수 있다는 것, 그리고 상관적인 것의 구성적 사유에 속하는 '다른-존재'가 절대적으로 가능하다는 것을 연역할 수 있다. 바꿔 말하자면, 만약 강한 상관주의의 현사실성이 그것의 유한성에 뿌리박고 있어야 한다고 믿어진다면, 즉 자체적인 것을 사유하는 데 실패한다면, 메이야수는 강한 상관주의의 기능을 절대적으로 자체적인 것의 하나의 특성으로 변형하는 것이다. 이것은 강한 상관주의가 사유불가능한 것이 야기할 수 있는 우발적인 것의 절대성을 암묵적으로 허용하기 때문이며, 비록 상관주의적 입장이 아니라 해도, 어떤 절대적인 것이 존재한다는 것, 이것이 결코 필연적이지 않다는 것을 이끌어내기 때문이다. 상관성의 현사실성은 이 한계 안에서 어떤 절대적인 것을 전제한다. 그러므로 상관성은 절대적으로 우발적일 뿐 아니라, 이성적인 사유가 그것을 향해 더 멀리까지 나아갈 수 있는 것이다. 그리고 실재는 그 자체가 절대적으로 우발적인 것으로 알려진다. 본사실성의 원리는 따라서 절대적으로 존재하는 모든 것으로부터 필연성을 구출해내며, [그 결과] 역설적으로 오직 우발적인 것만이 절대적으로 필연적이다. 사변적 유물론을 관념론으로부터 분리하면서, 메이야수는 그가 어떤 전반적으로 새로운 절대성, 즉 현사실성의 의심스러운 유한성을 물리치고, 동시에 그것의 맹점을 사물/사태 그 자체의 어떤 절대적 지식으로 변형하는 그러한 절대성을 도입했다고 믿는다. 그의 전략은 그러므로 상관주의자, 즉 그의 입장이 절대적 우발성을 감추고 있는 상관주의자를 설득하는 사변적 유물론자의 능력에 전적으로 달려 있다. 다시 말해 상관주의적인 것이 무제한적으로 존재해야 할 이유가 없다는 것이다. 따라서 사변적 유물론자는 관념론자(상관성을 절대화하는 자), 교조적 형이상학자와 소박 실재론자(실재 자체에 현사실성을 위한 숨겨진 이유가 존재함에 틀림없다고 생각하는 자) 그리고 상관주의자(오직 현사실성을 탈-절대화할 수 있기만 한 자, 즉 그것을 우리에게 상정하고, 본질적인 것[자체적인 것](in-itself)은 제기하지 않는 자)이다. 만약 강한 상관주의자가 이에 대해 회의적으로 남아 있다면, 그리고 본사실성을 탈-절대화하려고 한다면, 그는 오직 그 본사실성을 재-도입함으로써만 그렇게 할 수 있을 뿐이다. 즉 그는 모든 것의 절대적 가능성을 긍정함으로써, 그러므로 암묵적으로 절대성을 전제함으로써만 그렇게 할 수 있다.[97]

주름(fold), 주름작용(folding)

톰 콘리(Tom Conley)는 『질 들뢰즈의 핵심 개념*Gilles Deleuze Key Concepts*』[98]의 한 항목을 쓰면서 다음과 같이 위 개념을 설명한다. 그 내용을 요약하면 다음과 같다.

주름과 주름작용은 들뢰즈의 방대하고 다양한 저작들 가운데 가장 생생하고 반향이 큰 개념으로 간주된다. 평범한 단음절어 '주름'(pli)은 직물의 엮임과 생명의 시원 둘 모두를 가리키며, '존재'에 관한 질문과 '사건'의 본성에 대한 많은 철학자들의 성찰들이 남긴 조명과 밀도를 함축하고 있다. 1968년 5월의 '사건들'과 같이 1988년의 『주름-라이프니츠와 바로크』의 출판은 그 자체로 하나의 사건이 되었고, 그 이후 그 저서는 라이프니츠에 대한 일반적인 참조목록에 속하게 되었다. 그 책의 배경이 되는 의도는 뒷페이지의 간결한 미주에 언급되어 있는데, 그 것은 반종교개혁으로부터 신바로크에 이르는 바로크 시대에 거의 무한한 개념적 힘을 함축한 어떤 형상 그리고 형태로 주름이라는 개념이 취해졌음을 보여주는 것이었다. 라이프니츠의 모나드(단자) 철학은 '바로크'라는 표지를 붙일 수 있는데, 왜냐하면 그의 단편들의 세계에서는 '모든 것이 접히고, 펼쳐지고, 되접히기' 때문이다. 영혼은 하나의 모나드로 파악되는데, 이것은 문도 창문도 없는 어떤 방 안의 유폐된 공간과 같은 것이다. 이것은 캄캄한 배경으로부터 도드라진 그것의 '명석한 지각들'로 그려진다. 들뢰즈는 영혼에 관한 데카르트적 개념에 대한 이 독일 철학자의 응답이 바로크 교회의 내부와 유비적으로 이해될 수 있다는 점에 주목했다. 이 교회의 내벽들은 검은색 대리석 평판으로 세워졌다. '빛은 관람자 내부의 지각불가능한 열림을 통해서만 도달한다.'

따라서 '영혼이란 어둡고 모호한 주름들로 충만하다.' 들뢰즈가 교회에서 발견한 영혼을 응용하면, 주름은 말라르메, 프루스트와 불레즈에서 한타이에 이르기까지 현대에 근접한 예술가들을 포함해서, 시, 문학, 회화 그리고 음악에 이르기까지 신바로크 세계에 거주하고 있다. 더 나아가 신체와 영혼에 관한 영원한 질문, 즉 플라톤에서부터 알프레드 노스 화이트헤드에 이르기까지의 철학의 중심 주제는 주름과 그것의 지속적인 주름화 과정에서 가장 효과적이고 상세한 형상을 가진다.

이 가설은 과감할 뿐만 아니라 철학과 미학 학생들에게 단번에 거부될 만한 것이기도 하다. 그것은 존재론과 인식론의 기초에 존재해왔던 신체와 영혼 간의 데카르트적 균열에 대해 재사유할 것을 요구하는 것이다. 들뢰즈의 선택은 라이프니츠의 평생에 걸친 비판적 평가에 관한 기획을 부수적인 것으로도 유일한 것으로도 보지 않는 것이다. 주름은 어떤 개인적인 스타일과 특유한 언어에 속하는 것이다. 다시 말해 그것은 들뢰즈의 저작들에서 상이한 경로들을 따라 발전해간다. 그것은 경험론과 주체성에 관한 그의 초기 저작에서부터 『철학이란 무엇인가?』(1991)와 그의 문학에 관한 마지막 논문집인 『비평과 진단』(1993)에 걸쳐 있다. 이 개념은 심지어 그가 죽기 2년 전까지도 그의 저작에 나타난다. 나의 이 짧은 글의 목적은 주름과 주름작용이라는 개념이 그의 저작 어디에서 어떻게 출현하는지, 그리고 라이프니츠에 관한 그의 연구와 일반적인 미학 연구 둘의 관계에 관해 평가하기 위한 것이다. 주름이란 개념이 철학에서 어떤 중차대하고 지도적인 역할을 하며, 여기서 시인은 철학자의 이중체라는 것이 발견된다는 점을 성찰할 수 있게 된다.

주름에 관한 가장 간결하고 유명한 정식은, 들뢰즈가 푸코의 성의 역사에 관한 세 권의 연구서를 음미한 『푸코』 마지막 장인 '주름작용 또는 사유의 안쪽(주체화)'에서 발견된다. 들뢰즈에 따르면 푸코는 섹슈얼리티를 주체성(subjectivity)과 주체화(subjectivation)의 반영으로 간주한다. 들뢰즈는 그러한 관점을 주체성의 어떤 매트릭스 안에 섹슈얼리티를 포괄함으로써 확장한다. 모든 인간은 결국 세계 내에서 삶의 지속적인 과정에 대해 사유한다. 그리고 지각과 감응과 인지의 항구적인 주고받음을 통해 의식과 행위주체를 소집함으로써 사유한다. 주체성은 신체의 바깥과 안에서, 의식적으로 그리고 무의식적으로 지각된 사물/사태들의 계속되는 교섭작용이 된다. 들뢰즈는 원칙적으로 푸코의 『성의 역사』 1(1978)과 『성의 역사: 쾌락의 활용』(1985)으로부터 '다이어그램'을 구성하는데, 이는 초기 저작들의 기초가 되며, 그것은 어떤 분류학 그리고 어떤 투사(project)의 역사에 관한 것이다. 『지식의 고고학』(1972)에서 푸코는 '자기'(self)와 '나'(I)가 언제나 상호 간에 '겹치기'(이중화)되는 방식으로 정의된다고 주장했다. 이때 겹치기(이중화)는 단일한 혹은 명령하는 '타자' 또는 도플갱어가 아니다. 그것은 오히려 가능한 몇몇 힘들에 관한 것이다. '타자의 이중체로서 나의 삶을 살아가는 것이 바로 〈나〉이다.' 그리고 나는 나 자신 안에서 타자를 발견할 때, 그것은 '정확히 발생학적으로 다른 신체조직의 함입과 같은 것이거나, 옷의 안감의 작용과 같은 것이다. 즉 비틀고, 접어 올리고, 정지하는 것.' 푸코에게 역사는 '되기[생성]의 이중화(겹치기)'였다. 이에 따르면 푸코에게 지나간 것이나 문서고에 있는 것들 또한 지나간 것을 의미했다. 고속도로 위에서 마치 빠르게 달리는 차가 겹쳐 보이거나 '이중화되는' 것처럼 말이다.

마찬가지로 이것은 다이어그램 안으로 접히거나 반영되는 것이었다. 역사는 과거의 총합처럼 비쳤지만 그것은 형상화의 형태를 위해 배열할 수 있다. 이때 형상화는 민중들이 현재와 미래에서 살고 행동하는 방식을 결정할 것이다. 망각하거나 기억하거나, 역사는 형식적인 겹침들 또는 타자들 중의 하나로서 주체화의 과정에 생기를 부여한다.

여기에서 들뢰즈는 주름과 주름작용의 랩소디를 시작한다. 이중화작용(겹치기)이 어떤 내적인 것과 외부적인 표면─프랑스어로 'doublure'라고 할 수 있다─을 생산할 때, 한 조각의 옷감 안으로 한 번에 줄지어진 바늘땀, 영화제작 과정에서의 대역, 그리고 심지어 어떤 '복제'(이중체)를 의미하는 것이다. 이것은 마치 아르토가 그의 연극을 위해 글을 쓸 때, 존재와의 어떤 새로운 관계가 태어난다고 한 것과 같다. 안쪽에 있는 것과 바깥쪽에 있는 것─과거(기억)와 현재(주체성)─은 단일한 표면의 두 면이다. 그 혹은 그녀의 신체와 어떤 사람의 관계는 어떤 '문서고'이면서 '다이어그램'이 되는데, 이는 주체화와 과거에 기반해서 작성된 정신적 지도의 총체이며, 주위 세계의 요소들과 사건들로부터 이끌어 낸 것이다. 들뢰즈는 네 개의 주름이 '지옥의 네 강들처럼' 주체의 그 자신과의 관계를 촉발한다고 주장한다. 첫번째는 신체의 주름으로서, 물체적인 주름들 안에 접혀 있거나, 둘러싸여 있다. 두번째는 '힘 관계의 주름' 또는 사회적 갈등이다. 세번째는 '우리의 존재와 진실성의 관계를 구축하는 한에서 지식의 주름 또는 진실의 주름'이며, 그 역도 성립한다. 네번째는 '외부 자체, 궁극적인 것'의 주름, 삶과 죽음의 한계에 관한 주름이다. 이 주름들 각각은 아리스토텔레스적인 주체성의 원인들(질료인, 작용인, 형상인 그리고 목적인)을 지칭하며, 그 자신의 다양한 리듬들을 가진다. 들뢰즈는 우리가 우리 시대에 주체성이 어떻게 고도로 내면화되고 개별화되며, 고립되었는지에 대해 반성하기 전에 네 개의 주름들의 본성에 대해 탐구해야 할 필요가 있음을 상기시킨다. 주체성을 위한 투쟁은 차이, 변이 그리고 변신으로 접근하기 위한 권리를 획득하려는 전투이다.

인간 주체는 유일하게 주름의 조건하에(이 공식은 앞으로 드러날 텐데, 어떤 관건적인 것이다), 지식과 권력과 감응(정동)의 필터를 통과해서 이해될 수 있다. 푸코를 사로잡은 것으로 알려진 그 주름이라는 하나의 형상은 진술된 또는 말해진 사물/사태와 가시적인 또는 보여진 사물/사태 간에 주름을 만드는 어떤 것으로 보인다. '가시적인' 형식과 '담론적인' 형식 사이에 열린 구별은 하이데거와 메를로-퐁티가 이해한 지향성, 즉 현상학과 주체성의 동맹으로부터 멀리 떨어지기 위해 더 앞으로 나아간다. 말해진 사물/사태들은 어떤 기원적이거나 개별적인 주체를 지칭하지 않고, '언어적 존재' 그리고 '조명하는 존재'로서의 가시적인 것을 지칭하는 것이다. 이때 조명하는 존재는 형상들, 속성들, 전망들을 비추는 것으로서, 어떠한 지향적 시선으로부터도 자유롭다. 라이프니츠에 관한 저작을 예기하면서, 들뢰즈는 푸코가 지향성을 봄(seeing)과 말함(speaking)이라는 두 모나드들 사이의 간격 안에서 붕괴시킨 점을 주목한다. 따라서 현상학은 인식론으로 전환되는 것이다. 보는 것과 말하는 것은 곧 아는 것이다. '하지만 우리는 우리가 말하는 것에 대해 보지 못하며, 우리가 보는 것에 대해 말하지 못한다.' 어떤 것도 지식을 앞서가거나 선행하지 못한다. 비록 지식이나 앎이 '돌이킬 수 없을 정도로 이중적'이라 할지라도 그러하다. 따라서 말하는 것으로 그리고 보는 것으로, 언어로 그리고 빛으로, 주름진 것은 말하는 자와 보는 자라는 주체들을 지향하는 것으로부터 독립적이다.

이러한 단계에서 주름은 바로 존재론의 직물구조(fabric)가 된다. 이것은 들뢰즈가 확고한 철학의 영역이라고 주장하는 것이기도 하다. 겹치거나 펼쳐지는 것으로서 주름은 말하는 것을 보는 것으로부터 분리하며, 고립의 상태에서 다른 것들로부터 각각의 등록사항을 유지한다. 그 간극은 영화의 이미지 트랙과 음향의 밀접한 상태의 차이 안에서 하나의 유비물을 발견한다. 이와 같은 분할로부터, 지식은 조각들 또는 '트랙들'(자취들)로 분할되며, 따라서 어떤 지향적 형상 안에서도 결코 만회될 수 없다. 커뮤니케이션의 분할된 본성은 가시성과 구술성 사이의 접기 또는 주름을 그 공통 은유로 삼는다. 결과적으로 차이와 유사성에 대한 연구들에 있어서 푸코가 16세기 말에서 시작하며, 그 시기는 바로 쓰기가 그것의 가시적인 유사성의 힘을 그것의 문자화된 형태로부터 도피시키는 때라는 것은 의심할 여지가 없다. 그 지점에서 활자문화가 표준화되고 도식적인 추론이 수사적 메뉴얼에 속한 기억을 대체할 때, 또는 단어들이 더이상 그것들이 육화하거나 닮은 것처럼 보이는 사물들에 유비되지 않을 때, 기호는 그 지시체들을 대리하기 시작하며, 그것들이 재현하는 것과 관련하여 자동적인 '이중체들'이 되는 것이다.

주름이 어떻게 주체화의 형상인지 증명하기 위해, 들뢰즈는 역사를 철학의 무대로 불러들인다. 그는 단순명료하게 묻는다. 우리는 무엇을 할 수 있는가? 우리는 무엇을 알 수 있는가? 나는 무엇인가? 1968년 5월의 사건들은 하나의 예행연습으로서, 이러한 질문들은 가시성과 언어와 힘의 한계에 관해 탐구하게 했다. 그러한 질문들은 유토피아에 대한 사유들로 밀어붙여졌고, 이런 이유로 억압적인 정치적 조건들에 저항할 수 있는 존재의 양태들을 야기했으며, 새로운 주체성들에 활력을 부여하는 사유의 탄생을 추동했다. 역사적인 구체화 안에서, 존재는 앎의 축을 따라 작성된 것이다. 존재는 가시적이고 발화가능한 것으로 여겨지는 것에 의해 결정된다. 그것은 힘의 사용에 따라 시간 안에서 주어진 순간에, 힘과 특이성의 관계에 의해 스스로를 결정하는 것이다. 그리고 주체성에 의해, 어떤 '과정'이나 '장소' 즉 자기성의 주름을 통과하는 그러한 장소를 보여준다. 역사는 사유에 의해 곧장 이중화되거나 '접혀 올라가'버린다. 격자 또는 새로운 다이어그램은 힘, 지식 그리고 주체성(프랑스어로 savoir, pouvoir, soi)의 변이들을 앞서 수립함으로써 그러한 [역사와 사유의] 대립을 명확하게 만든다. 여기서 주체성은 하나의 주름으로 파악된다. 들뢰즈는 더 나아가 푸코가 제도 또는 주체화들의 역사를 [이분법적으로] 나눈 것이 아니라, 그것들의 조건들과 과정들을 주름작용 안에서 그리고 존재론적이고 사회적인 장 둘 모두 안에서 작동하는 [하나의] 주름작용 안에서 나눈 것이라고 본다.

거기에는 사유의 성격에 대한 드라마적인 성찰이 개방된다. 이것은 들뢰즈만큼이나 푸코에게도 속한 것이다. 역사적인 구성체들은 '겹쳐져' 있으며 따라서 지식, 힘 그리고 주체성의 인식론적 특성들과 같은 것으로 정의된다. 지식에 관해 사유는 보는 것 그리고 말하는 것이다. 다른 말로 사유하는 것은 가시성과 담론의 작은 틈 안에 자리잡는다. 사유할 때, 우리는 번쩍이는 섬광을 야기하며, '단어들 가운데 명멸하는 것을 만들어내고, 가시적인 것들 안에서 어떤 외침들을 듣게 된다.' 사유는 보기와 말하기가 그들 자신의 한계에 도달하도록 만드는 것이다. 힘과 관련해서, 사유는 특이성들을 방출하는 것과 같으며, 테이블 위에 한 패의 주사위를 던지는 도박꾼의 행위에 가까운 것이거나 또는 힘의 관계들에 개입하는 어떤 사람이거나, 심지어 새로운 돌연변이들과 특이성들을 준비하기 위해 갈등을 유발하는 자와 같다. 주체화와 관련해서, 사유는 주름작용, 외부를 그것과 공외연적인 내부와 겹치는 것을 의미한다. 이때 내부와 외부 공간들이 서로 간에 접촉하는 것에 따라 위상학이 창조된다.

역사는 어떤 문서고 또는 지층의 계열들로 취해지며, 이는 전략들, 즉 그것의 힘과 미덕을 이끌어내는 방식으로 충만한 사유, 다이어그램으로부터 나오는 것이다. 논점을 분명히 하기 위해 들뢰즈는 간접적으로 '어떤 새로운 지도제작자'를 설명한다. 이것은 『주름』의 수많은 공간적 역학을 예기하는 초반부 장에서 전개된다. 우리가 사유할 때, 우리는 모든 종류의 문턱들과 지층 그리고 갈라진 틈을 횡단하게 되는데, 이것은 들뢰즈가 말하길, 멜빌이 '중심 공간'이라고 부르는 곳에 도달하기 위함이다. 여기서 우리는 공포를 느끼는데, 여기에는 아무도 없을 것이며, '인간의 영혼이 거대하고 공포스러운 공허를 드러내는' 공간이기 때문이다. 사유한다는 것은 어떤 움직이는 선으로 형상화된다. 그것은 실재로 '멜빌의 선'이며, 이 선은 두 개의 자유로운 끝점을 가진다. 이는 앙리 미쇼가 말한 '천 개의 일탈들'의 선과도 닮았다. 미쇼의 선은 점증하는 분자적 속도로 움직이고, '발광하는 마부의 채찍질'이며, 궁극적으로 그것이 바로 중심 공간인데, 거기에는 자기성(주름)이 내부에서 발견되기 때문에 더이상 공허로 인한 공포가 없다. '여기에 우리가 우리속도의 주인이 되는, 우리 분자들과 특이성들을 거의 지배하게 되는 지점'이 있다. 이것은 주체화의 지대이며, 안과 바깥에서 그 주체성이 탑재되는 지점이다. 이 문장들에 담긴 눈부신 전망은 들뢰즈가 형상의 역사 또는 문서저장소가 힘들의 생성에 따라 '겹치는'(접히는) 그 방식에 대해 언급한 지점으로 휘어져 들어간다. 여기서는 몇몇 다이어그램들 또는 사유의 주름잡힌 표면들이 서로 간에 겹겹이 쌓여 있다. 그는 이것을 멜빌이 끝도 시작도 없는 대양의 선이라고 묘사한 바 있는 외부의 선의 비틀림이라고 부른다. 이 대양의 선은 다이어그램을 요동치게 만드는 것이다. 그 선의 형상은 1968의 그 선, '천 개의 일탈로 이루어진' 그 선이었다.

「새로운 지도제작자」(이 글은 『비평』지에 1975년 처음 실린 논문으로서, 『푸코』 이전이다)를 마무리하는 구절에서, 들뢰즈는 『푸코』의 끝부분에서 발견되는 단어들을 미리 선보인다. 멜빌의 말과 연계된 그 선은 미쇼의 그것도 함축하는 것이다. 이것은 들뢰즈가 글쓰기에 관한 푸코의 최상의 정의라고 부르는 것을 상징화한다. 푸코의 글쓰기란 들뢰즈의 독해에 따르면 겹쳐쓰기[이중화]이다. '글쓰기는 투쟁하고, 글쓰기는 저항하며, 글쓰기는 생성한다. 또한 글쓰기는 지도제작이다.' 이 정의는 『주름』의 마지막 문장으로 쓰인 것이기도 하다. 들뢰즈는 우리의 주체성이 라이프니츠적이라고 주장하는데, 왜냐하면 우리는 항상 '주름을 접고, 주름을 펴며, 되접기' 때문이다. 다이어그램의 측면에서는, 『푸코』에 나온 지층들이 『주름』의 그것 위에 중첩된다. 이때 주름은 글쓰기를 의미하는 것이지만, 동일한 최상의 의미에서 그러하다. 어떤 정립적인 움직임 안에서, 주름작용은 그 자신에 저항한다. 어떤 반정립적인 반대 움직임 안에서, 주름 펼치기는 생성을 의미한다. 그리고 마침내 되접기는 해결을 보증하는 종합적 개념이 되지는 않으면서, 새로운 지도들과 다이어 그램의 궤적을 함축하게 된다.

들뢰즈가 존재로서의 글쓰기 그리고 주체화로서의 주름작용에 관한 푸코적인 원리 안에서 발견한 것은 라이프니츠에 관한 그의 독해에 많은 정보를 제공한다. 『푸코』에서 주름들의 계열로서 드러난 존재론의 배경이 없이는 『주름』에서의 풍부하고, 모호하며, 밀도 있는 몇몇 결론들은 극복불가능한 암흑으로 보일 것이다. 이미 멜빌의 열린 선과 미쇼의 천 개의 일탈의 선은 들뢰즈가 중심 공간이라고 불렸던 것으로 이끄는데, 이는 두 책의 마지막 문장들에서 보이는 초기의 공포 예감으로부터 탈출하기 위한 것이다. 이 중심 공간과 그의 라이프니츠 연구에서 전개된 '주름들'의 공간을 비교하는 것이 틀린 것은 아니다. 그 공간은 모나드 자체로서, 어떠한 입구도 창문도 가지지 않으며, 빛은 안쪽과 '주체화의 이 지대'라고 불렸던 곳, 둘 모두를 지각가능하도록 개방함으로써만 통과할 수 있다. 이러한 지각가능성을 담지하는 인간은 거의 '그들의 속도, 그들의 분자들 그리고 그들의 특이성들의 주인'이다.

아르토(Artaud, Antonin, 1896-1948)

아르토는 들뢰즈와 과타리의 잘 알려진 개념인 '기관 없는 신체'(body without organs)는 물론이고 분열증에 관한 많은 논의에도 영감을 준 인물이다. 들뢰즈는 『의미의 논리』에서 아르토에게 깊이(depth)와 감응(affect)에 관해 유별난 논의를 부여한다. 여기서 루이스 캐롤(Lewis Carroll)은 의미의 논리 전반이 위치해 있는 표면의 스승이며 탐색자로 칭송되지만, 아르토는 문학에서 홀로 어떤 절대적 깊이를 간직한다. 이 문학은 고통의 언어를 통해 전달된다. 그는 아르토의 분열증에 대해 그것은 단어를 파괴하는 것에 대한 것이라기보다 오히려 언제나 표면의 균열 아래 바로 이 깊이에서 의미를 회복하는 것, 감응을 불러일으키는 것, 그리고 신체의 고통스러운 정념을 승리의 행동으로 옮겨놓고, 명령에 복종하는 것이라고 논한다. 이러한 관점으로부터 들뢰즈는 왜 캐롤의 작업이 아르토를 표면적으로 보게 만드는지 이해할 수 있다고 말한다.

아르토의 '깊이'에 대한 강한 집중, 표면에 대한 무시에도 불구하고 들뢰즈는 아르토는 이 모든 것에서 이미지 없는 사유의 끔찍한 폭로를 이어간다고 말한다. 즉 여기서 분열증은 인간적 사실일 뿐 아니라 사유의 가능성이다. 이것은 실재로 '잔혹극'으로 표현된다. 이에 대해 들뢰즈는 이 표면의 붕괴 안에서, 전체 세계는 그 의미를 잃어버린다고 논한다. 모든 사건은 실현된다, 그것도 환영적인 형태로. 모든 단어는 물리적이며 즉각 신체에 감응한다고 말한다. 이와 흡사하게 그는 과타리와 더불어 기관 없는 신체로 당신 자신을 만드는 것이 환영들, 그릇된 지각, 수치스러운 환상 또는 나쁜 느낌들을 회피할 수 없다고 강조한다. 왜냐하면 당신은 감응에 속하는 어떤 것 없이 신체적 감응을 가지기 때문이며, 이는 가끔 '그릇됨'으로 하여금 위협적인 매력을 획득하도록 한다.[99]

원화석(arche-fossil)

원-화석들(arche-fossils) ─ '어떤 선조적(ancestral) 실재성 또는 사건, 이를테면 지구 생명체보다 앞서는 어떤 것의 실존을 가리키는 물질' ─

은 선조적인 진술들이 그것에 대해 언급하는 바이다. 원화석은 선조성의 문제가 사유의 무능력으로서 상관주의를 드러낸다는 의미를 지닌다. 원-화석의 두 가지 예는 '익히 알려진 방사능 동위원소 붕괴 또는 그 형성 날짜와 같은 것을 우리에게 알려주는 별빛의 방사'이다. 사변적 유물론은 '그 자신의 영원성에 속한 것(들)보다는 모든 제한들에 부여된 어떤 우발성에 […] 속하는 필연적 조건들만을 다루기 때문에,' 존재하는 사물/사태들, 즉 우발적 필연성에 따른 그것들과 스스로를 관련시키지 않는다. 따라서 메이야수가 밝힐 것처럼, 원-화석이란 개념은 『유한성 이후』에 '오로지 당대 상관주의의 자기-명증성을 문제화하기 위해서' 도입되었다. 이는 상관주의적 순환 안에 우리가 머무는 한에서 선조성의 문제가 해결불가능하다는 점을 논증함으로써 이루어진다. 원-화석이 표명[현시](manifestation) 안이 아니라 표명[현시]에 속한 공백(lacuna) ─ 시-공간적으로 거리가 있는 사건이나 존재가 아니라, 명백히 어떤 상관관계에도 앞서는 어떤 것─을 가리킨다는 것은 사실이다. 이것은 메이야수가 상관주의의 곤혹스러움을 드러내도록 함으로써, 오늘날 어떤 현상학적 경험으로부터도, 또는 심지어 '그 자신의 시-공간적 소여(giveness)가 모든 소여의 잡다에 선행하는 어떤 시간과 어떤 공간 안에 존재하게 된 세계'로부터도 독립적으로 자연을 사유하기 위해 당대 과학의 명백한 능력과 대면하는 것이다. 그러나 레이 브라시어(Ray Brassier)는 다음과 같은 점을 명쾌하게 짚어낸다. 즉 객관적 실재성의 절대적 권리들에 대한 메이야수의 방어가 선조적 시간과 시-공간적 거리 사이의 틈을 설립하는 것을 중심으로 삼는 한, 그것은 상관주의라는 계류지에 정박하게 된다는 것이다. 이는 '명백하게도 시-공간적 거리를 극복한바 그것이 선조적 현상이 아니라, 그저 단순히 근대 자연과학에 의해 간략하게 기술된 실재성이기' 때문이다. 원-화석에 의해 현시된 선조성만이 상관주의적 구성을 극복한다고 주장하기 위해서는, 따라서 선조성은 거기 없는 어떤 예외적인 것(an exception)을 창조해야 한다. 과학은 우리가 늘상 정신-독립적인 과정들에 둘러싸여 있다는 것을, 그리고 이러한 것들이 '의식의 실존과 동시대적이라는' 사실을 말해준다. '반면에 지구[대지]의 결착(accretion)은 그러한 사실을 앞서가며, 그와 관련성이 없다.' 하나의 예로서 메이야수가 선택한 동위원소의 연대결정은 아마도 그의 논증에 있어서 더 커다란 말썽거리일 것이다. [연대를] 측정하는 것이 어떤 인간, 실행에 기반한 인습―측정된 것이 여전히 딛고 있는 실재성에 관한 그 부분―이기 때문이 아니라, 그 안에 최고로 정밀하고 따라서 진보한 기술에 고도로 의존적인 그러한 영역이 존재하기 때문에, 그것[연대측정]은 이를테면 특정 물리적 관계들을 수학적 함수들로 공식화하는 것보다 훨씬 더 자주 수정된다. 그 자체로, 그것은 메이야수의 수학화된 과학에 관한 방어가 그를 과학적 주장들의 개정가능성(revisability)과 관련하여 놓아두는 그 어려운 지점에 보다 날카로운 초점을 맞춘다. 우주의 나이를 계정하는 것은, 우주의 팽창률에 관해 처음으로 상대적으로 정확하게 측정했던 허블의 상수가 여러 번 재계산되는 동안, 지난 세기를 통틀어 매우 많이 있었다. 은하의 거리를 참조할 필요 없이, 허블 상수를 결정하기 위한 어떤 방식이 있었는데, 그것은 바로 1960년대에 우주 마이크로파 배경복사(microwave cosmic background radiation)의 발견으로만 가능해졌다. 따라서 정확도가 더 증가한 것이다. 지난 10여 년간, 윌킨슨 극초단파 이

방성 탐색기(Wilkinson Microwave Anisotropy Probe) 측정장치로부터 데이터가 나올 때마다, 정확한 측정치는 문자 그대로 2년마다 갱신되었으며 보다 향상된 정확도를 제공하였다. 따라서 [우주의] 현실적인 상은 『유한성 이후』의 출간 이후에도 계속 새로워진 것이다. 메이야수에 대한 상관주의자의 답변은 그러므로 적어도 오늘날 가장 발전한 과학에 따라 [앞으로] 실존하게 될 우주가 13.75억 년 전에 효과적으로 자리를 잡았던 어떤 것이라고 할 수 있게 된다. 하지만 우리 지식의 어떤 대상이 되어가는—따라서 우리에게 진리가 될—이 사건은, 과학적 협력이 이러한 측정 주위에서 안정화되었을 때, 바로 2010년에야 발생했다.100

이중슬릿실험

바라드의 책 『우주의 중간에서 만나기』(이하 MUH)에 설명되고 있는 바는 다음과 같다.

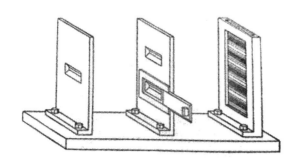

그림: 이중슬릿실험(보어의 스케치에 따름). 스크린에는 특유한 간섭 패

턴―어둡고 밝은 줄무늬―이 나타난다(즉 낮고 높은 강도가 교차하는 영역들). (주석: 실험자가 원한다면 하단 슬릿을 닫을 수 있는 여닫이판이 있다. 우리의 실험 목표에 따르면, 그 여닫이판은 열린 채로 있게 된다.) - Niels Bohr, Atomic Physics and Human Knowledge, vol 2(1963), 48. MUH 101.

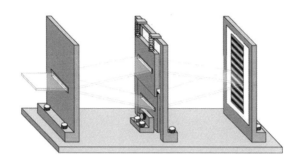

그림 2: '슬릿-선택기'가 달린 이중슬릿실험. 보어는 어떤 움직일 수 있는 다이어그램[장치도식]을 가지고, 간섭 패턴이 사라지고 산란 패턴이 발견된다는 것을 논증한다. 이것은 입자 운동방식의 특성이다. - P. Bertet et al., "A Complementarity Experiment with an Interferometer at the Quantum-Classical Boundary," Nature 411(2001), figure 1. MUH 82.

주

1 〔역주〕 'intra-action'의 역어는 대체로 지금까지 '내부-작용'으로 쓰였다. 이 역어가 부적절하
지는 않지만 본 역자는 이 단어가 바라드의 의도와는 달리 '내부'와 '외부'의 이항성을 작동시
키는 작용을 한다고 보고, 새로운 역어를 강구하다가, '간-행'이라고 썼다. '간-행'은 바라드가
'관계없는 관계항은 없다'라고 말한 대원칙에 충실하고자 한 역어다. 또한 이 구절에서 말하
다시피 'intra'는 'in'(내부)이 아니다. 따라서 '간-행'이라는 역어는 '내부-작용'과는 달리 내
부와 외부의 '항'을 설정하도록 유도되지도 않으며, 오로지 '사이'(間)에서 발생하는 '운동'(行)
을 드러내도록 한다.

2 〔역주〕 알튀세르의 이 글은 아내를 교살하고 철학계로부터 축출된 상태에서 쓰인 것이다. 국
내 번역본으로는 『철학과 마르크스주의-우발성의 유물론을 위하여』(백승욱, 서관모 옮김, 중
원문화, 2017)의 1장 '마주침의 유물론을 위하여'로 소개되어 있다.

3 〔역주〕 60년대 후반 구조주의의 전성기와 더불어 철학과 인문학 전반은 '언어학적 사유'를 기
반으로 사유를 전개하는 것이 당연한 것으로 여겨지기 시작했는데, 이를 '언어학적 전회'라
한다.

4 〔역주〕 여기서 말하는 '상황적 인식론'은 도나 해러웨이가 내세운 '상황적 지식들'(situated
knowledges)에 기반한 인식론을 말한다. 상황적 지식이란 '부분적이고 위치에 기반한 지식'
으로서 상호 연결되어 있다. 이것은 정신주의적인 관념이 아니며 신체적으로 연결된다는 의
미이다. 이로써 해러웨이는 유물론적 입장에 근거하여 상대주의를 극복할 수 있다고 논한다.
이에 대해서는 정연보, 「상대주의를 넘어서는 상황적 지식들의 재구성을 위하여: 파편화된
부분성에서 연대의 부분성으로」, 『한국여성철학』 19호, 2013.5, 한국여성철학회, 59-83 참
조.

5 〔역주〕 페미니즘 입장론은 이른바 '입장 인식론'에 기반한 페미니즘 이론으로서 모든 지식을
사회적으로 위치 지어진 것으로 파악한다. 입장론은 이를 통해 사회적으로 배제된 삶을 추체
험하고, 이를 기반으로 사유를 진행하고자 한다. 즉 타자의 관점을 내화하여 사태를 파악하
는 것이다. 따라서 그것을 인식하는 주체는 반드시 당사자일 필요는 없다. 페미니스트들은 입
장론을 통해 젠더, 섹슈얼리티, 주체성, 교차성 등의 이론으로 확장 발전시킨다. 이나영, 「페미
니스트 질적 연구의 원리: 입장 인식론과 페미니스트 정치학을 중심으로」, 『미디어, 젠더 &
문화』 32(4), 2017.12, 한국여성커뮤니케이션학회, 71-99 참조.

6 〔역주〕 '섹슈얼리티'(sexuality)는 굳이 번역하자면 '성적인 것' 정도가 될 것이다. 하지만 그러

한 번역어는 섹슈얼리티가 신체적인 의미의 'sex'와 사회적 의미의 성인 'gender'를 아우른다는 의미를 퇴색시킨다. 따라서 보통 원어를 그대로 한글로 쓴다. 섹슈얼리티는 신체적인 의미의 성적 욕구에서부터 성행위, 성적 심리, 본능, 그리고 성적인 문화와 제도, 관습에 이르기까지 아우르는 용어다.

7 (역주) 『성경』,「창세기」, 1장 3절.

8 이 텍스트는 '위트레흐트대학원 젠더 프로그램'에서 주최한 2009년 6월 6일 〈제7회 유럽 페미니스트 연구 컨퍼런스〉에서 개최된 간-행적 행사('위트레흐트의 중간에서 만나기')의 결과다. 저자들은 산타 크루스의 '캘리포니아대학 적응광학 센터'와 화상 회의 설비를 제공해 준 위트레흐트대학 '공공 서비스 센터' 그리고 행사의 서기를 맡아 준 헬렌 클롬프(Heleen Klomp)와 참석해준 위트레흐트의 청중(특히 마그달레나 고르스카Magdalena Gorska, 사미 토르소넨Sami Torssonen, 그리고 앨리스 브리멘Alice Breemen)과 산타 크루즈의 청중(특히 카렌 바라드의 동료인 펀 펠트만Fern Feldman과 그녀의 반려견인 비나Bina. 비나는 미 서부 해안의 태양이 떠오르기 훨씬 앞서부터 기꺼이 이 대륙 간 인터뷰를 끝까지 함께 했다)에게도 감사드리고 싶다.

9 Science, Technology, and the Humanities: A New Synthesis, April 24–25, 2009.

10 (역주) 이에 대한 카렌 바라드의 책 내용 일부는 이 책 뒤의 '부록: 용어해설'에서 '이중슬릿실험' 항목을 보라.

11 프랑스어 번역은 마리-피에르 부쉐(Marie-Pier Boucher)가 하였다.

12 (역주) 해당 부분을 옮기면 다음과 같다. "사실상 사람들이 채택한 상관주의 모델을 따르는 (적어도) 두 가지 가능한 논박이 존재한다. 실제로 우리는 상관주의를 두 가지 유형으로 구분할 수 있다. '약한' 모델이라고 말할 수 있는 칸트의 모델과 명확한 방식으로 항상 주제화되지 않는다고 할지라도 오늘날 우세한 것처럼 보이는 '강한' 모델이 그것이다."- 퀑탱 메이야수 지음, 정지은 옮김, 『유한성 이후』, 비, 2010, 47.

13 (역주) 위 책, 55쪽 이하.

14 (역주) "현사실성(Faktizität, facticity, 現事實性)이란 내가 세계 속으로 피투된 채 과거부터 현재까지 존재해왔다는, 나의 현재완료적(기재적, 기존적) 존재의 사실을 가리키는 말이다. 이러한 현사실성은 눈앞에 있는 현전자의 사실성과 구별되는 현존재의 시간적-역사적 존재성격이다. 이러한 현사실성과 더불어 인간을 특징짓는 또 하나의 존재성격은 실존성이다. 실존성이란 현존재가 단순히 현사실적이지 않고, 오히려 자기의 현사실적인(기재적인) 존재를 자기의 것으로 떠맡으면서 자기의 존재를 부단히 기투하고 있음을 가리킨다."- 서울대학교 철학사상연구소, 서울대학교 철학사상연구소. https://terms.naver.com/entry.nhn?docId=801064&cid=41978&categoryId=41982 참조.

15 (역주) 이 개념에 대해서는 이 번역서의 '부록: 용어해설'의 '원화석' 항목 참조.

16 (역주) 번역의 저본인 영역본에는 '본사실성'이 본문에 있는 대로 'facticity'로 되어 있는데, 이것은 하이데거의 '현사실성'(Faktizität, facticity)과 혼동된다. The Meillassoux Dictionary에는 이를 올바르게 구별하여 'factuality'라고 옮긴 것을 알 수 있다. 이것이 더 올바른 번역이라고 본다. 그런데 아래 Q3의 메이야수의 대답 부분에서는 facticity와 factuality(factiality)를 구분하고 있다. 영역자의 번역어 선별에서 다소 자의적인 측면이 드러난다.

17 (역주) '부록: 용어해설'의 '본사실성' 항목 참조.

18 (역주) 'mat(t)er'는 저자들의 조어다. 별다른 주석이 없이 사용되는 것으로 봐서, 이 단어는 'mater'(어머니)와 'matter'(물질), 두 의미를 모두 표현하기 위한 것으로 보인다. 그래서 이와

같이 옮겼다.

19 우리가 (이 책의 초반부에 바라드가 인터뷰에서 말했던 내용과 아주 유사하게) 신유물론이 자연과학들에서 시작했다고, 그리고 거기에 신유물론의 페미니즘적 응용들의 여러 유형들이 존재한다고 논증하지 않는다 해도, 신유물론에 관한 이 지도 그리기는 히르드(Myra J. Hird, 2004, 2006)가 했던 작업과 적지 않게 겹쳐진다. 우리는 이 책에서 어떻게 신유물론이 과학과 인문학을 필연적으로 횡단하는지, 그리고 어떻게 그것이 즉각적으로 페미니즘인지를 논증할 것이다.

20 [역주] 여기서 저자들이 말하는 '실패의 유물론'이란 물질적인 것에 대한 인간인식의 한계를 인정함과 동시에, 그러한 인식의 '실패'로부터 물질을 알게 된다는 논지를 가지는 유물론을 의미한다. 이에 대해서는 Christopher N. Gamble, Joshua S. Hanan & Thomas Nail, "What is New Materialism?", Angelaki, 24:6, 111-134, 중 2부를 참조하라.

21 이 용어에 대해서는 'Barad 2007'을 보라.

22 [역주] 마누엘 데란다 지음, 김영범 옮김, 『새로운 사회철학-배치이론과 사회적 복잡성』, 그린비, 2019.

23 우리는 이 공식을 'Grosz 2005'로부터 가져온다.

24 벤야민의 사적 유물론에 대한 흥미로운 연구에 대해서는 'Tiedemann 2005, 157-63'를 보라.

25 'Dolphijn 2004, 24'를 보라.

26 '두번째'와 '세번째' 페미니즘 인식론의 물결'의 개념화에 대해서는 'van der Tuin 2009'를 보라.

27 신유물론에 관해 생물학적으로 오염된 논증(이를테면 Ahmed 2008)에 대한 비판은 'van der Tuin 2008'과 'Davis 2009'를 보라. 아메드(Sara Ahmed)의 연구와 라흐만(Rahman) 과 위츠(Witz) 간의 비교는 사회학적으로 또는 생물학적으로 편향된다면, 신유물론을 취급하는 학문분과는 언제나 이미 환원적 과정을 취한다는 것을 보여준다. 신유물론은 따라서 이와 관련하여, **상호작용**(interact)함직한 두 독립적 관계항이 아니라, 간-행(intra-acting) 으로서의 관계항인 생물학적, 사회학적 연구를 제안한다.

28 데란다가 촉발했던 가장 독창적이고 급진적인 사유들이 전세계의 그토록 많은 학자들**과** 과학자들에게 영감을 주었다 해도, 그의 관심사의 학문적 영역이 서로 간에 결코 연결되는 것으로 보이지는 않는다고 비판적으로 답해야 한다. 지리학, 생물학, 사회학, 건축, 수학 또는 역사기술론(그 스스로가 전문가임을 증명했던 영역들만 해도 이러하다.)과 같은 분야를 그가 혁신적으로 취급했음에도 불구하고, 학문적 경계들은 들뢰즈의 방식과 오늘날 들뢰즈에 대해 연구하는 많은 다른 학자들과는 반대로, 그 상태 그대로 완고하게 남아 있다.

29 사비로(2009, ix)가 제안한 바에 따라, 하이데거에 관한 긍정적인 독해에 의하면, 우리가 그의 개념인 '존재'를 (화이트헤드주의자들이 그러는 것처럼) 생성과 반대되는 것으로 고려하지 않아야 한다. 이것은 만약 우리가 하이데거의 텍스트들에 관한 상이한 독해를 충실히 행한다면 가능하다. '존재'를 개념화하는 과정에서 하이데거([1980] 1994, 66)가 다음과 같이 언급했기 때문이다. "헤겔은 일반적 진술에 속하는 이 침묵의 '이다[is, 있다]'로의 절대적인 해제의 불안감을 도입한다." 즉 그는 '존재'가 우리가 변형적 또는 형태발생적 변화와 동등한 것으로서 존재를 이해하도록 허용하는 이러한 '진정한 즉자성'과 같다고 확신한다. 베스테귀 (Beistegui)의 '현상'은 (신)현상학과 신유물론의 관계를 위한 더 나은 증명(이는 아직 만족스럽게 연구되지 않았다)을 제공한다.

30 버틀러가 신유물론의 구성에서 언어학주의(linguisticism)의 전형으로서 중요한 역할을 한다는 것을 부정할 수 없다 하더라도, 신유물론 이론가들은 또한 그녀를 긍정적으로 읽어내려고 한다. 커비의 『주디스 버틀러-살아 있는 이론*Judith Butler: Live Theory*』(2006)은 이에 관한 아주 훌륭한 예시다. 왜냐하면 이에 따라 신유물론을 향해 이 책의 모든 페이지의 행간에서 우리는 버틀러를 언어학주의 너머로 밀어붙이기 위한 시도를 읽어내기 때문이다. 커비(2006, 162, n. 2)는 "(…) 물질에 관한 질문으로의 기여는, 그것이 정치의 용어들을 급진적으로 확장하지만, 버틀러의 정치적 기획과 양립할 만하다"라고 서술한다. 버틀러 자신은 자주 신페미니즘적 유물론과 언어학적 페미니즘 이론 간의 이원론을 부채질한다. 예컨대 버틀러(2009, 30)는 그녀의 최근작, 『전쟁의 프레임들: 삶은 언제 통탄할 만한가?*Frames of War: When is Life Grievable?*』에서 현대 오스트레일리아 페미니즘(유물론적) 이론에서 특히 하나 많은 영향력을 갖고 있는 스피노자적 경향들에 대해 그녀 스스로 분명히 거리를 둔다(cf. Kirby 2006, 150 ff). 마찬가지로 버틀러가 신체란 언어 안에서(그녀는 '언어의 간극the interstices of language'이라는 용어를 사용한다. [1987] 1999, 193), 그리고 그에 따라 우리에게 그 자체를 드러낸다고 주장할 때, 사실상 이것이 실제적인 언어학주의라는 결론에 쉽게 도달한다.

31 갤러거(Gallagher, 2005)와 마수미(Massumi, 2002)와 같은 연구자들 사이에서 이것의 예가 발견될 것이다.

32 [역주] 'ontogenesis'가 이 번역어의 원어다. 사전적으로는 '개체발생론'이 맞지만, 앞의 '존재론'과 더불어 논해지므로 'onto'(존재)라는 접두어에 방점을 두어 '존재발생론'이라고 옮긴다.

33 페미니즘의 논점은 여성되기가 "그러한 지식의 비판 양상으로서 지배적인 지식의 원천을 (…) 거부하는 것"(Grosz 2005, 165)이 아니라는 것이다. 근대성이 사유의 해방으로서 (재)사유될 수 있을 때, 여성은 그것을 긍정하는 편이 낫다.

34 들뢰즈와 과타리([1980] 1987, 66)는 '담론' 개념을 바라드가 사용한 것과 비슷한 방법으로 사용한다. 푸코를 따르면서, 다음의 긴 인용은 어떻게 그러한 사용이, 오늘날까지 학계에서 그토록 중시되어온 언어적 재현들과 거리가 있는지 훌륭하게 설명한다.

"푸코의 예시적 분석을 따라가보도록 하자. 겉보기에는 그렇지 않을지라도, 그 분석은 언어학과 탁월하게 연관된다. 감옥의 예에서, 감옥은 형식, 즉 '감옥-형식'이다. 그리고 이는 어떤 지층(stratum)에 속한 내용의 형식이며, 다른 내용(학교, 막사, 병원, 공장)의 형식들과 연관된다. 이 사물/사태 또는 형식은 '감옥'이라는 단어로 되짚어지지 않지만, 매우 다른 단어들 그리고 개념들, 이를테면 '비행의/범죄의'(delinquent) 그리고 '비행/범죄'(delinquency)와 관련된다. 이것은 분류하기, 언급하기, 번역하기 그리고 심지어 범죄를 저지르기에 관한 새로운 방식을 표현하는 것이다. '비행/범죄'는 '감옥'이라는 내용의 형식과 상호 추정 안에서 표현의 형식이다. 비행/범죄는 결코 어떤 기표, 심지어 사법적 기표가 아니고, 기의는 감옥의 그것이다. 이는 모든 분석을 무의미하게 만든다."

35 그로스(2005, 123)는 베르그송의 연구에서 정확히 존재-인식론적 측면에 대한 메를로-퐁티의 비판을 상기시킨다. 그는 그것이 초월주의라고 주장한다. 하지만 우리는 존재-인식론을 "존재를 가진 사물에 관한 우리의 지식을 붕괴시키는 것"으로 정의하지 않으며, 다른 식의 존재-인식론을 수용한다.

36 베르그송의 일원론에 의문을 제기하는 한 논문에서 레베카 힐(Rebecca Hill 2008, 132-3)은 베르그송의 저작이 유럽중심주의이며 남근중심적이라고 주장하며, 논문에서 드러난 논증을 풀어가면서, 결국 하나의 개념으로 의식을 긍정하는 데까지 나아간다고 다음과 같이 결

론 맺는다.

"내 생각에 이 구절들은 삶/생명의 초남성적 이론의 가치화를 증명하며, 여성적인 것으로서의 물질의 가치절하에 조응한다. 이것은 이항 위계가 아닌데, 왜냐하면 베르그송의 삶/생명과 물질 개념은 결코 순수한 활동성이자 순수 공간으로서 현행화되지 않기 때문이다. (…) 순수 반복을 지향하는 물질의 성향은 결코 충분히 획득되지 않는다. (…) 동시에 삶/생명은 순수한 창조적 에너지로 표명되지 않는다. (…) 나아가 베르그송은 만약 물질성이 순수 반복이라면, 의식은 결코 스스로 물질의 약동들 안에 장착될 수 없다는 것을 받아들인다."

37 차이-관계(different-from)가 가치-저하(worth-less-than)로 번역될 때, 해방은 여성, 노동자, 흑인들과 위계화된 특권적 영역에 놓인 다른 타자들의 포함을 의미하거나 혜택을 받지 못하는 영역의 재가치평가(차이의 전략)를 의미한다. 이 이항 대립은 이 장의 마지막 절에서 재정립될 것이다.

38 다른 말로 해서, 근대와 탈-근대(post-modern) 문화이론들은 둘 모두 어떤 다의적 논리의 노선을 따라 구조화된다.

39 [역주] 한국어판은 '조앤 윌라치 스콧 지음, 공임순, 이화진, 최영석 옮김, 『페미니즘 위대한 역사』, 엘피, 2017'로 나왔다.

40 이러한 예들 간의 내적 연결에 대해서는 'van der Tuin (2009)'를 보라.

41 하지만, 헤이네마(1997, 27)는 이 현상학을 자연/문화 분리를 관통해나가는 것으로 독해한다. 그녀는 마찬가지로 버틀러는 물론이고 보부아르와 더불어, 우리가 정신적인 것(the mental)과 신체적인 것(the bodily) 사이의 분리를 돌파해나갈 수 있다고 본다.

42 우리는 일반적으로 보부아르의 기존 관점, 특히 『제2의 성』의 관점이 미국과 유럽의 페미니즘 학자들로부터 받은 신랄한 비판을 알고 있다고 명확하게 말할 것이다. 우리는 또한 콘스탄스 보드(Constance Borde)와 셰일라 말로바니-쉐발리에(Sheila Malovany-Chevallier)의 2010년 번역서가 등장하기 전, 『제2의 성』을 둘러싼 번역상의 문제도 또한 알고 있다. 이 주제들 주위에서 엄청난 연구물들이 생산되어서 이를테면 도나 해러웨이와 같은 특별한 사람의 부분적 시각에 관한 참조 표시를 하는 것도 불가능하게 한다. 따라서 우리는 이 논의들이 이 장의 배경을 형성함에도 불구하고 참조를 삼간다. 이 장이, 소니아 크룩스(Sonia Kruks, 2005, 290)가 말하는바, 생물학적 본질주의와 사회구성주의 너머로 사실상 이동하는, 보부아르에 관한 포스트-포스트구조주의적 학술연구의 전통에 위치한다는 것은 논쟁지점일 것이다. 이것은 보부아르 주위에서 너무 자주 발견되는 또다른 이중 구속 바깥으로 나아가는 어떤 시도로 보일 수 있다. 『제2의 성』을 사르트르로부터 자유롭게 하려는 시도는 종종 또다른 스승의 텍스트에 제한하는 결과를 초래하고, 결과적으로 [보부아르를] 다시 한번 밀도 있는 독해로부터 소외시킨다.

43 주름(fold) 또는 주름운동(folding)은 들뢰즈-과타리의 주요 개념 중 하나이다. 이에 대해서는 '부록: 용어해설'의 '주름, 주름운동' 항목을 참조하라.

44 보부아르의 저작에서 드러나는 역설들을 묵살하거나 비판하는 페미니즘 연구는 매우 많다. 비록 많은 학자들이 그 역설들을 보부아르 페미니즘 철학의 필수적인 부분으로 긍정하려고 하지만, 실제로 그것들을 (그녀의) 페미니즘으로 긍정하는 경우는 거의 없다. 그 가장 비근한 예로는 'Changfoot(2009a, 2009b)'를 보라.

45 『제2의 성』의 핵심으로 성/젠더 구분을 받아들이지 않음으로써, 우리가 휴스와 위츠(Hughes and Witz, 1997)의 견해와 다른 결론에 도달한다는 것에 주목하라.

46 보부아르가 정신분석에 대해서만큼이나 마르크스주의에 대해서도 모호한 태도를 취한다는

것을 상기하라. 『제2의 성』을 통틀어, 마르크스와 정신분석은 유토피아주의는 물론 날카로운 진단으로 지지되거나, 맹목성으로 비판된다. 정신분석의 경우 그 미덕은 특히 그것이 "실존은 신체다"(de Beauvoir [1949] 2010, 68)라고 제기한다. 하지만 "그 실존은 성적 신체다. 마찬가지로 성적 신체들인 실존들과의 관계에서 섹슈얼리티가 이렇게 언제나 관련된다"(ibid., 55)라고 말했다.

47 베르그송([1907] 1998, 313)은 들뢰즈의 논증을 더더욱 뒷받침하는 어떤 소년과 관련된 동일한 논증을 펼친다. 그의 경우 다음과 같이 진행된다. "진리란, 만약 언어가 여기서 실재에 따라 주조된다면, 우리는 '어린아이가 어른이 된다'고 말하지 않고, '어린아이에서 어른으로 되기가 있다'고 말해야 한다는 것이다. (…) 두번째 명제에서, '되기'(becoming)는 어떤 주체이다. 그것은 전면에 나선다. 그것은 실재성 그 자체다. 어린 시절과 성인기는 가능한 정거장, 단순한 관점일 따름이다. 우리는 이제 객관적 운동 자체를 다루어야 한다. (…)"

48 여기서 하딩에 의해 검토되고 종합되는 저작들과 대조적인 프랑스 페미니즘 이론들이 로이드의 일원론적 질문을 다루어왔다는 것, 그리고 페미니즘 이론에서 이러한 소수 전통이 우리 영감의 주요한 원천이라는 점을 다시 한번 언급해야 한다. 브라이도티(2011a)가 "콜브룩 (2000a)은 보다 젊은 페미니스트의 물결이 성차에 관한 질문을 주체나 주체적 신체에 대한 유일하거나 주된 질문으로 여기지 않는다고 주장한다"라고 쓸 때, 그녀는 정확하게 일원론이 실재적으로 인간중심주의를 전환하는 방식을 언급하는 것이다. 콜브룩은 도발적으로 이러한 신페미니즘적 유물론을 "신체 없는 유물론"이라고 부른다. 콜브룩은 이 용어를 위트레흐트대학에서 2010년 10월 25일에 열린 '유물론에서 물질이란 무엇인가?'라는 컨퍼런스에서 사용했다.

49 휴머니즘이나 인간중심주의를 함축적으로 받아들이는 대신, 로트만(그리고 들뢰즈와 과타리)의 몸짓의 수학은 스텐저스가 '범세계적 네트워크'(cosmopolitical network)라고 불렀던 것이나 라투르가 '사물들의 의회'(Parliament of Things)(Lischka 2007: 40도 보라)라고 지칭한 것과 연결되는 것으로 보인다. 로트만과 같이, 라투르([1991] 1993: 142)는 과학들을 (정치학의) 관심 대상으로 고려하는데, 이는 그것의 강도들, 즉 인간과 비인간, 물질과 비물질 둘 모두인 강도들, 사실상 우발적으로 흐르는 그것들 때문이다. "(…) 우리는 과학을 계속 신뢰한다. 하지만 과학의 객체성, 진리, 냉혹함, 과영토성(extraterritoriality)—인식론의 임의적 퇴각 이후를 제외하고, 과학이 결코 가지지 않았던 특질들—을 받아들이는 대신에 과학에서 가장 흥미로운 것들, 대담함, 실험과정, 불확실성, 온화함, 잡종들의 부조리한 혼합, 사회적 결속을 재구축하는 그 미친 능력 등을 간직한다."

50 이것은 『육체를 말하기』에서 발견된 주장을 넘어선다. 그것은 다음과 같다. "(…) 우리는 언어 안에 하나의 내재적인 것으로 존재하기 때문에 언어를 앞서지도 않고 뒤따르지도 않는 지시체들에 대해 생각한다"(Kirby 1997: 19). 이렇게 초기의 커비는 언어를 우선시하는 것으로 보이고—지시체는 언어 안에 내재하는 것이다—후기의 커비는 들뢰즈와 과타리가 『천의 고원』에서 "**언어와 바깥 사이의 관계를 수립하는** 표현의 다양함이 있지만, **정확히 그것은 그것들이 언어에 내재하기 때문이다**"(Deleuze and Guattari [1980] 1987: 82)라고 언급할 때와 가까워지는 어떤 일의성을 촉구한다. 여기서 우리는 언어를 바라보지 않고, 즉각적인 상황적 표현과 암시된 집합적 배치들을 본다. 수학의 '자기 지시'는 후자의 태도에서 해석되어야 한다.

51 [역주] 이 책은 '브라이언 마수미 지음, 조성훈 옮김, 『가상계-운동, 정동, 감각의 아쌍블라주』, 갈무리, 2011'로 번역되었다.

52 주로 연구성과가 담긴 논문집이 신유물론의 전거로 많이 인용되는데 다음과 같은 책들이 대표적이다. S. Alaimo & S. J. Hekman(eds.) Material Feminisms. Bloomington: Indiana University Press, 2008. 특히 이 책의 서문에서 알라이모와 헤크만은 언어학주의와 사회구성주의의 한계를 논한다. 이 둘은 모두 물질성을 무시하고 있다는 것이다. 이 책은 전반적으로 물질성에 관한 페미니즘 연구의 범위 안에서 주제적인 경향들과 이론적 지향들에서 새로운 방향을 논한다. T. Bennett & P. Joyce(eds.), Material Powers: Cultural Studies, History and the Material Turn. London and New York: Routledge, 2010. 최근의 물질적 전회에 비추어 국가의 구체적 작동, 형태들 그리고 조직화에 접근하며 식민지 권력, 거버넌스, 물질적인 하부구조에 대해 새로운 접근으로 탐색하는 논문들을 모은 책이다. 그 구체적인 역사적 사례들에서 매우 탁월한 책이다. D. Coole & S. Frost(eds.) New Materialisms: Ontology, Agency, and Politics. Durham, NC: Duke University Press, 2010(이하 'Coole/Frost 2010'). 이 논문집은 신유물론에서 가장 많이 인용되는 것 중 하나다. 이 논문집에는 정치철학뿐 아니라 철학적 존재론, 그리고 사회경제적 함축에 이르기까지 광범위한 영역에서 물질과 그것이 체현된 주체에 대해 논하는 글들이 실려 있다. 본 역서의 원저인 R. Dolphijn & I. Tuin(eds.), New Materialism: Interviews and Cartographies. Ann Arbor, MI: Open Humanities, 2012(이하 'Dolphijn/Tuin 2012')도 빠트려서는 안 된다. 이 책은 앞서 보았다시피 두 부분으로 나뉘어 있는데, 하나는 브라이도티, 데란다, 바라드, 메이야수와의 인터뷰고 다른 한 부분은 필자들의 논문들이다. 신유물론의 초반기 이론가들의 신유물론에 대한 논의들을 접할 수 있으며, '횡단성'이라는 신유물론의 핵심 개념에 대한 필자들의 주요 논점들도 알 수 있는 중요한 문헌이다. R. Grusin(ed.), The Nonhuman Turn. Minneapolis: University of Minnesota Press, 2015. 이 논문집은 이론적으로 다소 난해하다. 하지만 이른바 비인간적 전회라는 포스트휴먼적 주제하에 아주 유용한 연구작업들이 실려 있다. 그 주제는, 신체, 물질, 감응, 형태, 기술과학적 진행, 현상과 체계 등 폭넓은 범위에 걸쳐 있으며, 학제 간 연구도 이루어진다. 이 외에 최근에 간행된 책들은 다음과 같다. S. Witzgall & K. Stakemeier(eds.) Power of Material/Politics of Materiality. Zürich-Berlin: diaphanes, 2014. N. J. Fox & P. Alldred, Sociology and the New Materialism. California: Sage, 2017. S. Ellenzweig/J. H. Zammito(eds.) The New Politics of Materialism: History, Philosophy, Science, London and New York: Routledge, 2017. U. T. Kissmann & J. Loon(eds.), Discussing New Materialism: Methodological Implications for the Study of Materialities. New York: Springer, 2019.

53 이 개념 또한 신유물론에서 매우 중요하다. 그런데 이것은 들뢰즈의 철학보다는 이와 같이 버틀러와 연관되며, 거슬러 올라가면 데리다가 오스틴(J.L Austin)의 화용론을 자신의 해체철학에 도입한 것과 맥을 같이한다. 카렌 바라드는 이렇게 형성된 '수행성' 개념을 존재론적으로 확장하면서, 자신의 철학을 구축하는 데 핵심 개념으로 받아들인다(K. Barad, Meeting the Universe Halfway: Quantum Physics and the Entanglement of Matter and Meaning. Durham & London: Duke University Press, 2007, 59-66 참조. 이하 'Barad 2007). 이 '옮긴이 해설'에서는 주로 신유물론과 들뢰즈-과타리와의 연관성을 살피기 때문에 '수행성' 개념에 대해서는 다른 지면에서 논하고자 한다.

54 해러웨이의 들뢰즈 철학에 대한 거부감에 대해서는 아래 '주88' 참조.

55 'What is New Materialism', Angelaki Journal of the Theoretical Humanities Volume 24, 2019. 이하 'Gamble/Hanan/Nail 2019' 이 논문은 본서 역자가 「신유물론이란 무엇인

가?」라는 제목으로 〈호랑이의 도약〉(http://tigersprung.org/?p=2494)에 번역해놓았다.

56 특히 네일의 경우 왕성한 저술활동을 펼치고 있다. 그가 몇 년간에 낸 책들은 신유물론의 철학사적 맥락과 존재론적, 정치철학적 함축을 풍부하게 전개한다. 그의 주요 저작들만 나열하면 다음과 같다. Being and Motion Oxford: Oxford University Press, 2018, Lucretius I: An Ontology of Motion Edinburgh: Edinburgh University Press, 2018, Lucretius II: An Ethics of Motion Edinburgh: Edinburgh University Press, 2020, Marx in Motion: A New Materialist Marxism Oxford: Oxford University Press, 2020.

57 그렇기 때문에 이 초기 신유물론자들은 인문학적 경력을 가진 사람들뿐만 아니라 자연과학 이력을 가진 학자들, 예컨대 이론물리학을 전공한 카렌 바라드 같은 인물들도 있다. 그리고 비키 커비는 사회과학을 엘리자베스 그로스는 주로 정치학 분야에서 활약했던 사람들이다. 이들 간에는 또한 밀접한 공통점이 있는데 대개 페미니스트들이라는 점이다.

58 대표적으로 그레이엄 하먼은 직접적으로 자신의 철학인 객체-지향 존재론(Object-Oriented Ontology: OOO)을 '반유물론'으로 지정한다. "OOO가 때로 신유물론(New Materialism)과 함께 묶인다 해도, 나는 OOO가 단호하게 반유물론(anti-materialist) 이론이라고 보여주려고 했다" G. Harman, Immaterialism: Objects and Social Theory, Cambridge: Polity, 2016, 95. 이러한 그의 '반유물론적 경향'은 신유물론자들에 의해 비판받는다(Gamble/Hanan/Nail 2019, 121-122). 여기서 저자들은 하먼의 객체-지향 존재론(OOO)을 '부정적 신유물론'이라 칭하면서 그 관념론적 경향을 비판한다.

59 예컨대 퀭탱 메이야수는 사변적 실재론 그룹에서 빠져나와 독자적인 행보를 보이고 있는 것으로 보인다. 그는 자신의 철학을 '사변적 유물론'(Specualtive Materialism)이라고 칭한다. 본 역서 4장 참조.

60 따라서 들뢰즈-과타리의 철학적 유산 이외에 다른 철학적 영향사, 예컨대 데리다와 푸코에 대해서는 논외로 한다. 이는 지면의 한계에 따른 것으로, 다른 기회에 논할 수밖에 없다.

61 들뢰즈는 스스로를 '순수 형이상학자'(métaphysicien pur)로 규정한다. "나는 나 스스로를 어떤 순수 형이상학자로 느낍니다. (…) 베르그송은 현대 과학이 그것의 형이상학을 발견하지 않았다고 말하지요. 필요한 것은 형이상학이란 겁니다. 내가 흥미를 가지는 것은 이런 형이상학이지요"(A. Villani, La guêpe et l'orchidée: Essai sur Gilles Deleuze. Paris: Belin, 1999, 130). 들뢰즈가 원한 형이상학은 아리스토텔레스 이래의 전통 형이상학과는 거리가 멀다. 오히려 그의 형이상학은 소수 형이상학, 즉 '체계'와 '동일성'을 거부하면서 '이질성, 다양성'을 긍정하는 유물론이라고 할 수 있다. 이 형이상학은 반드시 '과학'을 참조, 횡단한다. F. Dosse, (trans.)Deborah Glassman, Gilles Deleuze & Félix Guattari: Intersecting Lives, New York: Columbia University Press, 2010, 165도 참조.

62 G. Deleuze, Spinoza et le problème de l'expression, Paris: Minuit, 1969, 299. 이하 'Deleuze 1969'. (이진경, 권순모 옮김, 『스피노자와 표현의 문제』, 인간사랑, 2002, 4329. 번역수정)

63 K. A. Pearson, "Deleuze and New Materialism: Naturalim, Norms and Ethics", The New Politics of Materialism: History, Philosophy, Science, S. Ellenzweig & J. H. Zammito(eds.) London and New York: Routledge, 2017, 96. 이하 'Pearson 2017'

64 G. Deleuze, (trans.)Martin Joughin, Negotiation 1972~1990, New York: Columbia University Press, 1995, 135-155 참조.

65 DeLanda, M., "The Geology of Morals: A Neo-Materialist Interpretation." http://

www.t0.or.at/delanda/geology.htm (accessed June 16, 2020). 이하 'DeLanda 1996'

66 Braidotti, R., 'Teratologies', In: (Eds.) Ian Buchanan and Claire Colebrook, Deleuze and Feminist theory. Edinburgh University Press, 2000, 160. 이하 'Braidotti 2000'

67 Braidotti, R., Patterns of Dissonance: A Study of Women and Contemporary Philosophy. Cambridge: Polity Press, 1991, 263-6.

68 Braidotti, R., Nomadic Subjects: Embodiment and Sexual Difference in Contemporary Feminist Theory. New York: Columbia University Press, 1994, 199. 여기서 브라이도티는 다음과 같이 말한다. "내가 내세우는 관점은 여성적 주체성의 페미니즘적인 재규정을 위한 출발점이며, 새로운 유물론의 형태(new form of materialism)이다. 이는 체현된, 따라서 말하는 주체의 성적으로 차이화된 구조에 강조점을 놓는 것이다."

69 비키 커비는 이에 대해 다음과 같이 말한다. "나의 가설은 물질과 그 동류들은 형태적으로 가소적(plastic)이며, 이러한 실체전환들이 무수하다는 것이다. 즉 물질은 단어들로, 식물과 객체들로, 피와 신념들로 등장한다. (…) '물질 바깥에는 아무것도 없다' 또는 '자연 밖에는 아무것도 없다.'" Vicki Kirby, "Matter out of Place: 'New Materialism' in Review" What if Culture was Nature all Along?, Edinburgh University Press, 2017, 15.

70 질 들뢰즈 지음, 김상환 옮김, 『차이와 반복』, 민음사, 2004, 154, 이하 '들뢰즈 2004' 그 외 '451; 523-24; 531; 533; 585'도 참조. 질 들뢰즈 지음, 이정우 옮김, 『의미의 논리』, 한길사, 1999, 531도 참조. 이하 '들뢰즈 1999'

71 질 들뢰즈 지음, 박기순 옮김, 『스피노자의 철학』, 민음사, 2001, 123-24 참조. 이하 '들뢰즈 2001'

72 질 들뢰즈 지음, 김재인 옮김, 『베르그송주의』, 문학과지성사, 1996, 134. 이하 '들뢰즈 1996'

73 물론 이 철학의 기원에는 베르그송이 놓여 있다. 들뢰즈는 베르그송에 대한 연구에서 잠재적인 것을 지속(durée)과 생명의 도약(élan vital)으로 파악했다. 잠재적인 것이 베르그송적인 지속과 생명의 도약이라는 것은 시간성의 구조와 관련된 들뢰즈와 베르그송 사이의 기초적인 일치로부터 나오는 것이다. 어떤 현행적 현재는 오직 모든 현재들이 현재로서 그리고 과거로서 구성되기 때문에 지나가는 것이다. 모든 과거인 현재들 안에서 전체 과거는 스스로를 보존하며, 이것은 결코 현재가 되지 못했던 과거(잠재적인 것)를 포함한다. Constantin V. Boundas, 'virtual/virtuality', ed., Adrian Parr, Deleuze Dictionary, Edinburgh University Press, 2003, 297-98 참조.

74 마누엘 데란다 지음, 김영범, 이정우 옮김, 『강도의 과학과 잠재성의 철학』, 그린비, 2009, 95. 이하 '데란다 2009'

75 질 들뢰즈 지음, 권순모, 이진경 옮김, 『스피노자와 표현의 문제』, 인간사랑, 2003, 284(강조는 인용자). 이하 '들뢰즈 2003'

76 상태공간(phase space)은 '위상공간'(topological space)으로 발전한다. 이에 대한 설명은 다음 참조: ① topological space 수학에서 위상이 정의되어 있는 공간. 평면 위의 점집합과 같이 두 점 사이의 거리가 정의되어 있는 거리공간 E에서는 거리의 개념을 써서 「가까움」이나 「접근함」의 개념이 정의되어 위상이 정의된다. ② phase space 물리학에서 역학계의 상태의 시간적 변화를 기하학적으로 표현하기 위한 공간. 예를 들어 N개의 질점의 집합이 있을 때 각 질점의 운동이 서로 자유이거나 상호작용이 있더라도 그들의 위치를 정하는 데 필요충분한 수의 일반화 좌표와 그들에 대응하는 일반화 운동량을 택한다. 이들을 직교축으로 한 2차원의 공간을 위상공간이라 한다. 더 자세한 것은 https://www.scienceall.com/위상공

간topological-space/ 참조.

77 데란다는 이러한 과정적 물질이 사회역사적인 '배치' 과정과도 이어진다고 본다. 여기서 '끌개'가 그려나가는 '궤적들'이 바로 배치로 이어지기 때문이다. R. Dolphijn/I. Tuin, 40-41. 본 역서 2장 데란다에 대한 첫번째 질문과 대답 참조.

78 '횡단성' 개념의 연원을 거슬러 올라가면 사르트르가 나타난다. 그는 현상학적 의식의 '통일성'을 논하는 자리에서 "과거 의식의 구체적이고 실재적인 다시당김(rétentions)으로서의 '횡단적' 지향성(intentionnalités 'transversales')의 놀이(jeu)"라고 말한다(Jean Paul Sartre, La Transcendance de l'ego: Esquisse d'une description phénoménologique, Vrin, 1965, 22). 또한 들뢰즈는 '횡단성'이 자신의 개념적 발명품이 아니라, 과타리의 것이라고 분명히 밝힌다(Deleuze 1964, 201n1 참조). 과타리는 이 개념을 처음에 정신의학의 임상적 개념으로 활용했지만, 그때에도 풍부한 존재론적인 함축이 담긴다. 그는 다음과 같이 말하면서 횡단성을 정의했다. "**횡단성**이란 두 가지 난점들을 극복하기 위해 분투하는 하나의 차원이다. [하나는] 순수 수직성(verticality)이고 [다른 하나는] 어떤 단순한 수평성(horizontality)이다"(Félix Guattari, (trans.)Ames Hodges, Psychoanalysis and Transversality: Texts and Interviews 1955–1971, 2015, 113).

79 Gilles Deleuze, Proust et signes, PUF, 1964, 150(질 들뢰즈 지음, 서동욱, 이충민 옮김,『프루스트와 기호들』, 민음사, 2004, 189) 이하 'Deleuze 1964', '들뢰즈 2004'

80 '방행적'(pedetic)이라는 개념은 수행적 신유물론자들이 물질의 특유한 속성으로 제시하는 것이다. "물질의 활동 자체는 방행적(pedetic)이거나 불확정적(indeterminacy, 비결정적)인 것으로 특성화된다. (…) 방행(pedesis는 어근 ped-의 원형인 PIE로부터 오는 것으로, '발foot'이란 의미를 지닌다)이란 반-자동적 자기-이동(semi-autonomous self-transport)의 운동이다. 걷고, 뛰고, 도약하고, 춤추기 위해 발은 다소 예측불가능한 방식으로 움직인다. 운동에 관한 결정론적, 개연적 또는 우연적 이론들과 반대로, 방행이란 바로 반복적으로 그 즉각적 과거와 연결되지만 그것에 의해 결정되는 것은 아니라는 의미이다"(Gamble, Hanan & Nail 2019, 124).

81 마누엘 데란다 지음, 김영범 옮김,『새로운 사회철학-배치이론과 사회적 복잡성』, 그린비, 2019, 84. 이하 '데란다 2019'

82 G. Deleuze/F. Guattari, (trans.)Brian Massumi, A thousand plateaus: capitalism and schizophrenia, Minneapolis: University of Minnesota Press. 1987, 263.

83 보다 자세히 들여다보면 횡단성은 수행성(performativity)과 함께 간다. 이에 대해서는 바라드의 수행적 '간-행'(intra-action, 상간-작용)에 관한 논의를 잠시 들여올 필요가 있다. '간-행' 또는 '상간-작용'이란 '상호-작용'(inter-action)과는 다르다. 후자는 관계 이전에 관계항을 전제하지만, 전자에서 관계는 늘 관계항 없이 수행된다('relation without relata'). 여기서 관계항은 파생적일 뿐이다. 간-행은 또한 물질적인 과정으로서 이를 통해 새로운 물질적 관계들이 창발된다. "현상은 존재론적으로 원초적인 관계들—선재하는 관계자 없는 관계들(relations without preexisting relata)—이다. 인과성에 관한 우리의 전통적 이해에서 근본적인 개념적 전환을 표현하는 **간-행**(intra-action)이라는 개념에 기초하여, 나는 현상의 '구성요소에 속한 경계들과 속성들이 명확해지고, 세계의 특유한 물질적 절합들이 충분하게 의미를 띠게 되는 것이 특정한 행위적 간-행을 통해서라고 논증한다." 따라서 '간-행'은 횡단적 실천에 의해 추동되며, 횡단적 실천은 이론과 행위 모두에서 '간-행'을 전제한다. 다시 말해 우리가 어떤 이분법을 돌파한다는 것은 그 사이에 '간-행'을 실행한다는 것이고, 이것은 곧 횡

단적 실천이라는 것이다(Barad 2007, 333 참조).

84 Joseph Schneider, Donna Haraway: Live Theory, Continuum, 2005.

85 해러웨이의 이 개념의 본래 형태는 'worlding'이다. 이것은 일종의 담론적(특히 이야기적) 실천과 세계가 얽힘으로써 발생하는 역사의 창조, 또는 새로운 세계의 전개라고 할 수 있다. 즉 '-ing'는 정적인 '세계'가 아니라 동적인 과정으로서의 '세계화'를 의미한다. 나는 여기에 '언어-인식론적 상황'을 담기 위해 '상'이라는 단어를 부가했다. 하지만 그 언어-인식론적 상황은 단연코 재현주의를 거부하므로 그 글자에 괄호를 쳤다. 다시 말해 이 개념에서 또한 과정 또는 관계가 중요하지 그 관계항이 중요한 것은 아니다. 관계항이 중요해지면 곧바로 재현주의로 다시 빠진다. "자연, 문화, 주체 그리고 객체들은 그것들의 뒤엉킨 세계(상)화들(intertwined worldings)에 선재하지 않는다." D. Haraway, Staying with the Trouble: Making Kin in the Chthulucene, Durham and London: Duke University Press, 2016, 13.

86 N. Goodeve/D. Haraway, How Like a Leaf: An Interview with Thyrza Nichols Goodeve, London and New York: Routledge, 2000.

87 바라드의 이 개념은 '물질과 의미화'의 상호 얽힘을 말하는 것이다. 즉 존재론과 인식론은 상호분리될 수 없다는 관점을 함축한다.

88 예컨대 해러웨이의 '동물-되기' 또는 '세계-되기'는 자연과 문화라는 이분법을 'n/n-1'함으로써 횡단한다. 『반려종 선언』은 따라서 자연과 문화의 내파(implosion)에 대한 것이다. 여기서는 가차없이 역사적으로 특수하며 결속된 개와 사람의 삶이 있다. 이 둘은 의미심장한 타자성으로 묶여 있다. 많은 것들이 그 이야기 속으로 호명된다. (…) 나는 이야기로나 사실로나, 우리 기술문화의 거주자들이 자연문화들의 공생기원적(symbiogenetic) 세포조직 안에 존재하게 된다는 것을 독자들에게 납득시키고 싶다"(D. Haraway, The Companion Species Manifesto: Dogs, People, and Significant Otherness, Chicago: Prickly Paradigm Press, 2003, 16-17). 해러웨이는 여기서 자연과 문화를 '타자성'의 결속으로 바라보는데, 이 안에는 수많은 '이야기'들이 존재한다. 즉 수많은 미분적 특이점들이 있다. 이 이야기들을 공생기원적인 방식으로 사고함으로써 이분법은 미분법 아래에서 말 그대로 '내파'한다. 해러웨이의 이런 작업은 들뢰즈-과타리와 매우 근접해 있다. 아주 흥미로운 것은 해러웨이 자신은 들뢰즈-과타리에 대해 매우 시니컬한 태도를 가지고 있다는 점이다. 예컨대 그녀는 다음과 같이 말한다. "들뢰즈와 과타리는 [데리다보다−인용자] 아주, 훨씬 많이 나빠요. 나는 그들의 동물-되기에 관한 장(Deleuze & Guattari 1987, 232−309)이 모욕이라고 생각합니다. 왜냐하면 그들은 동물에 대해 일절 아는 게 없기 때문입니다. 가축들은 그들의 반-오이디푸스 기획의 변명거리일 뿐입니다. 그들이 '되기의 지평'과 탈주선 안에 틀어박아놓은 늑대를 찬양할 때, 노파들과 그 개들에게 어떤 식으로 지독하게 구는지 보세요. 들뢰즈와 과타리는 정말 나를 화나게 합니다. 그들에게는 동물들 사이의 그리고 동물들과 사람 사이의 실재적인 관계들에 대한 호기심이 전적으로 부족하기 때문이지요. 또한 그들의 편집광적인 반-오이디푸스 기획 안에서 야생동물들에 대한 찬양일색에 비해 길들인 동물의 모습을 경멸하는 것도 그렇습니다. 그런데 사람들은 마치 인간 너머의 사회성을 형상화하는데 그들이 도움을 주는 것처럼 그들을 선택합니다. 말도 안 되지요! 데리다가 일면적이기는 하지만, 훨씬 더 유용합니다." N. Gane, "When We Have Never Been Human, What Is to Be Done? Interview with Donna Haraway", Theory, Culture and Society 23, 2006, 143. 해러웨이는 〈When Spiecies Meet〉 Mineapolis: University of Minnesota Press, 2008에서도 들뢰즈의 사상을 신랄하게 비판한다. 이에 대해서는 R. Bogue, "The Companion Cyborg: Technics and Domestication," Deleuze and the Non/Human, J. Roffe & H. Stark(ed.), London: Palgrave Macmillan, 2015, 163-79도 참조.

89 이 '실천철학'의 측면이 완비되려면 다른 한 측면이 신유물론에 요구되는데 그것은 '수행성'이다. 이러한 횡단-유물론적 내용들은 마찬가지로 **'수행성-유물론'**(performativity-materialism)을 확증한다. 왜냐하면 이 모든 내용들은 이분법을 횡단하는 수행성의 운동 안에서 미분화하는 차이생성의 법칙을 따르기 때문이다.

90 '관계항 없는 관계'(relation without relata)는 바라드가 그 자신의 수행성(performativity)을 강조하기 위해 사용하는 개념이기도 하다. Karen Barad, Meeting the Universe Half-way: Quantum Physics and the Entanglement of Matter and Meaning, Duke University Press, 2007. 333 등 참조.

91 이런 의미에서 저 메타퓌직스의 '메타'(meta)와 '퓌직스'(physics)의 의미와 관계도 갱신되어야 한다. 즉 형이상학은 'meta'에 대한 전통적 이해에서와 같이 한 번도 자연학 '뒤'(behind)나 '위'(above)에 온 적이 없다. 이는 아리스토텔레스 자신의 본래 의도와도 부합하지 않는다. 오히려 이것은 온전히 그의 삼백 년 뒤의 편집자인 안드로니코스(Andronicus of Rhodes)의 것이다. 아리스토텔레스에게는 오직 퓌직스만이 있었을 뿐이며, 그것은 언제나 메타퓌지컬(mtaphysical)한 것이었다(이와 관련하여 아바네시안의 분석은 나와 일치한다. "자연학에 대한 아리스토텔레스의 주제의식과 성찰들은 또한 총체적으로 '형이상학적'인 것(durch und durch 'metaphysisch')."). A. Avanessian, Metaphysik zur Zeit. Leipzig; Merve Verlag, 2018, 18. 그래서 그는 본래적으로 메타퓌지컬한 자연학을 '제일철학'(φιλοσοφία πρώτη)이라고 불렀으며, 이것이 바로 '존재인 한에서의 존재'(ὄντος ᾗ ὄν)를 밝히는 것이었다(Aristoteles, Metaphysics, Perseus Digital Library, http://www.perseus.tufts.edu/hopper/text?doc=Perseus:text:1999.01.0051, 1026a29-30 참조). 그에게 자연학은 '운동'에 관한 것이지만, 제일철학으로서의 자연학은 '존재인 한에서의 존재' 즉 그 운동의 '제일 원인'에 대한 것이었다. 이 제일 원인은 물론 '운동하지 않는 것'(οὐσία ἀκίνητος)이지만, 이것과 자연은 분리될 수 없다. 그래서 아리스토텔레스는 '부동의 제일 원동자'가 개별적인 실체들의 원동자들과 이어지고, 이것이 개별적인 것들을 운동하게 한다고 한 것이다(Ibid.,1073a25-35 참조). 이때 자연학은 제일철학과 반드시 연결되어야 하며, 결코 분과적으로 분리될 수 없다. 이 분과적 분리는 학문의 분야를 가르고 거기서 전문가들을 길러내고자 한, 근대적 훈육체계의 허상일 뿐이다.

92 C. Colebrook, "Materiality." The Routledge Companion to Feminist Philosophy. A. Garry et al(eds.). London and New York: Routledge, 2017, 198.

93 이를 이제 metaphysics라고 하나의 연속된 관념으로 표현할 수는 없다. 횡단성을 강조하는 도상적 기호로 이것을 다시 쓰면 meta/physics 정도가 될 것이다. 따라서 신유물론은 '메타퓌직스'를 둘로 나누고(Meta/Physics), '메타'의 의미를 모호하게 만듦으로써 자연학 또는 물질에 관한 학문을 준안정적(Meta/stable) 상태로 움직여간다. 사실상 이때 물질 자체가 신유물론에게는 준안정적이며, 메타퓌직스는 이 물질적 상태를 의미화하는 것 외에 다른 것이 아니다. 박준영, 「신유물론-가속주의의 존재론」, 박준영 외, 『K-OS』, 미디어버스, 2020, 183-230 참조.

94 Paul J. Ennis, 'Overturned Platonism', (Eds.) Peter Gratton and Paul J. Ennis, The Meillassoux Dictionary, Edinburgh University Press, 2015, 170-71 참조.

95 Peter Gratton and Paul J. Ennis (Eds.), The Meillassoux Dictionary, Edinburgh University Press, 2015, 103-105 참조.

96 Eugene B. Young, Gary Genosko, Janell Watson, The Deleuze & Guattari Dictionary, Bloomsbury, 2013, 34-37 참조.

97 Robert Jackson, 'FACTUALITY', Peter Gratton and Paul J. Ennispp(ed.), The Meillassoux Dictionary, Edinburgh University Press, 2015, 69-70 참조.

98 Charles J. Stivale, Gilles Deleuze Key Concepts, McGill-Queen's University Press, 2005 참조.

99 Eugene B. Young, Gary Genosko, Janell Watson, The Deleuze & Guattari Dictionary, Bloomsbury, 2013, 33 참조.

100 이상은 Rodrigo Nunes, 'ARCHE-FOSSIL', Peter Gratton and Paul J. Ennispp(ed.), The Meillassoux Dictionary, Edinburgh University Press, 2015, 26-27를 요약한 것이다.

신유물론: 인터뷰와 지도제작

초판 1쇄 발행 2021년 10월 4일
초판 2쇄 발행 2023년 1월 26일

지은이 릭 돌피언·이리스 반 데어 튠 | 옮긴이 박준영

편집 황도옥 정소리 신정민 | 디자인 이정민 | 저작권 박지영 형소진 이영은 김하림
마케팅 김선진 배희주 | 브랜딩 함유지 함근아 김희숙 고보미 박민재 박진희 정승민
제작 강신은 김동욱 임현식 | 제작처 상지사

펴낸곳 (주)교유당 | 펴낸이 신정민
출판등록 2019년 5월 24일 제406-2019-000052호

주소 10881 경기도 파주시 회동길 210
전자우편 gyoyudang@munhak.com
문의전화 031-955-8891(마케팅) 031-955-2692(편집) 031-955-8855(팩스)

인스타그램 @gyoyu_books | 트위터 @gyoyu_books | 페이스북 @gyoyubooks

ISBN 979-11-91278-70-5 93100